運命の脚本を書く

アーキエンジェル・マイケルからの贈り物

ロナ・ハーマン＝著
Ronna Herman
大内 博＝訳

太陽出版

運命の脚本を書く

Scripting Your Destiny

by Ronna Herman

謝辞

私の仕事を手伝ってくれるすべての天使たちに感謝します。あなた方は私にこのうえない喜びを与えてくれます。私、そしてアーキエンジェル・マイケルに対するあなた方の限りない献身のおかげで、私の仕事はスムーズに進んでいます。

アシスタント（私の天使）であるシンディー・クルースに感謝します。あなたが私の仕事を様々な形でサポートしてくれるので、私の日々は祝福に輝いています。

本書の最終原稿を、愛情を込めて編集し構成してくれたバーバラ・ハーバートとジョン・ガーリーの二人に感謝します。

本書の最終作業をまるで魔法のように見事に仕上げてくれた「地上に天国をつくるプロジェクト」代表のアーロンに感謝します。

愛するアーキエンジェル・マイケルに感謝します。あなたは私の人生の瞬間瞬間において、いつも愛情に満ちたエネルギーで私を包み込んでくださいます。あなたの光り輝く導きとインスピレーションと叡知のおかげで本書を完成することができました。

そして最後になりましたが、今この本を読んでくださっているあなたに感謝します。あなたの愛、サポート、祝福に心から感謝します。

愛と光と天使の抱擁をあなたに。

ロナ

ロナからのメッセージ

私の愛する天使と星の友達へ

本書を私のハートからあなたのハートへの贈り物として差し出したいと思います。そして、あなたのスピリットの導きのままに、この不可思議な学びのためのマニュアルをあなたの友人の方々に勧めてください。本書の情報の中には他の方々によってすでに与えられているものもあります。しかし、私の心と指先はアーキエンジェル・マイケルの愛情に満ちたエネルギーと叡知によって導かれるままに本書を執筆させていただきました。私たちの本質を構成する宇宙的なエネルギーの数多くの局面を知り識別することが極めて大切である、とアーキエンジェル・マイケルは述べています。私たちの長所と短所を知り、そのうえで「聖なる我れ」の最も高遠な表現と自分自身を一体化する方法を知ることが大切です。私たちはそれぞれ自分自身の中に、神の光線のエネルギーのすべてを持っています。それぞれの光線の強さは様々な組み合わせになっていて、それによってユニークな「スピリチュアル／人間的」存在の私たちがいるのです。

アーキエンジェル・マイケルの導きによって、「マスターである自分を呼び起こすコース」を一九九八年に編纂して以来、何百人という人たちにこのコースを教えてきました。さらに、何千人という方々がコースの資料を勉強し、他の人びとと分かち合ってきました。このコースが本書の一部になっていますので、読者の方々にも喜んでいただけると思います。さらに本書にはこの数年間、アーキエンジェル・マイケルがくださった具体的な情報（道具）が入っています。本書の資料のごく一部を読み実践しただけでも、あなたの人生は永遠に変貌を遂げるであろうことを約束します。

私たちの愛する友であるアーキエンジェル・マイケルは、これからも愛情に満ちたインスピレーションと叡知を送り続けてくださるでしょう。高次元の光のピラミッドの中で読者の皆さんとお会いするのを楽しみにしています。

最も深い愛と祝福を込めて。

ロナ

目次

PART Ⅱ　さまざまな法則

PART Ⅲ　身体の科学

PART Ⅳ　聖なる探求

PART V ダイヤモンド・クリスタルのピラミッドと瞑想

PART VI

アセンション・エネルギー・システム

PART I

マスターである自分を呼び起こすコース

1

意識を目覚めさせるために

三次元の中で私たちはたいていの場合、本能に従って機能し、半分しか意識が目覚めていないような状態で生活しています。あるいは、私たち自身の思いや行動が原因となって派生する出来事に、それとは知らずに反応しながら生活しています。そういうわけで、私たちは流れに漂い、押されたり引っ張られたりしながら、最も抵抗の少ない道を歩むことになります。

私たちは実は共同創造主であり、運命に翻弄される駒ではないということに気づいていません。神が私たちに罰を下すことはないということにも気づいていません。物事がうまくいかないと自分は犠牲者であると考え、順調なときは「ラッキーだ」と考えます。私たちは怖れと罪の意識によって突き動かされ、過去の失敗に心を奪われて、未来に起こることを心配しながら生きています。しかし、私たちは喜び、やすらぎ、豊かさ、愛情に満ちた人生を創作するのに必要な才能、美徳、能力（道具）のすべてを与えられているのです。それは私たちの「神聖な生得の権利」であり、私たちはそれを忘れただけなのです。

重要なポイントとステップ

* 明確な思考とヴィジョンを持つ。
* 目的を規定する。

＊ 確言を唱える。
＊ 感情を強く持つ。
＊ 思いや計画を書きとめ脚本を書く。
＊ 常に最高の選択をする。
＊ 行動が願望の顕現という結果をもたらす。
＊ 感謝の態度を維持する。
＊ 今という瞬間に心の焦点を合わせる。
＊ 今という瞬間は完璧であり適切であると見なす。
＊ 最高にして最善の結果がもたらされるようにハイアーセルフと波長を合わせる。

第一段階――変えたいという意図を持ち、変える必要があることを自覚する。
第二段階――考えを明確にするために書き出す。
第三段階――周囲の出来事や人びとに対して自分がどう感じ、どう反応しているかに心の焦点を合わせて、そうした関わり合いから叡知を獲得する。
第四段階――自分の存在の核心にある制限的な感情や信念を除去し、関係している人びと、とくに自分自身をゆるす気持ちを持つ。
第五段階――自分の存在の核心にある制限的な感情や信念を、人を力づけ、心／ハートを拡大してくれる考えに代える。
第六段階――過去を手放す。未来のために計画を立てる。今という瞬間に心の焦点を絞る。

第七段階――常に最高の結果を探求する。

人生体験の七つの領域

* 肉体
* 頭脳による思考
* 感情
* スピリット
* 安全の保障・豊かさ
* 社交性・人間関係
* 人生の使命・キャリア

自分自身に対する力づけは、人生を積極的に自分でコントロールすると決めたときに始まります。つまり、私たちの思い、感情、行動に対して責任があるのは自分自身だと気づくことです。苦痛や悲しみをもたらし私たちを矮小化するものを、勇気をもって解放して変えるというプロセスを開始したとき、本来私たちが持っている力を取り戻すことができます。願望はあなたにとって最善のこと（他人にとっても最善の結果）をもたらさないものを解放するか変える強さがなければなりません。さらに、あなたの成長と理解を促すために目の前に差し出される困難な問題や機会を優雅に受け入れる強さを持たなければなりません。**マスターへの道は一度に一歩ずつ達成されます。**

2 レッスン1――ルートチャクラ／第一光線／赤色のエネルギー

ネガティブな属性――活力の欠如。憂鬱《うつ》。絶望感。人生のすべての登場人物やあらゆることに対する憎悪または憤り。安定感の欠如。生きることへの不安ないしは欠乏感。自己中心性。孤立感。母なる大地に根を下ろしていない感覚。

ポジティブな属性――赤色のエネルギーを使って力と真実性が創造できる。思考・行為・行動の力。しっかりとした自己鍛錬。豊かさを我がものとして顕現できる。勇気の美徳を育むことができる。自分の真実を語り、真実に立つのに必要な意思力を活用できる。自分が持っている最高の可能性にふさわしく、願望するものをすべて実現するために自らに刺激を与えて行動をとる。

第一段階――体験している感情的な反応や痛みの源を探り出すために、心の内面に向かいたいという願望を感じはじめます。エゴである自分の側面のすべてを見つめたいという気持ちが出てきます。あるいは、潜在意識的な人格、意識していない人格を見つめようという気持ちです。こうすることによって、感情的な信念を詳しく検証して、感情がエゴの願望やニーズを通していかに自分をコントロールしているかを、よりよく理解する機会が与えられます。感情的な傷を癒し、感情的な欲望を自分の「魂の青写真」と「神聖な使命」に波長を合わせるというプロセスに深く入っていくと、ハイアーセルフの叡知に身を委ねることがより快適になります。

＊＊＊

私たちはこの人生に転生する前に、ガイドや守護天使の助けを借りて、どのようなレッスン、状況、人生体験に焦点を絞るかを選択しました。これまでの人生で体験したアンバランスなもの、たとえば最もひどい苦痛や苦しみの原因となったことがそれに当たります。そのようなわけで、学ぶ必要があることを鏡に映し出してもらうために、そしてまた、カルマのゲーム（原因と結果の法則）を最後まで演じるために私たちの両親を選んだのです。彼らは、私たちの人生のドラマの中で特定の役割を演じることに愛情を込めて同意してくれました。その役割は、私たちが最大の成長を遂げることができるようにデザインされ計画されたのです。

次に述べる性向は多くの場合、私たちがしっかりと学べるように誇張された形で提示されます（この状況は、私たちがその教訓をしっかりと学ぶまで繰り返し提示されることを自覚してください）。

1　あなたの父親はあなたの学びのためにどのようなネガティブな性向を鏡で映してくれましたか？
2　あなたの父親はあなたの学びのためにどのようなポジティブな性向を鏡で映してくれましたか？
3　あなたの母親はあなたの学びのためにどのようなネガティブな性向を鏡で映してくれましたか？
4　あなたの母親はあなたの学びのためにどのようなポジティブな性向を鏡で映してくれましたか？
5　両親以外で、子どものときに良かれ悪しかれ、あなたの信念体系に影響を及ぼした人は誰ですか？

6　あなたのパートナーはどのようなネガティブな性向を鏡で映してくれていますか？
7　あなたのパートナーはどのようなポジティブな性向を鏡で映してくれていますか？
8　人生の中で繰り返して演じられるテーマに思い当たりますか？　異なった状況や異なった人びとを通じて繰り返し現われては、昔ながらの怖れやネガティブな思いをかき立てる事柄に思い当たりますか？

このような状況はあなたがそのレッスンから「叡知を獲得する」機会を提供するために繰り返し提示されます。いったんそのような状況から教訓を学んでしまうと、その状況を体験する必要はなくなります。そうした状況の例をあげてみましょう。

＊ あなたをいつもコントロールしてあなたの力を奪おうとする人たち。
＊ 彼らの力をあなたに与えてあなたにその責任を取らせようとする人たち。
＊ 失敗を怖れて、慣れ親しんだ状況から飛び出すことに対する怖れの気持ち。
＊ 自分以外の誰か、神様、運命、政府などを責めることによって自分自身の行動に責任を持たない。
＊ キャリア、人間関係、芸術活動、人生において成功を収めるために必要な土台を築こうとしない。
＊ 病気を口実にして責任を逃れようとする（あるいは、人の注意を引く唯一の方法は病気になることだと感じている）。これは普通、意図的になされることはありませんが、他の人に対して責任を感じている人や自分の弱さを見せたくないと思っている人が逃げ道として使うことがよくあります。病気は自分が弱い存在でもよいことを自分にゆるす一つの方法です。あるいは、世話を受ける必要があるということを示す一つの方法です。

9　あなたが最高の自分を実現して最大の可能性を生きることを妨げている信念、考え（あなたが自覚しているもの）には、他にどのようなものがありますか？

10　あなたは体の内部の苦痛を解放したと感じていますか？　その結果、そうした苦痛によって悩まされることはなくなったと感じていますか？

11　あなたはその状況に関して自分自身を完全にゆるしましたか？　それに関係した人たちを完全にゆるしましたか？

12　まだゆるしていないとすれば、ゆるす準備ができましたか？

13　あなたが解放したいと思っている性向、変えたいと思っている習慣を正直に評価することができますか？　あるいは、異なった観点から見てみる気持ちがありますか？（誰にでも性癖はあるものですが、それはユニークな自分の一部として受け入れる必要がある場合もあります）。

レッスン1――ワーク／新しい人生の脚本を書くために

自分のポジティブな反応やネガティブな反応を認識するために、また、チャクラのエネルギーセンターと自分がどのように関わっているかを認識するために、それぞれのチャクラあるいはその色に少なくとも二週間、心の焦点を合わせてみるようにとアーキエンジェル・マイケルは提案しています。本書の各レッスンを読んだあとに、そのエネルギー（光線と色）およびそれぞれのチャクラのエネルギーに二週間、心の焦点を合わせてみることをお勧めします。

本書に書き込みをしたくない場合には、別なノートなどに答えを書いてみてください。しばらくの間、月に一度、書いたものをチェックして進捗度合いを確認するとよいでしょう。

赤色のエネルギー

14 何があなたを怒らせましたか？

15 ネガティブな感情がどこから来ているかを自覚することによって、その感情に異なった形で対処することができましたか？　何がそのようなネガティブな反応の原因になったのか見分けることができましたか？

16 「赤色のエネルギー」を一つの刺激としてポジティブな形で体験し、強さ、意思力、勇気として活用することができましたか？

17 それとも、ネガティブな力として体験し、怖れ、怒り、憎しみ、憤りという感情を持つ原因になりましたか？

18 そのエネルギー（思考形態）をあなたの心から投影したとき、どのようにオーリックフィールドに影響を与えたか観察しましたか？　また、そのエネルギーが他の人びとによって鏡のように映し出されるのを観察しましたか？

19 それとも、それが原因結果という状況をつくり出す前に、それを認識し、変容することができましたか？

20 身体のどの部分で「赤色のエネルギー」を最も強く体験しましたか？

これまでの長い時の流れの中で私たちが創造した魂の分身たちは、それぞれ特定の周波数に共鳴し、ポジティブなものであれ、ネガティブなものであれ、私たちがつくるエネルギーを食べて生きています。私たちの魂の分身は存続をゆるされれば成長を続け、私たちを苛立たせ、ゆるすことを不可能にし、憤慨を覚えさせ、焦燥を感じさせることになります。しかしながら、怒りや憤り、憎しみの正体が認識できれば、すなわち、それは歪められたエネルギーであることが分かれば、処理して変容し、純粋なエネルギーに戻すことが可能です。そうすることによって、叡知を達成することができるのです。そしてどのような問題に対処すべきなのか、どこのバランスが崩れているのかに関して洞察を得ることができます。どこでエネルギーが詰まっていて、癒しと変容を必要としているのかを教えてくれます。ポジティブな形においては、「赤色のエネルギー」は私たちの決意の強化に役立ち、私たちが創造した魂の分身を癒す手伝いをしてくれます。分身を癒すことによって、愛情を込めて彼らを再び私たちのオーリックフィールドへと統合することができ、私たちは徐々に自分自身のマスターとなり、運命を最もポジティブな形でコントロールすることができるようになります。

レッスン1——反動・体験・思い出したこと

21　あなたの人間関係はどういう問題をあなたに提示してきましたか？
22　あなたの人間関係の中で何らかの権力闘争がありましたか？
23　あなたは自分の思い通りにするために他の人を支配し操作しようとしたことがありますか？
24　あなたの人生の中で誰かに対して恨みを抱き、悪感情を抱いたことがありますか？　あるとすれば、その理由は何でしたか？

25 あなたは落ち込んだことがありますか？ 絶望を感じたことがありますか？ あるとすれば、何がきっかけでそのような感情を持つようになったか特定できますか？

26 あなたは「皆が勝つ状況」を体験したことがありますか？ つまり、自分の言いたいことを相手に伝えることができ、自分を認めてもらえたと感じ、相手の人も同じように感じることを許可したという体験がありますか？ そのとき、「快感」を感じましたか？

27 あなたは怖れを感じたことはありますか？ あるいは、生きることへの不安や欠乏の問題を体験したことがありますか？ もしあるとすれば、何がそのきっかけになりましたか？ また、それを切り抜けることができましたか？ それとも、変容することができましたか？

28 どのようにしてそれができましたか？

まとめ

それぞれのチャクラの色について体験をいくつかの簡単なポイントに要約して、数行の文章にしてまとめてみましょう。「小さなストーリー」にとらわれずに「大きな構図」の観点を忘れないようにしてください。

それぞれのチャクラと色について紙を分けるとよいでしょう。

3

レッスン2――第二チャクラ／第五光線／オレンジ色のエネルギー

ネガティブな属性――自分を疑う。羨望。中毒。エゴの欲望体／性的な問題。過剰行動や衝動的な行動。罪の意識。価値判断や批判。優越感と劣等感。困惑。干渉。コントロールと操作。自己弁護。頑迷。焦慮。本能にだけ従う傾向。

ポジティブな属性――オレンジ色のエネルギーをピンクのエネルギー（愛のエネルギー）と混ぜて使うことによって、ネガティブなエゴの克服に役立てることができる。また、ソウルセルフが人生の主役になることが可能になる。自信を持てるようになる。再び活力を与えてくれる。癒しの力がある。自分にとって最善の目的に身を委ねそれに波長を合わせるのに役立つ。集中力を助けてくれる。エゴの願望を神聖な使命／青写真と常に調和がとれているスピリットの願望と一致させてくれる。与える性質と受け取る性質のバランスをはかってくれる。与える行為は祝福されたものであるが、自分も受け取る価値がある存在だと感じる必要がある。

第二段階――自分を故意に妨害する感情を解放して、力づける感情に代えるとき、潜在意識の中にある感情的な信念のプログラミングのやり直しが開始されます。指導霊、指導者、天使界の存在たちと個人的なつながり／関係を確立すると、自分自身の肉体的な「存在」の中に神の火花があることに気がつきはじめます。

そして、その輝きに満ちた愛の感情をより多く自分の人生に取り入れたいと努力するようになります。自分の行動が物質の世界のバランスやアンバランス、あるいは日常的な体験のバランスやアンバランスに影響を与えるのと同じように、自分の感情が行動に影響を及ぼすということを自覚するようになります。

オレンジ色のエネルギー・第二チャクラ・下腹部は肉体的なエゴの欲望体の居場所です。

意識が三次元の体験のレベルに降下して以来、エゴが私たちの感情体と精神体をコントロールしてきました。エゴは人格の重要な側面です。しかしながら、エゴは主役になるべきものではなく、ソウルセルフの導きの下にあるべきものです。エゴがオレンジ色のエネルギーを食べて、自信過剰、尊大なあり方、自分を疑うあり方をつくり出します。エゴがコントロールしていると、常に誰かに依存して、あるいは何かに頼って、自分が価値のある存在であることを鏡で映してもらおうとします。エゴは決して満足することはありません。そういうわけで私たちはいつも失望します。というのは、他人の基準で自分を判断しているからです。あるいは、自分に価値があるという保証を自分の外に求めるからです。エゴが魂の導きの下にあるときには、私たちは自分に価値があることを確認するために心の内面へと向かい、自分が神聖なエネルギーの火花であり、ユニークで大切な存在であることを知ります。その結果、常にさらなるバランスと調和を求めて努力しながらも、今いる場所に自分がいることをゆるすことができます。他の人たちが私たちのことをどのように考えているかについて気にすることをやめ、スピリットによって伝えられる内なる自覚を基準にして行動や感情のモニターをしはじめると、元気が出てきて、インスピレーションが湧き、やる気が出てきます。

レッスン2――ワーク／新しい人生の脚本を書くために

オレンジ色のエネルギーを意識して一緒に仕事をするようになってから、どういう体験をしたか、主なものを書いてください。

1 **あなたが創造した罪の意識を食べて生きている魂の分身はどれくらい強いものですか？**
2 他人に対する罪の意識は？
3 責任に関する罪の意識は？
4 過去の行為に対する罪の意識は？
5 遂行能力（完璧でなければならないという気持ち）に関する罪の意識は？
6 **価値判断や批判を食べて生きている魂の分身はどれくらい強いものですか？**
7 あなた自身あるいは他人に対する価値判断や批判は？
8 自分自身をありのままに受け入れていますか？
9 自分を他人と比較しますか？
10 あなたと同じような考え方をしない人を批判する。あるいは、他人があなたのためにつくった基準に達していないことで自分を批判しますか？

簡単な復習のための質問

11 自分の身体についてどう感じていますか？

12　異性についてどう感じていますか？
13　セックスについてどう感じていますか？
14　解決しなければならない、あるいは、癒さなければならないセックスの問題を抱えていますか？
15　あなたの中毒は何ですか？
16　自分でコントロールできない衝動的な行動を体験していますか？
17　あなたに防御の構えを取らせるものは何ですか？
18　あなたがしたことで恥ずかしいと感じることは何ですか？
19　あなたに困惑を感じさせるものは何ですか？
20　他人を喜ばせようとする前に自分自身を尊重し、自分に忠実であろうとしていますか？

バランスをとる必要がある領域を特定したあとに、バランスがとれていないエネルギーをハイアーセルフに向けて放射している自分を想像してみてください。それから、あなたのハイアーセルフが、そのエネルギーに美しくもきらきらと輝くピンクの光（愛のエネルギー）をつけて送り返してくれる様子を想像してください。この精妙化されたエネルギーが第二チャクラに入っていきます。

そして、あなたがバランスの崩れたオレンジ色のエネルギーを貯蔵してある場所のすべてに入っていきます。これによって第二チャクラと第五光線の最も高い波動とあなたとの調和がとれてくるにつれて、四つの低次元の身体（肉体・精神体・感情体・エーテル体）が元気を取り戻し、癒されるのを見てください。

これからは、古い習慣や思考形態のプログラムを組み替えていくなかで、エゴのオレンジ色のエネルギーをあなたがどのように投影するかをモニターしてください。マスターとして新しい習慣のパターンを形成するまでは首尾一貫していなければなりません。

少なくとも一週間、太陽神経叢のチャクラに心の焦点を置いたあとに、このエネルギーに関する主要な体験について考えてみましょう。たとえば、以下の質問です。

21　罪の意識について違った感じがしますか？　なぜでしょうか？

22　罪の意識のエネルギーに関して理性的に考え、それを軽減ないしは変容することができましたか？

23　その行為によって力づけられ、自由になったと感じますか？

24　価値判断や批判のエネルギーが出てきたとき、それに気づきましたか？

25　それは他人に対してより多く向けられていましたか？　それとも、あなた自身に対してより多く向けられていましたか？

26　中立的な立場をとることが上手になりましたか？　すべての問題に関して意見を持たなくともよいという立場をとることが上手にできるようになりましたか？

27　あなたの身体／容姿を前よりも自覚して、しかもそれに対して寛容ですか？

28　異性を前よりも意識し、より寛容になりましたか？

29　以前に取り組んだことのないセックスに関する問題や自覚が出てきましたか？

30　あなたが持っている中毒症状や衝動的な行動を認め、それを自分のものとして抱擁しましたか？　それを癒して、よりポジティブなものへと変容するためにはそのプロセスが必要です。

31　あなたの中毒や衝動的な行動の原因となっているコアの問題に関して何か理解を得ることができましたか？　それを具体的に書いてください。

32 何か恥ずかしい状況を体験しましたか？
33 以前よりも上手にその状況に対応することができましたか？
34 まずあなた自身を尊重し、あなた自身の心を喜ばせましたか？ その結果、他の人に対してさらなる同情の思いと愛情を表現することができましたか？

レッスン2――反動・体験・思い出したこと

35 あなたが変えたいと思っていたネガティブな属性は何ですか？
36 これまでそれに関して何かしましたか？
37 これから何かしたいという気持ちがありますか？
38 変えたいと思っている中毒的な性向・衝動的な性向・過剰な性向はありますか？
39 それについてこれまでに何かしましたか？
40 そのような行動を変えてポジティブなものにしたいという気持ちはありますか？ それぞれ一つずつ書き出してください。そうした行動から解放されるために起こしたいと思う小さな変化のステップを書いてください。
41 過去の行動で現在の罪の意識や恥ずかしいと思う気持ちにつながっているものはありますか？
42 劣等感を感じたり、優越感を感じた状況がありますか？
43 そのような感情はエゴに基づいたものだと思いますか？
44 そのような感情は過去のどういう記憶を蘇《よみがえ》らせましたか？

45 あなたが本能にだけ従った例を少なくとも一つ書いてください。
46 直感的に知っているという感覚に従った例を少なくとも一つ書いてください。それぞれの体験はどういう結果をもたらしましたか？　教訓は何でしたか？　別なノートを使って全部書き出してください。
47 潜在意識に新しい習慣を植え付けるためには二十一日かかると言われています。長年の間に身についてしまったネガティブな性向を解放するために二十一日間コミットする覚悟がありますか？

怖れ、苦痛、自分はダメな人だという感覚、欠乏感という下降螺旋《らせん》の階段に長い間あなたを縛り付けていたネガティブなパターンを手放すときです。変容するときです。意外に簡単にできるかもしれません。あなたの天使や「神聖な我れ」の助けが得られるのですから。

4 レッスン3――太陽神経叢のチャクラ／第三光線／黄色のエネルギー

ネガティブな属性――自制心の欠如。怖れに基づいた感情。無力感。自分自身のニーズに対してよりも他人の感情的なニーズやエネルギーに反応し反動する（他人のサイキックなエネルギーの介入をゆるす）。他人に対する不寛容。詳細にこだわりすぎる。ハイアーセルフの感情よりもエゴの感情体によって支配される。利己主義。精神的な明晰性と理性的な思考の訓練の必要性（盲目的に他の人びとに追随する代わりに、自分自身の真実を我がものとして宣言して確認する必要性）。過去の感情的なトラウマによって太陽神経叢のチャクラが閉じている。

ポジティブな属性――本来の力を取り戻すために黄色のエネルギーを活用する（徐々に〈ありてある我れ〉からの黄金のエネルギーの高い周波数に切り替える）。感情体／欲望体を自制できるようになる。他の人たちに対してより寛容になる。人との交流がスムーズにいくような術を身につける。思考を明確にする。太陽神経叢を通して（前後に）あなたの「ありてある我れ」の愛のエネルギーを他の人びとに放射する方法を学ぶ手助けをしてくれる。光の高次な周波数パターンの受動者となり変換機となる。

第三段階――目標はエゴの意思をハイアーセルフの意思の波長と合わせることです。感情体がよりバランスと調和のとれた周波数パターンで脈打ちはじめます。エゴの欲望が徐々にスピリット／ハイアーセルフの願望によって取って代わられます。愛の感覚や自分には価値があることの確認を求めて、自分以外のところに目を向ける代わりに、自分の内面へと向かうようになります。すべての存在にとって最大の恩恵をもたらす結果が出るように、スピリットの導きに任せるなかで、外的な出来事から感情を遊離させるプロセスが開始されます。煽動したり、状況に反動したりする代わりに、観察する人になります。起こるすべての事柄の中に高次な目的が秘められていること、悪いと思われるようなことが起こっても自分が罰せられているのではなく、日常生活の中でバランスと調和をはかる機会を与えられているだけであることが分かります。「私」ないしは分離した意識から、「私たち」ないしは統合の意識へと進化するプロセスを開始します。

レッスン3——ワーク／新しい人生の脚本を書くために

太陽神経叢のチャクラと黄色のエネルギーについて感じていること、体験したことがどのようなものであるかを考えるために少し時間を費やしてください。

1　他の人があなたのエネルギー源（太陽神経叢）にアクセスしようとしたとき、これまでよりもそれを自覚するようになりましたか？

2　あなた自身のものではなく、誰かがあなたのオーリックフィールドに捨てた感情的なエネルギーを体験しているとき、これまでよりもそれを識別することが上手になりましたか？

3　しっかりと、しかし同情の思いを持ちながら境界線や条件を設定することを学んでいますか？　つまり、自分自身を力づけることを学んでいますか？

4　エゴに基づいた方法をとらずに、問題のある状況や権力闘争的な状況により上手に対処できるようになりましたか？

どういう状況、どういう人があなたの感情を動揺させるボタンを押すかについて考えてください。

黄色のエネルギー・太陽神経叢

私たちは本能的な性質から脱却して直感的／魂的性質へと移行しつつあります。そうすることによって、私たちの太陽神経叢は再びエネルギーのパワーセンターになることができます。これまでの私たちは、太陽神経叢に接続されたエネルギーコードを使って他の人たちが私たちの感情体にアクセスすることをゆるしてきました。そのために、他の人たちにコントロールされ、力を奪われ、感情的にくたくたに疲れるという結果になっていました。「彼／彼女に手綱をぐっと引っ張られた」とか、「彼／彼女に小突き回された」といった表現を聞いたことがあるはずです。これを別な言い方で言えば、「誰かに太陽神経叢のチャクラにアクセスされてエネルギーを奪われた」ということです。私たちもまた同じようにして他の人たちのエネルギーにアクセスしてきました。それはまるで十分なエネルギーがないと感じて、垂直的に魂／高次元の世界からエネルギーをもらう代わりに、水平的アプローチで他の人のエネルギーにアクセスしてきたといった感じなのです。

5　あなたのエネルギー源にアクセスして、感情的なエネルギーを吸い取っている人間関係を直感で検証し、誰がそうしているかを考えてください。数人の名前をあげてください。

6　また、あなたは誰のエネルギーにアクセスしていますか？　誰に依存していますか？

7　あなたは配偶者をコントロールし、操作しようとしていますか？　それはどういう状況ですか？

あなたの子どもとの関係

8　あなたは子どもの年齢にふさわしく、公正なガイドラインや規則を設定していますか？

9　あなたは子どもに対して自らが模範となることによって教えていますか？　それとも、「家庭の規則」を自分の都合で子どもたちに命令で押し付けていますか？

10　あなたは子どもを自分の延長と見ていますか？　それとも、ユニークで特別な才能とニーズを持った個人として見ていますか？

11　あなたはあなたの両親と同じように子どもを扱っていませんか？　同じようなことを言い、同じような方法を使っていませんか？　具体例をいくつかあげて、自分がそうしたとき、どのように感じたか書いてください。

12　あなたの子どもをユニークで特別な才能とニーズを持った人として見ていないとすれば、子どもとの別なつき合い方を考えてみる気持ちがありますか？　考えられるやり方をいくつか考えてみてください。

13　友達や家族であなたをコントロールし、操作しようとする人がいますか？　名前をあげてください。それはどのように行われるか、書いてください。これは感情的な恐喝と呼ばれる行為です。自分に聞いてみてください。

14　もしも自分の力を再び自分のものとして宣言したら、それをどのように使うでしょうか？

15　あなたはそれをコントロールしたいのでしょうか？　それとも、それがあなたをコントロールすることをゆるすのでしょうか？

16　それはあなたの人間関係にどういう影響を及ぼすのでしょうか？

17　あなたが卒業した人たちとの関係が終わることをゆるす準備があなたにはできているでしょうか？

それとも、その人たちを高いレベルへと移動させようとするのでしょうか？

18 あなた自身の道を歩いて高いレベルの意識に向かう旅を続けながら、他の人たちが彼ら自身の道を歩んでいくことをゆるし、彼らを愛し、彼らに祝福を送ることができますか？

19 あなたの力があなたの人生を変え、その結果、より大きな責任を持つようになったとき、「居心地の良い自分のスペース」を出る覚悟がありますか？

バランスをとる必要がある領域を特定したあとに、あなたの太陽神経叢が魂の力／太陽の力のきらきらと輝く黄金の光を放射するさまを想像してください。あなたが自分の意思、権威、自制心を我がものとして宣言し、「愛／光」のエネルギーを世界に向けて放射する姿を想像してください。

レッスン3――反動・体験・思い出したこと

20 太陽神経叢のチャクラのエネルギーとワークをしている間に、感情のコントロールを失いましたか？

21 失ったとすれば、何がその反応のきっかけになりましたか？

22 本能的なレベルで何を体験しましたか？

23 何がそのきっかけになりましたか？

24 何らかの状況において無力感を感じたことはありますか？

25 それはどういう状況でしたか？

26 何らかの状況で自分には力があると感じたことがありますか？

27 それはどういう状況でしたか？

28 断固として、かつ愛情を込めた形であなた自身のニーズを満たす代わりに、他人の感情的なニーズに反動する体験を相変わらずしていますか？

29 誰かに挑戦されたとき、「あなた自身の真実」を述べることができましたか？

30 ハイアーセルフの感情ではなく、エゴの感情体によって支配されるという体験をしましたか？　一つか二つ具体例をあげてください。

31 あなたのハートモニターによって、あなたにとっての真実を識別することが上手にできるようになりましたか？

32 誰かが霊的にあなたの太陽神経叢のエネルギーにアクセスしようとするとき、以前よりもそれを自覚するようになりましたか？　体験をすべて書き出すために必要な場合は、別な用紙を使って書いてください。

5 レッスン4――ハートチャクラ／第四光線／緑色のエネルギー

ネガティブな属性――愛されていないと感じる。自分には価値がないという感覚。自己中心性。罪の意識、羨望、ねたみ、自己嫌悪、悲しみや喪失感のために胸に痛みを感じる。胸が押さえつけられている感覚。過去を手放すことができず前進できない。自分自身および他の人たちをゆるすことができない。ソウルセルフの代わりにエゴの我れが人生の舵を取ることをゆるす。

ポジティブな属性――ハートセンターを開いて、ハイアーセルフや「ありてある我れ」からやって来る生命力を受け入れることを可能にする（神聖な意思、叡知、愛）。ハートセンターに詰まっているエネルギーを癒し、意識にバランスとやすらぎと調和のとれた感情をもたらし、ひいては、幸福感、健康、活力が増大する。高次元の源から、より多くの愛を引き出し、それを他の人たちに向けて放射することを可能にする。同情心と無条件の愛をもたらす。人は創造主の神聖な火花であり、したがって愛に値する存在であるという真実を受け入れるように導く。自分を愛して受け入れることが他の人に対する無条件の愛の第一歩であるとの自覚をもたらす。

第四段階――精神体の直線的で分析的な思考プロセスに注意を向けます。すなわち、条件付けられた意識を自覚します。高次元の精神的な我れの助けを借りて、制限的で柔軟性がなく、人をコントロールすることをよしとする古い価値体系、迷信、教条の検証を開始します。これまで真実として受け入れてきたものを（そのような真実が態度や価値判断の土台となっていたわけですが）、見直すようになるにつれて、新しい拡大された自己を力づける概念を客観的に探求し、学びたいと思うようになります。自分自身よりも大きな「力」を信じるようになります。その結果、自分でコントロールしたいという気持ちを手放し、直感と内なる理解を通してスピリットに導いてもらおうという気持ちになります。ヴィジョンを拡大し、自らの真実を語り、その真実を誠実に生きることによって、自らのスピリチュアルな力を我がものとして宣言するのです。同時に、他の人たちにも同じことをする権利を認めます。

レッスン4――ワーク／新しい人生の脚本を書くために

少なくとも一週間、ハートチャクラと緑色のエネルギーに心の焦点を合わせ続けます。それを行ったあとで、次の質問を自分に対してしてみてください。

1　ハートセンターで感じる感情をこれまでよりも意識するようになりましたか？
2　あなたの「天使のハート」の声が聞こえるようになったことを正直な気持ちで言うことができますか？「天使のハート」とは、あなたに対して、周囲の人たちに対して、愛と受容のエネルギーだけを放射するハートのことです。
3　胸が圧迫されている感じに変化がありましたか？
4　緑色のエネルギーのネガティブな感情のうち、どういう感情を体験しましたか？
5　ネガティブな属性を体験したとき、これまでよりもそれに早く気づき、解決し、通過することができましたか？　そして、バランスとやすらぎの感覚にすぐに戻ることができましたか？

6　「被害者意識」からすぐに抜け出して、あなたに何らかの衝撃を与える出来事や人はあなたの学びのための贈り物であるという意識に入ることができましたか？

ハートセンターの緑色のエネルギーを意識的に活用してネガティブな感情を処理することができるようになると、あなたの世界／あなたの現実のマスターの道をしっかりと歩みはじめたことになります。

「緑色のエネルギー」「ハートチャクラセンター」「信頼」「愛」「同情の思い」「親切」「満足」といった感情はすべて「ハッピーなハート」の症状です。しかし、このような感情もバランスのとれた最も高貴な形で使う必要があります。

「信頼」は素晴らしい属性ですが、盲目的な信頼は他の人たちに利用されるという結果をもたらします。叡知と識別をもって信頼を調節しなければなりません。盲目的に信頼することによって信頼に値しない人たちにだまされる可能性があります。

「愛」しすぎることなんてあり得るでしょうか、とあなたは言うかもしれません。間違ったものを愛すれば、それは中毒になります。権力、食べ物、麻薬、アルコールに対する愛情は中毒になります。ある人に対する過激な愛も同じです。精神的な論理を使って感情や愛を調節してください。そして、あなたのソウルセルフにあなたの「愛の関心」をモニターしてもらうとよいでしょう。

「親切」は時として他人をコントロールするための手段になります。あるいは、「他の人のために何かをしてあげる」ことによって、その人が教訓を学ぶ機会を奪ってしまうという可能性もあります。過ぎた親切は人間関係をダメにしてしまいます。多くの場合、過ぎた親切は自己犠牲や優越感を伴い、バランスが崩れてしまうからです。ある人に過剰な親切を施すことによって愛情を買うことはできません。その人が親切を返す機会をあげなければなりません。そうすることによって、与えることと受け取ることのバランスが生まれます。

「満足」しきった状態は倦怠、無気力、目的の喪失につながります。いかなるものも静止状態にとどまることはありません。私たちは常に次のレベルの意識へと前進し、現在という瞬間に満足すると同時に、興奮と挑戦の精神を持ち続けなければなりません。自分の現在のあり方、いま現在の行動に満足しながら、同時に、常に拡大している意識と創造性を表現するための新しい方法を模索することは可能です。拡大する意識や創造性はあなたのハイアーセルフにアクセスし、脳構造の中に蓄積されている叡知の「光のパケット」にアクセスすることによって得られる恩恵の一つです。私は満足しています、と言う人は多くの場合、自分の心や身体に刺激を与えることをやめてしまい、停滞と衰退の道をたどることになります。

私たちは喜びから悲しみまで感情のスペクトラムをハートから投影しています。「光で輝くハート」の適切な感情の資質は、暖かさと広がりです。

愛と感謝の思いは「光で輝く健全なハート」にとって大切なものです。

ハートチャクラは高次元の意識に至る入り口です。地球と物質界のエネルギーは地上からハートに入ってきます。一方で、私たちのハイアーセルフ／「神聖な我れ」のエネルギーはクラウンチャクラを通って入ってきて、ハートセンターと太陽神経叢で地上から上がってきたエネルギーと融合します。これによって「ソーラー・ハート」あるいは「ソーラー・パワー・センター」と呼ばれる場所が誕生し、この場所から私たちは愛のエネルギーを他の人たちや地球に向けて放射することができるのです。

レッスン4――反動・体験・思い出したこと

7 緑色のエネルギーに心の焦点を合わせている間に、自分には価値がないという感覚や、自分は愛されていないという感覚を体験しましたか？
8 何がその感情のきっかけになりましたか？
9 その気持ちにどのように対処しましたか？
10 そうした感情のパターンをたどってその源まで行ってみましたか？
11 そこで何を発見しましたか？
12 羨望やねたみの感情を体験しましたか？
13 どういう状況がそのきっかけになりましたか？
14 その気持ちをどのように処理しましたか？
15 そうした体験をしているとき、ハートセンターがキュッと締まるような体験をしましたか？
16 あなたの人生の中で、まだ解決していない問題を感じる相手の人は誰ですか？

17　あなたの人生の中でゆるす必要のある人はいますか？　いたら、名前をあげてください。
18　ゆるしてもらう必要があると感じていることによって心が悩まされることがありますか？

それぞれの状況について考えてみてください。よかったらその状況を書いてみてください。書きたくない場合には、それぞれの状況を心の中で思い浮かべて、その記憶や痛みを解放するのに必要なことは何であるかを決めてください。

それらの問題を解決したいという気持ちはあるが、物質世界のレベルで取り組むだけの覚悟ができていない場合には、魂のレベルで成し遂げることができます。それによって、あなたとその問題の間にあるエネルギーをハイアーセルフが浄化することが可能となり、それによって物質界のレベルで処理することも容易になります。ものの見方を変えてみてください。すると、周囲の人たちに対する見方も変わってきます。試してみてください。必ずうまくいきます（一四一ページ〈五次元の力のピラミッド〉参照）。

19　喪失感や深い悲しみを体験したことがありますか？
20　今、その状況を振り返って、究極的にはすべての事柄には「より高い目的」があることを理解して、その状況を認め、納得し、前に進むことができますか？
21　「エゴの小さな自己中心的なあり方」からスピリットの拡大されたあり方へと移動することができますか？　スピリットの見方はいま現在起こっていることをより広い目で見て理解することを可能にしてくれます。

スピリットのあとをついていくと、一つのドアが閉じたように思われても必ず別なドアが開かれます。すべての出来事は私たちがそうなることをゆるせば、私たちにとって最善であるということが分かります。

神性を生きるための確言

私は選択します
怖れよりも無条件の愛を
自分を裁くよりも自分を信頼することを
裁くよりも同情の思いを抱くことを
貧しさよりも豊かさを
過去や未来よりも現在を
制限付けるよりも自由を
エゴの自分よりも魂の自分を
限定よりも拡大を
妄想よりもヴィジョンを
無知よりも叡知を
分離よりも神性とワンネスを

私は

私自身の真実の探求者です
私自身の内なる導きと承認によって力づけられ
光を与えられています
私の「神聖な我れ」を受け入れ
私と一体になります
時代遅れの制限的な価値体系から解放されています
ＤＮＡの十二の束を活性化し
完璧なライトボディーを顕現しています
地上における天国を再び我がものとして宣言し
共同創造しています

かくあれ、そしてかくあるなり
オーム、オーム、オーム

6 レッスン5——スロートチャクラ／第二光線／青色のエネルギー

ネガティブな属性——エーテル界においてはスロート（喉）チャクラは過去世のエネルギーのコードによって縛られ、制限されていることが多いために、私たちの真実を自由に語り伝えることが困難になる。他人を裁き批判する。自分の本当の気持ちを表現することによって自分の力を確保することをしない。自己表現の欠如。言葉による創造性の表現の欠如。低い周波数を持ったネガティブな言葉を使うことによって、オーリックフィールドのエネルギーの磁場に不協和な状況をつくり出す。どういう言葉を話すかということは、「因果の法則」における重要な要素の一つとなる。

ポジティブな属性——スピリチュアルな力を我がものとして宣言するとき、その第一歩は識別と分別と同情の思いをもって自分が知っている真実を語りはじめる。「魂の言葉」や聖なる力を与えられた「創造的な言語」は、宇宙の創造のエネルギーにアクセスするための燃料／周波数となる。思考、言葉、感情、行動はすべてエネルギーの形態である。「私は……である」という言葉は、人間が話す言葉の中で最も力を与えてくれる表現となる。

第五段階——「顕現の普遍的な法則」を理解し、使いはじめます。未来の世界がどのようなものになるかを厳密に、丁寧に、詳細にヴィジョンとして形成します。それから、結果がどうなるかについてはハイアーセルフに委ねます。創造したいと思っているものは、適切なときに、関係する人びとすべてにとって最善の形で実現します。この瞬間に、自分自身や周囲の人たちと安らかで調和のとれた波動をもって、喜びに満ちた関係の中にいれば、実はあらゆる瞬間において、思い、言葉、行動によって未来の現実を築いているのだということが自覚されるようになります。知的な自覚からスピリチュアルな自覚へとシフトすると、運命の舵をとることをやめて、「神聖な運命の流れ」の中に入っていくことになります。他の人たちの人生を変えようとしたり、コントロールしたりすることをやめ、彼らの欠点の代わりに、長所に心の焦点が向くようになります。一人ひとりの中にある「神の火花」が見えるようになっていきます。

喉と甲状腺――新しい「ソーラー・パワー・センター」の重要な部分を形成しています。「ソーラー・パワー・センター」は喉と甲状腺とハートの働きから成っています。

思考の周波数と音を生み出す形――形は音を生み出します。あなたのマルチマインド（潜在意識・顕在意識・超意識）とあなたの人生体験は、より偉大な意識に至るための道具です。潜在意識は思考のプロセッサーで、私たちが意識のフィルターにかける考え、イメージ、言葉を文字通りに受け取ります。私たちが真実として受け止めていることや信じている事柄はなおさらです。変容のプロセスの一部は潜在意識を顕在意識に上昇させ、顕在意識を超意識と融合させることです。力強く、真理に忠実に、雄弁に語る能力は自分をマスターするための第一歩です。確言を唱えること、視覚化のプロセスを行うこと、話す言葉を変えることは、私たちの潜在意識のプログラムを解消して、新しいプログラムに切り替えるために最も効果的な方法です。創造性、啓示、チャネリングの能力、テレパシー、想像力、こういったものはすべて私たちが生まれながらに持っている能力の一部です。創造の贈り物であり、父にして母なる神の美徳の一部です。

「心の言葉」や「魂の言葉」を覚えると、人を力づける言葉を自然に話すようになります。たとえば、「私は……である」「私は愛しています」「私は……します」「私は創造します」「私は享受します」「私は持っています」といった言い方です。この瞬間から、あなたの思考パターンをモニターする習慣をつけてください。ネガティブな思考パターンに気づいたならば、その代わりに簡潔な確言を唱えてください。私たちのエゴの考えという雑音を締め出して、新しい思考パターンを植え付けるにはこれが最善の方法です。

毎日の生活の中で、スピリットが観察者として肩に止まっていると想像しながら過ごしてみましょう。そして、正直に自分に聞いてみます。自分はこのような言い方をしたけれど、マスターも同じような言葉を使い、同じような言い方をするだろうか?

批判や裁きのモードに入ってしまったら、「ストップ!」と言ってください。そのような状態を続ける前に考えます。思考や口にする言葉に「ポジティブな色合い」をつけることを学んでください。

マスターとは知識を叡知に変容することができる人です。叡知に意図の力と言葉が組み合わされると、奇跡が生まれます。

「キャンセル、キャンセル」(解除)「過ぎ去ったこと」という言葉を唱えることによって、ネガティブな思考形態やネガティブな表現を潜在意識が中立化することが可能になります。

意識の三位一体

＊　潜在意識
＊　顕在意識
＊　超意識

《意識の三位一体の確言》
私は心が一つに統合された存在です。私の潜在意識、顕在意識、超意識は、私の神聖な「ありてある我れ」の導きの下に完璧に調和がとれ、完璧に一線に並んでいます。

潜在意識・顕在意識・超意識間のハーモニーは、私たちが共同創造のマスターになることを可能にし、中立的な創造の宇宙生命エネルギーにアクセスすることによって、豊かさ、やすらぎ、喜び、調和を顕現することを可能にしてくれます。

私たちの世界は自らの意識状態の反映です。自分自身についての概念を変えるとき、現実のホログラフィーの姿を変えることになります。

外的な作業と内的な作業のバランスをとらなければなりません。

瞑想・インスピレーション・活性化

私たち一人ひとりの中に「神聖な青写真」があります。壮大なヴィジョンが発見され、実現されるのを待っています。私たちの使命はこのヴィジョンを顕現し、ヴィジョンを生き、分かち合い、教えることです。

私たちの習慣、行動、性格は、意識している価値観よりも潜在意識によって形成されます。それは数多くの過去世や幼少期を通じて潜在意識に入ることをゆるされた思考形態です。潜在意識（シャドーセルフやエゴという名前で呼ばれることもあります）の暗いコーナーに閉じ込められている信念こそ、私たちの最も深刻な怖れであり、恐怖症、恥、罪の意識、過激症、敵意、欠乏、無価値、失敗、拒絶、裏切りなどの感情なのです。古い諺《ことわざ》を思い出してください。「ゴミ（ネガティブな思い）を入れれば、ゴミが出る」というものです。

私たちが顕在意識を地球の「大衆意識」ないしは「集合的な無意識状態」よりも高いところに持っていくまでは、この世界にある苦痛、苦しみ、不協和をつくり出したエネルギーの影響を受け、そのエネルギーに屈従するしかありません。信念体系を変え、それが他のライトワーカーによって拡大され強化されるにつれて、古い三次元の信念体系は変えられ、改良され、変容することになります。私たちはそれを「百人目のマスター現象」と呼ぶことにします。三次元の世界では「百匹目の猿現象」と呼ばれています。

潜在意識は思考のプロセッサーで、あなたが心の中に入ってくることをゆるしている考えやイメージを文字通りに受け入れます。真実や信念として受け入れているものについては、とくにそういうことができます。習慣や記憶といった日常的な行為は潜在意識によって支配されています。確言を唱えること、ヴィジュアリゼーションを行うこと、言葉を変えることこそ、あなたの潜在意識を解除して新しくプログラミングする最速の方法です。

思い出してください。あなたが注意を向ける場所に、力とエネルギーを与えているのです。抵抗しようとするものを自分に引きつけます。思考形態や感情に抵抗してはなりません。それを通り抜けてください。あるいは、それに向かって行き、高次元の叡知の光で怖れを照らしてください。そして、怖れが煙のように消えるのを観察してください。完璧な結果、完璧な解決を見てください。こうすることによって、どのような状況においても、うまくいっていないことに注意を向ける代わりに、うまくいっていることに注意を向けることができるようになります。

潜在意識は反復、リズム、感情から指示を受け取ります。潜在意識は自分に聞こえるインパルスをプレイバックして送り出すのです。それは主観的であり、いかなる価値判断もしません。あなたが言うことを文字通りに受け止めます。「疲れた」「具合が悪い」「私にはできない」「絶対勝てっこない」とあなたが言えば、それを文字通りに受け止めます。潜在意識は「分かりました」と言って、あなたはそれに合った周波数と感情を放射します。すると、宇宙はその現実に合うように自らを編成しなおすというプロセスになります。

あなたの言葉、信念体系、感情にはそれぞれ周波数があります。それが高い周波数であれ、低い周波数であれ、それはあなたのオーリックフィールドに投影され、その周波数に共鳴する人びとや体験を引きつけることになります。

夢やヴィジョンを顕現して、あなたの天国を築くにはどうすればよいのでしょうか？　潜在意識にアクセスして、あなたが持っている最高の可能性を自覚することによってです。マスターになるとは、人生と運命をコントロールする力を獲得することであり、すべての存在にとって最善の恩恵をもたらすための叡知を獲得することです。

それはいろいろな名前で呼ばれているものです。聖なるインスピレーション、創造性、啓示、チャネリング、テレパシー、想像力、こういったもののすべてを、私たちは与えられています。父にして母なる神によって、創造に必要な贈り物をすべて与えられているのです。しかし、超意識、ないしは「キリスト意識」と私たちが呼んでいる高いレベルの意識にアクセスするかどうかはあなた次第です。

聖なる我れに対する自覚が高まり、それがいかに強力な存在であるかについての自覚が高まると、あなたが抱く新しい現実の未来図に合うように外的な環境を変え、再創造するための方法が見えてきます。そして、他の人びと、すべての創造物とのワンネスを感じるようになります。すべてのものがあなたに影響を及ぼし、人類の一人ひとりに影響を及ぼし、すべての創造物に影響を及ぼすことが分かります。

あなたの内なる世界は最悪の悪夢にもなり得ます。同時に、歓喜と光の世界への入り口にもなり得ます。ここにはあなたの最も深い怖れ、悪夢、はるか昔に冒した失敗や苦しみの記憶が潜んでいます。この妖怪と

も言うべき存在を闇の世界から出して、光を注いでやるときが来ました。そうすると、彼らは実は私たちの神聖にして素晴らしい存在の一部であることが分かります。

思考の周波数と音は形をつくり出し、形は音をつくり出します。

あなたの心と人生体験はより偉大なる意識に至る道具であり、その結果として現実と波動にシフトが生じます。どのようなものに対してであれ、善悪、正邪、光か闇かといったレッテルを貼らないことです。すべてはバランスです。あなたという存在の肉体、精神体、感情体においてバランスをはかることです。変化に対して抵抗すれば苦しみと戦いが生まれます。

マスターになるために

《マスターになるための確言①》

* 私は「神聖なありてある我れ」の投影された姿です。
* 私は黄金のハートセンターから光と愛と調和と喜びのエネルギーを放射します。
* 私は紫色の変容の炎の中に、私の過去と現在と未来を解放し、変容させます。
* 私はキリストの光の黄金の球体の中に入っています。
* 調和と愛のエネルギーの他に、いかなるものもこの球体に入ることはできません。
* 私は創造主とすべての光の存在に絶えざる愛と感謝を表現し、そのエネルギーの中に生きます。

マスターとは知識を叡知に変える人です。この叡知が意図の力と組み合わされるとき、奇跡が生まれます。あなたは、あなたの現実の創造主です。他の人たちはあなたの自分自身についての知覚を投影してくれているだけです。あなたは思いの一つひとつによって現実を創造します。

あなたがこの人生に生まれてきたのは地球と呼ばれる惑星における壮大な実験に参加するためでした。創造主／父にして母なる神は、あなたを完璧な存在として見ています。あなたを裁いているのはあなただけです。言葉、思い、意図、感情があなたの現実を創造します。

ヴィジョンを顕現するためには精神を集中してヴィジョンを明確にし、願望を強烈に抱く必要があります。ヴィジョンを感じなければなりません。そのヴィジョンはあなたのハートセンターから来ているものでなければなりません。あなたの「神聖な我れ」と調和がとれ、すべての存在にとっての最高の恩恵をもたらすものでなければなりません。そのとき、あなたはマスターとして働いています。

「キャンセル、キャンセル」（解除）**「過ぎ去ったこと」という言葉を唱えることによって、ネガティブな思考形態やネガティブな表現を潜在意識が中立化することが可能になります。**

《マスターになるための確言②》

＊　私は共同創造のマスターです。
＊　私はスリムで健康です。
＊　私は愛情と叡知と豊かさに満ちています。

＊　私は紫色の炎の存在です。
＊　私は神の完璧な願望です。
＊　私は強力な存在であり、自分の運命をコントロールしています。
＊　私は責任感が強く生産的です。
＊　私は心の焦点が明確であり、力づけられています。
＊　私は何を知覚し、何を感じるかにに対して責任があります。
＊　私は愛です。私は自分自身を愛し、人生を愛しています。

あらゆる道において愛という言葉を使いなさい。愛は怖れを克服し、憎しみを克服します。

一人ひとりの中にある「神聖な火花」を**愛**することが大切です。これはその人を好きになって、関係を持たなければならないという意味ではありません。その人にとって最善のことが起こるように祝福を送ってください。その人が人生の教訓を学ぶためにいるべき場所に、今いるということを知ってください。**愛**は誘引の神聖な力であり、創造し、調和をはかり、統合し、一緒にします。あなたがいかなる抑制もなく**愛**するとき（無条件の愛）、あなたは「神の神聖な計画」を映す人になります。

《マスターになるための確言③》
＊　私はポジティブな結果を出します（何らかのプロジェクトに関して言う場合には、できるだけ具体的に述べること）。

＊私は瞬間瞬間に心の焦点を合わせ、詳細な点にも注意を払います。
＊私は潜在意識と顕在意識に対して明確で簡潔なインプットを与えます。
＊私は行動をヴィジョンや脚本と一致させます。
＊私は私のスピリチュアルなニーズ、精神的なニーズ、感情的なニーズ、肉体的なニーズをサポートし、満たしてくれる仕事を創作します。
＊私は健康で美しく生き生きとした身体を創造します。
＊私は愛情に満ちた関係を創造します。
＊私は必要としているもの、願望しているもののすべてを、自覚する前に顕現します。
＊私は常に誠実さと明確さと同情の思いを持って語ります。

私は選択します。

マスターであることを思い出してください。選択することはあなたの神聖な権利です。あなたは、考えることや創造することを**選択**しています。とすれば、あなたにとって最高の選択をした方が得ではないでしょうか。ないもの（ネガティブなもの）について語る代わりに、あるもの（ポジティブなもの）について語る**選択**をしてください。あなたの現実にしたいことだけを**選択**して言葉にするとよいでしょう。内なる導き（直感）に従ってください。多くの場合、最初に心に浮かぶことが正しい選択のようです。

私は創造します。

一つひとつの思いと感情によって私たちは創造しています。

心の焦点――精神力。感情――感情力。直感――魂の力。行動――肉体の力。

ヴィジョンを具体的に持つ。

除去したいことではなく、創造したいことを具体的かつ詳細にヴィジョンとして持つことが大切です。あなたの神聖な計画を明確にして確立するために、実際に言葉に表わして書いてみるとよいでしょう。あなたのスピリットが「神聖な証人」として肩に止まって、直感を持てるように導き方向付けてくれていると想像してみるとよいでしょう。同時に、今という瞬間に一〇〇パーセントいることが大切です。

私は持っています。

持っているものを具体的に考えます。明確な意図を持ってください。一人称を使ってください。持っているものは持っていると明確に宣言してください。語る言葉や抱く思いをモニターしてください。あなたが語る言葉や、抱く思いはあなたのヴィジョンと一致していますか？　今、そして今後顕現したいと思っていることと波長が合っていますか？　目標を実現するためのコースと段階を設定してください。作戦を考えてください。何が必要でしょうか？　必要なことに取り組んでください。それに向かって行動を起こします。それが起こるように物事を動かすのです。あなたの夢が顕現するのを見てください。

《マスターになるための確言④》

私は人生において願望するものをすべて実現するための力、能力、知識、意思を**持っています。**

私はできます。

「持っていること」「そうであること」「すること」に心の焦点を合わせてください。あなたが願望する能力をすでに持っているかのように行動してください。あなたを「理想的な存在」として見てください。毎日、忠実に、情熱を込めて練習してください。眠りにつく前に、どのような状況であれ理想的な結果が生まれたところをヴィジョンとして持ち、それは達成されたと確言してください。目を覚ましたときに、すべての感覚を動員して顕現したいものをヴィジョンとして持ち、あなた自身の奇跡の力を持っている「ありてある我れ」の存在の力との協力を呼び込んでください。

《マスターになるための確言⑤》

＊　私は宇宙を信頼することができます。

＊　私は私の心と判断力と直感を信頼することができます。

＊　私は他の人たちを信頼することができます。

＊　私が信頼のエネルギーを投影するとき、信頼できる人たちが私に引き寄せられてきます。

私は願望します。

あなたの願望をエゴの欲望体の波長と一致させるのではなく、スピリットの波長と一致させることが大切です。あなたの願望が聖なる存在のすべての側面と調和がとれるようにしてください。すなわち、あなたの霊体、精神体、感情体、肉体のすべてと調和がとれた状態にすることが大切です。ここでも大切なことは、最も高貴な選択を探求することです。これらの基準を満たせば、あなたが顕現することにはいかなる制限もありません。他の人たちの見方や考え方を尊重することも忘れないでください。あなたの真実と現実はあなただけのものです。

私は楽しみます。

ありがたいと思うことは愛の表現の一つです。あなたが願望するものの創造に当たってポジティブな感情が強烈な触媒になります。今という瞬間に心の焦点を合わせるとき、あなたは力に満ちた瞬間に身を置いているのです。身体としっかりとつながっていてください。母なる大地にしっかりと根を下ろし、潜在意識、顕在意識、超意識を統合してください。そうすることによって、瞬間瞬間を力づけます。喜びとやすらぎと調和と感謝の波動を送ってください。そうすることによって、宇宙の生命物質エネルギーを強化し、拡大し、引き出すことができます。

あなたは創造を楽しむために地球にやって来ました。あなたの目的は喜び、愛、笑い声のエネルギーを通して創造主に代わって物質世界を体験することです。あなたはユニークな存在です。神の神聖な一側面です。人類を含めて、全宇宙はリズミカルな波動の波及効果をもって振動しています。光、音、色は創造のエネルギーです。創造主／父にして母なる神が身動きして創造の神聖な息を吐き出したとき、光と音と色の波動を送り出し、その波動が何十億年も前の宇宙の始まりのとき以来、振動しているのです。

レッスン5――ワーク／新しい人生の脚本を書くために

1　考えを話したり、自分を表現したり、意見を述べることに困難を感じていますか？

2　あなたは静かに話しますか？　それとも、おとなしい声で話しますか？

3　これまで「静かにしなさい」とか「黙りなさい」と言われたことがありますか？

4　あった場合には、それを書いてください。

5　そのとき、どのように感じましたか？

6　私たちが本来持っている力を取り戻すための最初の方法の一つは、言葉を通じて表現することです。あなたは批判されることを怖れていますか？　間違いを冒すことを怖れていますか？

7　あなたは自分のことを語るときに、ネガティブな言葉を使いますか？　あるいは決まりきった言い方をよく使いますか？　「分かっているでしょ！」といった言い方をどれくらい頻繁に使うか注意してみましょう。それは習慣です。まず、そのような表現を使っていることを自覚して、意識的に直す努力をするとよいでしょう。

8　あなたはどれくらいの頻度で次の表現を使いますか？　「私にはできない」「私には必要だ」「そうかもしれない」「そうでしょうね」「私は欲しい」「やろうとしています」「できたらいいけど」「難しすぎる」などなど。

このような言葉をあなたの潜在意識は文字通りに受け取るので、誤解される可能性があります。このような言葉は自分自身を失敗に導く言葉です。なぜなら、あなたは欲しがり続けるでしょうし、必要としつづけるからです。これらの言葉は力づけの言葉ではありません。このような言葉をどのように使っているか自覚することです。そして、これらの言葉をポジティブで力を与えてくれる言い方に変えるという決断を下してください。はっきりとした結果を考えて言葉を使うことを学んでください。意図を明確にするのです。

力づけの言葉を使って文章をいくつか書いてみましょう。創造性を発揮してください。あなたの潜在意識はポジティブなものであれ、ネガティブなものであれ、感情的なエネルギーを貯蔵します。

あなたは「罵《のの》り言葉」や「汚い言葉」をどれくらいの頻度で使いますか？　これらの言葉はそれ自体が悪いわけではありません。ただ、そうした言葉から連想する思考形態は波動が低いために、それを使うとあなたの言葉の波動は低くなります。汚い言葉、怒りの感情のままに話された言葉、悪意のある言葉、人を裁く言葉は、あなたのオーリックフィールドに霧のようなもやをつくり出し、やがてはあなたの波動全体を下げることになります。この瞬間から、現実のマスターになるのに役立つような、人を力づける創造的な言葉を使うようにする、と宣言してください。

9　あなたの両親が使っていたネガティブな言葉で、あなた自身も習慣的に使っている言葉はありますか？　それをいくつかあげてみてください。書き出してみましょう。

次のことを考えてみてください。

あなたは家族とどのようにコミュニケーションしていますか?

あなたは夫と、あるいは大切な人とどのようにコミュニケーションをしていますか?

あなたは自分の子どもとどのようにコミュニケーションしていますか?

10 あなたは天使や自分のハイアーセルフ、あるいは超物質界の存在とコミュニケーションができると信じていますか?

11 そのような経験をしたことがありますか?

12 そのとき、どのような感じがしましたか?

13 あなたの身体は、あなたとコミュニケーションできると思いますか?

14 ペットや動物とコミュニケーションできると信じていますか?

15 言語を使わずにコミュニケーションをする方法がある、という概念を信じることができますか?

16 インスピレーションを受けて特異な考えが心の中に浮かぶという体験をしたことがありますか?

17 あなたは祈りますか?

18 瞑想をしますか?

祈りは神に語りかける行為です。瞑想は心をしずめて祈りに対する答えに耳を傾けることです。

19 神は私たちの祈りのすべてに応えてくださる、という考えを、あなたは受け入れることができますか?

私たちの祈りや願望に対する答えと解決策は、創造の未顕現の世界に存在していて、私たちによって顕現されるのを待っています。それは私たちの神聖な生得の権利です。しかし、私たちは共同創造主ですから、それらのものを物質の世界に顕現するためには自分の役割を果たさなければなりません。本書の目的はその役割を明らかにすることにあります。

合意事項を破棄して力を取り戻す

五次元の「光／力のピラミッド」の中で瞑想状態に入ってみてください。部屋の中央にあるクリスタルのテーブルを前に座って、後ろにはあなたのハイアーセルフが立っていると想像してください。あなたがいま問題を感じていて解決したいと思っている関係の相手の人がテーブルの反対側のクリスタルの椅子に座り、背後には彼／彼女のハイアーセルフが立っているのを想像してみてください。彼らの魂のエネルギーに愛情を込めて心の焦点を合わせ、次の言葉を言ってください。

「あなたが愛と光の波動に合わないエネルギーを過去、現在、未来において私に投影したことに関してあなたをゆるします。

私が愛と光の波動に合わないエネルギーを過去、現在、未来においてあなたに投影したことに関してどうぞ私をゆるしてください。

私は今ここにおいて、私たちに最善の恩恵をもたらさない合意事項を破棄します。過去、現在、未来において私がしたそのような合意のすべてを破棄します。かくあるべし、かくあるなり」

完了したと感じるまで、このエネルギーおよびその人と一緒にいてください。

私たちは「私はあなたを永遠に愛します」「私はあなたを永遠に憎悪します」「私はあなたのことを永遠にケアします」と考えたり、言葉にして言うことによって、未来となるべき時空間のエネルギーを送り出してきました。未来となるべき世界にあるこのようなエネルギーの調和を図り、変容し、私たち自身のエネルギーを取り戻し、他の人たちにも彼らのエネルギーを返してあげる必要があります。そうすることによって、私たち一人ひとりが尊厳のある存在となって、それぞれの運命のマスターとして自分の道を歩んでいくことができるようになります。「因果の法則」の車輪から離れてしまえば、他の人たちによって学ぶべき教訓を反射してもらう必要はなくなります。その代わりに、意識的に意図することによって、人生の中で出会う一人ひとりの人、一つひとつの出来事が何を教えようとしているのか自覚することができます。こうすれば、私たちは行動のための叡知を獲得することができ、学びのために辛い人間関係や「レッスン」を体験する必要はなくなります。

上記のプロセスを、これまでに問題を経験した人や、「ストレスの多い学び」となった相手の人、一人ひとりと行ってみることをお勧めします。

レッスン5——反動・体験・思い出したこと

20 あなたの真実を語ろうとしたとき、喉が緊張して詰まるような体験をしたことがありますか？
21 あなたの真実を語り、本当の気持ちを人に伝えるのを以前よりも簡単にできるようになりましたか？
22 居心地の悪さを感じて、あなたの真実を語らずに心を閉ざしてしまうという古い行動パターンに戻る体験をしましたか？　その例をいくつか書き出してください。

23　他の人を裁いたり批判したりしましたか？

24　それはどのような状況でしたか？

25　そのような状況で、自分の安全を脅かされていると感じましたか？

26　その状況ではどのように対処すれば、もっと良い結果を出すことができたと思いますか？

27　あなたがいつも使っている波動の低い言葉に気がついていますか？　それを直すように努力していますか？

28　感じていることを適切に表現する言葉を見つけるのが、前よりも簡単になりましたか？

少なくとも一週間たってから、次の質問にもう一度答えてください。

29　日常生活の中で使う言葉や思考パターンを前よりも意識するようになりましたか？

30　あなたが信じていることのために立ち上がり、勇気を持ってあなたの真実を語っていますか？　感じていることをポジティブでしっかりと表現していますか？

31　以前よりも大きな声で厳密に話していますか？

32　時には意見を表明するよりも何も言わない方がよい状況もあることを学んでいますか？　あなたが意見を述べるときは、他の人たちは耳を傾け、あなたが言うことを尊重してくれるという体験をしていますか？

33　波動の低い言葉をあなたの語彙から徐々に取り除き、その代わりに人を力づける言葉を使っていますか？

34　スピリットの内なる耳で、人がくれるメッセージに耳を傾けていますか？　あるいは言葉の背後にある意味に耳を傾けていますか？

35　あなたが語る言葉はあなたが本当に感じている気持ちと一致していますか？

36　トーニングの練習をしていますか？　ネガティブなエネルギーや感情が出てきたときに、「パオ」と大きな声を出す練習をしていますか？

古く詰まったエネルギーを解放するためには「パオ」と大きな声を出す練習をしてみましょう。普通、古いエネルギーはハートセンター、喉のセンター、太陽神経叢、内臓、肩、首周りに詰まっています。深呼吸をして息を力強く吐き出しながら、下腹部から「パオ」と大きな声で言ってください。このプロセスを適切な形で行うと、エネルギーの漣《さざなみ》が身体全体を駆け抜けるのを感じるでしょう。これは身体の中に詰まっていたエネルギーが解放されたことを意味します。

私はセミナーでこのプロセスを何年も使ってきましたが、試した人は皆、身体の中に詰まっているエネルギーを解放するのにとても有効で素晴らしい道具であると言っています。ぜひ、使ってみてください。きっと驚くような体験をすることでしょう。

37　「パオ」のプロセスを使ってどういう結果を得ることができましたか？

あなたの気持ちを検証して、「身体を自覚する」練習をしてみてください。そうすることによって、ストレスがあなたの身体に影響を及ぼしているとき、それが分かるようになります。身体のその場所を特定して、詰まっているエネルギーを感じ、それから力強い「パオ」を何度か発してみてください。その後、どのような感じがするか観察してみてください。あなたの身体のエレメンタルはあなたが健康と活力を取り戻す手伝いをしたくてうずうずしているのです。あなたがしなければならないこと、それは波長を合わせ、耳を澄ませ、身体が送る信号を理解することだけです。それから、肉体、精神体、感情体、エーテル体に詰まっているハイアーセルフと波長の合わないエネルギーを変容し、解放する、それだけでよいのです。

38 呼吸のテクニックを学んでいますか？ あるいは、学んだことがありますか？
39 あるとすれば、それでどういう結果に気づきましたか？
40 そのようなテクニックを学んだことがなければ、試してみるとよいでしょう。

必要に応じて別なノートに答えを書いてください。

7 レッスン6――第三の目のチャクラ／第六光線／インディゴのエネルギー

ネガティブな属性――頭痛。集中できない。怖れ。悪夢。ネガティブな思考形態による攻撃。頭が混乱し圧力を感じる。ゆるせない。直感またはハイアーセルフの「小さな声」がブロックされる。ハイアーセルフの叡知の高次の周波数に心の焦点を合わせる代わりに、低次元の波動や本能的なパターンに心の焦点が絞られる。別な言い方をすると、顕在意識が深層意識の制限的／条件的な思考パターンによって支配される。

ポジティブな属性――情緒的な性質がスピリットと調和のとれた状態になり、やすらぎと平安な心で毎日を過ごすことができる。献身。ゆるし。理想主義。スピリチュアルな自覚／叡知。魂／ハイアーセルフ／「ありてある我れ」との接触。インスピレーションから来る思考／創造的な思考。洞察。透視。二元性を超えた知覚。エネルギーの歪みを除去し、高次元の光線の周波数を統合していくにつれて、このチャクラの色はホワイトゴールドになる。

第六段階――魂を持った肉体以上の存在であることを自覚するようになります。人間は肉体を体験している偉大で荘厳な存在の魂の分身であり、父にして母なる神の輝ける一側面であることを理解するようになります。さらに、地球はあなたの故郷ではないことをはっきりと理解するようになります。私たちは地球の訪問者にすぎず、私たちの宇宙の創造神の要請によって地球に来ているということです。地球の大地にしっかりと足を下ろし、日常生活を効率的にこなしながら、大衆意識の幻想から脱却し、自分自身がつくる高次元の現実の中で生活します。

レッスン6――ワーク／新しい人生の脚本を書くために

あなたは今、第三の目から雑音や歪曲したエネルギーを取り除く準備ができました。第三の目は透視、あるいは内なる視力への入り口です。脳下垂体が再び活性化されつつあり、美しい蓮の花のように開きつつあります。これによって、脳構造の中にある光のパケットとコード化された叡知にアクセスすることが可能になります。習慣的な思考のパターンをより自覚するようになり、あなたの思考パターンがいかに現実を高めているか、あるいは現実を歪めているかを自覚するようになります。

スピリットが肩に止まってあなたの行動を観察し、導きと明確な理解を与えてくれれば、軽い瞑想状態で毎日を生きることがより簡単にできるようになります。あの小さいけれどもはっきりとした内なる声により敏感になり、自分にとって何が「正しいか、正しくないか」という感覚に対しても敏感になります。非常に鮮やかな夢を見はじめるかもしれません。あるいは、あなたの「神聖な我れ」、ガイド、高次元のマスターたちの大いなる叡知にアクセスしはじめるなかで、創造的なインプットが高められるかもしれません。エゴの感情を抑制し、直感やスピリットの促しを信頼するようになるにつれて、数多くの奇跡が頻繁に起こるようになり、奇跡はあなたの現実の自然な一部となります。

スピリチュアルで、同時に人間的な心が、復活／突然変異のプロセスとして目を覚ましつつあります。そういうなかで、私たちは自分が望むいかなる現実でも創造する道具と能力を持っていることに気がつきはじめています。私たちの本来のあり方そのものである喜びの泉にアクセスするべきときです。私たちは強烈な突然変異の真只中にいることを知ってください。このプロセスによって、常に加速しながら高次元のレベルと周波数のパターンの中に移行しつつあるのです。数々のイニシエーション（通過儀礼）がありますが、一つのイニシエーションと次のそれとの間にはほとんど時間がないようなスピードで進行しています。

すべての創造は一つの思いとして始まります。思いの強さと首尾一貫性が物質界で顕現するスピードを決めます。あなた方の感受性は増大し、ニーズも変わるでしょう。やすらぎの感覚を大切にするようになり、一人でいたいとの願望が増大することでしょう。自分および自分の能力を信じ、ハイアーセルフと波長を合わせて生きることを学び、普遍的な法則と調和のとれた生活をするようになると、あなたの世界は魔法のように素敵な世界となり、愛、やすらぎ、喜び、豊かさに対する願望がごく自然に花開くことになるでしょう。そして、スピリットとバランス／調和のとれた高次元の周波数の中に移行していくでしょう。

《マスターになるための確言⑥》

私は喜びを放射します。私は喜びの中で生きます。私は喜びに満ちています。私は私の世界を喜びとともに生きます。

身体およびスピリットとのバランスがとれた状態に戻ろうと探求するなかで、一度に一つの思いを持ち、一つの行動をとることによって自分の世界が創造されるということに、すぐに気がつくことでしょう。自分の世界で何が「うまくいっているか」に、まず気づいてください。そうすることによって、周囲の世界のポジティブな側面を強化するのです。宇宙を試してみたらどうでしょうか。普遍的な創造の法則を試してみてください。**それは絶対にうまくいきます。**しかし、あなたも自分の役目を果たさなければなりません。それは共同創造のプロセスです。**神とパートナーシップを組んでみてください。そして、どんな奇跡が起こるかぜひ見守ってください。**

レッスン6――反動・体験・思い出したこと

1　あなたは頭痛を体験したことがありますか？　あるいは、集中することができないという体験をしたことがありますか？

2　そういう体験をしたとき、何がそのような状況のきっかけになったかを自覚していましたか？　書き出してください。

3　今でも覚えている悪い夢、あるいは、良い夢を見たことがありますか？

4　その夢の意味について学ぼうとしましたか？　あるいは、あなたの潜在意識／超意識が何をあなたに伝えようとしているのかを理解しようとしましたか？　あなたの洞察を書いてください。

5　あなたのハイアーセルフ、あるいは「か細いけれどもはっきりとした声」とよりつながっていると感じたことはありますか？

6　それはどういう状況でしたか？

7　あなた自身の内なる導きから切断されていると感じたことはありますか？　あるいは、それに対して心を閉ざしてしまったと感じたことはありますか？

8　それはどういう状況でしたか？　その状況に対して何をしましたか？

9　ネガティブな思考形態によって攻撃されたことはありますか？

10　それについてどうしましたか？

11　それらのネガティブな思いをポジティブなマントラ、あるいは、確言に置き換えることができましたか？

12　「キャンセル、キャンセル」そして「過ぎ去ったこと」の浄化の道具を使いましたか？

13　あなた自身の放送局（あなたの思考パターン）にチャンネルを合わせて、あなたが放射するエネルギーのパターンをコントロール／高めるプロセスを開始しましたか？

14　それがうまく機能することを教えてくれた一つの出来事を書いてください。

第三の目（第六チャクラ）とインディゴ（藍色）のエネルギーに一週間取り組んだあとに、知覚や思考形態にどのような変化が生じたかチェックしてみましょう。

15　脳の精妙なエネルギーセンターが活性化して開き、光のパケットと脳の中にコード化されて入っている叡知にアクセスすることが可能になっているのを感じることができますか？

16　インスピレーションをこれまでよりも多く受けていますか？　直感を通してやって来る洞察力がさらに強くなっていますか？

17　エゴに支配された思考パターンと、ハイアーセルフからのインスピレーションの区別が、これまでよりもうまくできるようになりましたか？

18　夢を覚えていますか？　直感の助けを借りて夢を素早く解読する能力を獲得しつつありますか？

19　「軽やかな瞑想的」状態をこれまでよりも上手に維持することができるようになりましたか？　そして、物事がなされる過程の観察者でありながら、同時に物質的な世界で機能することができていますか？

20　あなたのガイド、指導者、天使のヘルパーの愛情に溢れた存在を感じはじめていますか？　彼らはいつもそばにいて、あなたに援助の手を差しのべ、あなたを導き、あなたを守ってくれていることを感じていますか？

21　あなたの考え、言葉、行動があなたの現実を創造するという真実を受け入れる準備ができていますか？　あなたの世界を変えるには知覚と思考パターンを高次元の周波数に変えるだけでよいという真実を受け入れる準備ができていますか？

この一週間の「ハイライト」に波長を合わせる習慣を身につけるとよいでしょう。ハイライトとは宇宙のエネルギーの流れにぴったりと乗っていると感じたとき、またはそのような頂上体験を指します。

22　食べることによってエネルギーを与えられたと感じた食べ物について考え、それを書いてください。

23　あなたの身体のエレメンタルがあなたの身体にとって「最善の燃料」ではないと教えてくれた食べ物について考え、それを書いてください。

24 身体のエレメンタルからそのようなコミュニケーションがあったとき、どのように感じましたか？

25 あなたの肉体と魂に食べ物以外の方法で滋養を与えたときのことを書いてください。

26 あなたの「魂の家族」や同じ波動に共鳴する人たちと、これまでよりも深いつながりを感じていますか？ その一つの例をあげてください。

27 周囲の人たちの長所を、これまでよりも見ることができるようになりましたか？ 彼らが自分の道を進んでいくことをゆるしながらも、あなたが自分の道を進む邪魔はさせないようにしていますか？ その一つの例をあげてください。

8 レッスン7――クラウンチャクラ／第七光線／紫色のエネルギー

ネガティブな属性――緊張。混乱。憂鬱《うつ》。疎外感。インスピレーションの欠如。ハイアーセルフや神から切断されているという感覚。精神体と感情体がエゴによって支配され、その結果、不安、不満、混乱が生じる。心の内面に向かって自分のエゴや怖れや恐怖症と直面することに対してためらいを覚える。過去の失敗にとらわれて未来を怖れる。

ポジティブな属性――心の内面を探求し、その結果、個性としてのエゴが魂／ハイアーセルフと融合し、やがて「ありてある我れ」と融合する。これによって悟り、インスピレーション、叡知の贈り物が与えられ、この世界および周囲の人たちを異なった目で見はじめる。新しい考えや周波数パターンを浄化、変容、インスピレーションを通じて自らの中で統合し、固定することによって三・四次元と五次元の間に橋を築きはじめる。請願・顕現・奉仕・外交・洗練の資質が発達する。エネルギーを浄化し、変化させるマスターとなる。すなわち、エネルギーを変質・変容して元の最も高次の形に戻すマスターになる。愛／光の共同創造主になる。

第七段階――エゴが魂の召使いとなり魂がハイアーセルフに統合されるなかで、アセンションの道を速い足取りで歩みはじめます。「ありてある我れ」に至る道が整備されたために、あなたの「聖なる源」から光と叡知を直接受け取ることができるでしょう。もし、そうすることがあなたの願望であり、かつ「神聖な使命」の一部であるならば、あなたが代表することになっている、ないしは、あなたが血筋を引いている次元上昇したマスターや天使界の存在によって、徐々に「オーバーライト」されることになるでしょう。創造主の純粋な「愛／光」をハートセンターから放射し、あなたのオーリックフィールドは「十二光線」の玉虫色で輝くことでしょう。何かに「なろうとする」ことをやめ、ただ「あること」へと移行していくでしょう。

＊＊＊

クラウンチャクラを開き、あなたの「ありてある我れ」に至る光の虹の橋を再建するプロセスを開始すると、数多くの不可思議なことが起こりはじめます。光のキリスト化されたエネルギー、つまり光の高次元の周波数パターンは、松果体、脳下垂体、視床下部を再び活性化し、これはあなたの身体のすべての腺、器官、細胞にも影響を及ぼします（これがライトボディーの建設と呼ばれる現象です）。これは「ディセンション」（降下）とも呼ばれますが、あなた自身の高次元の側面が肉体の中に再び居住することをゆるすプロセスで、アセンションプロセスの重要な段階です。これによって、脳内の高次元レベルにアクセスすることができるようになります。

アーキエンジェル・マイケルによると、私たちの脳構造の内部には様々なレベルの次元の思考周波数の叡知と体験が蓄積されているそうです。この素晴らしい知識の貯蔵庫と私たちの豊かにして不可思議な遺産の記憶を開く鍵は、肉体、精神体、感情体、エーテル体のバランスをとることにあります。イニシエーションを一つひとつ通過するごとに、新しい波長調整のレベルに到達するたびに、次のレベルの内なる次元の力と叡知にアクセスすることができるようになります。

スピリットに身を委ねるプロセスが自然なものとなり、人生において神聖な計画が働いていることを一点の疑いもなく確信するようになります。奇跡が規則的に起こるようになります。小さな奇跡も、大きな奇跡もあるでしょうが、それはすべてあなたが「スピリットと同じ流れの中にいる」ことを示す大切な指標です。「創造の言語」と共鳴するようになるにつれて、光、音、色がまったく新しい意味を持つようになります。

肉体の七つのチャクラを五つの銀河系チャクラと統合するプロセスがしっかりと進行しています。七つのチャクラからバランスが崩れた思考形態を解放するにつれて、それらのチャクラは完璧に調和のとれた状態でますます速く回転するようになります。高次元のチャクラが神聖な光を脊柱に流し込み、あなたのエネルギー・ヴォルテックス・システムは虹色に燃え盛る光の柱となります。その光はあなたのオーリックフィールドに浸透し、どんどん外部世界へと放射されて、触れるすべてのものを祝福してポジティブな影響を与えることになるでしょう。

レッスン7――ワーク／新しい人生の脚本を書くために

意味のある出来事――意味／メッセージ／学びの贈り物

毎日の生活を営むなかであなたに印象／影響を与える人や出来事はすべて、学びのためのレッスンを提示しています。人はあなたの現実の鏡ないしは反映の役目を果たしてくれます。現実に対する見方を変えれば、あなたの世界は変わります。出来事の彼方を見てその出来事が提示しているレッスンの叡知を獲得すれば、カルマの車輪（原因と結果の法則）を降りることができ、恩寵の状態へと入ることになります。人生の参加者であるだけでなく、人生の観察者になると、自分の行動や反動の理由が分かりはじめ、周囲の人たちをこれまでよりもよく理解できるようになります。

このセクションを何度も復習して、チャクラや光線について学び、あなたの観察力やものの見方がどのように変化したか見てみるとよいでしょう。

1　今日、あなたの人生に登場した人たちは誰でしたか？
2　高次の学びのために、きょう会った人たちはどのようなレッスンをもたらしてくれたのでしょうか？
3　今日はネガティブな出来事よりもポジティブな出来事が多かったでしょうか？
4　ポジティブな出来事を書いてください。
5　ネガティブな出来事を書いてください。
6　結果はどうなりましたか？
7　結果がネガティブなものであった場合、この状況にどのように対処すれば、よりポジティブな結果を得ることができたと思いますか？
8　今日あなたに起こった偶然の一致、そして／あるいは奇跡を書いてください。
9　重要な夢／洞察／瞑想で見たイメージを書いてください。
10　今日、受け取った情報であなたの真実としての響きを持っているものは何でしたか？
11　この情報についての直感的な洞察／意識のイメージ／意識のひらめきは何ですか？

12　新しい情報で確信が持てないものがありますか？

レッスン7――反動・体験・思い出したこと

13　疎外感ないしはインスピレーションの欠如を体験したことがありますか？

14　何がそのような感情のきっかけになりましたか？　その感情にどう対処しましたか？

15　ハイアーセルフ／神とのより強いつながりを感じたことがありますか？

16　何かの瞑想のテクニックを実践したことがありますか？

17　それはどういう瞑想法でしたか？　それでどのように感じましたか？

18　人生で起こることを観察する人になる努力をしながら、「神聖な証人」としてスピリットに肩に止まっていてもらうことを実践してきましたか？

19　人、または出来事を介して高次の学びのためにどのようなレッスンが提示されましたか？

20　それらの体験から何を学びましたか？

21　新しくやって来た洞察の中で、あなたの真実であるとすぐに実証されたものがありますか？

22　それはどのような洞察でしたか？

23　新しく訪れた洞察で確信は持てないけれども、ちょっと脇に置いておき、スピリットに（あなたにとっての真実であることを）実証してもらいたいと思っているものはありますか？

24　新しくやって来た洞察であなたにとっての真実ではないことが分かったものはありますか？

25　それはどのような洞察でしたか？　それはあなたにどのような感情を抱かせましたか？

26　身体のどの部分で「あなたにとっての真実」と「あなたにとって真実でない」という感覚を体験しましたか？

27　今に生きる実践をしたことがありますか？　すなわち、過去の後悔にとらわれることなく、未来を怖れることなく、ただ今にいる、ということを実践したことがありますか？

28　これは力づけになる体験でしたか？　今という瞬間に焦点を合わせることによって、より簡単にできるようになりましたか？

9

光線についての情報

マスターコースでは、この現実における色の属性に焦点を合わせているために、光線の色を七つの基本的な身体のチャクラの色に合わせています。しかし、これはアリス・ベイリーを通してジュワール・クールによって与えられた秘教の教えとは異なっています。ジュワール・クールは略称でＤＫという名でも呼ばれている存在です。惑星地球の強制隔離が解除されたあとに、自分が当時与えられた情報は変化／進化したとＤＫは語っています。惑星地球と人類はいまや私たちの銀河系および宇宙から、より高次の進化した叡知を受け取っているのです。

私たちの目的は、七つの基本的なチャクラ／エネルギーセンターを調和のとれたものにして、いま私たちにも入手可能なキリスト化された意識の高い周波数も受容できる燃え盛る光の柱に変えることにあります。それぞれの光線の属性やエネルギーは、やがて私たちのチャクラシステム全体の中に取り入れられることになります。

以下に、いま説明した教えに応じた光線とチャクラを表にまとめました。

〈光線とチャクラ〉

センター（源）	光線	資質
1 頭のセンター（モナディック）	第1	神聖な意思
2 第三の目（アトミック）	第7	組織
3 ハートセンター（ブディック）	第2	愛／叡知
4 喉のセンター（メンタル）	第5	創造性
5 太陽神経叢（アストラル）	第6	感情／欲望
6 ゴナズ／性的センター（エーテル）	第3	再創造
7 ルート／脊髄の基底部（物質的）	第4	相克を経ての調和／バランス

*アトマおよびアトミックは宇宙意識と接続している。

五つの高次元の光線のエネルギーと輝きを付加していくなかで、七つの基本的なチャクラの色は徐々に変わりつつあります。やがてすべての色は一緒に融合することになりますが、最初はそれぞれの色をお互いに調和とバランスのとれたものにしなければなりません（キリストの光が注入されたあとの肉体の七つの主要なチャクラの色は、一〇三ページ〈チャクラと精妙化した色〉参照）。

脊髄の基底部にある第一チャクラ／ルートチャクラは、「スピリットの火」（別名、クンダリーニ）がとぐろを巻いている場所です。このチャクラは他のすべてのチャクラを支えるチャクラであるために、最初に活性化しなければなりません。このチャクラは意思の行為（第一光線のエネルギー）によって一〇〇パーセント活動するようになりましたが、イニシエーション（通過儀礼）を受けたばかりの人はこのエネルギーをコントロールし、方向付けをしなければなりません。

〈光線の側面〉

第一光線――力／意思／目的／保護。
第二光線――光明／叡知／カルマ。
第三光線――活発で創造的な知性／寛容／和。

〈光線の属性〉

第四光線――調和／美／芸術／謙遜。
第五光線――具体的な科学／知識／癒し。
第六光線――献身／崇拝／慈悲／恩寵／ゆるし。
第七光線――儀式的な秩序／紫色の変容の炎／自由／浄化。

〈五つの高次元の銀河光線〉

第八光線の浄化と調和をとるプロセスの開始――第四光線、第五光線、第七光線、そして創造主の光との融合。

第九光線はソーラー・パワー・センターを活性化し、古いネガティブなエネルギーを変容して、ダイヤモンド・ライトボディーの統合のプロセスの開始――第一光線、第二光線、創造主の光との融合。

第十光線はライトボディーをコード化して肉体に組み込み、究極的には肉体を「神聖なありてある我れ」と融合。第一光線、第二光線、第三光線、創造主の光との融合。

第十一光線は新しい時代への懸け橋であり、女神の「神聖な諸側面」を導き入れる――第一光線、第二光線、第五光線、創造主の光との融合。

第十二光線はあらゆる光線の組み合わせですが、すべての光線が等しく配分されているわけではありません。この光線は私たちの父にして母なる神の美徳と属性のすべてを含んでいる光線で、創造主の「愛／光」の意識を地球に固定するものです。

光線のバランスをとる

以下の情報は、調和とバランスのとれた状態に戻ろうとするときに体験するかもしれない光線のアンバランスを修正する方法を示したものです。それぞれの光線のポジティブな側面とネガティブな側面を学ぶことが大切な理由はここにあります。ある特定の光線のネガティブな側面を体験し、その光線のエネルギーが強すぎてバランスが崩れてしまった場合には、別な光線を呼び込むことによってバランスを修正することができます。光線のすべてに関してバランスをとるためには第七光線を使うことができます。第七光線の「紫色の変容の炎」を招来することによってそれが可能です。光線のバランスをとる方法はいくつかあります。一つはその光線の色を身につけることです。もう一つの方法は瞑想状態に入ってその光線を呼び込むことです。その光線が身体全体を螺旋《らせん》状に通り抜けるさまを見ながら、ハイアーセルフに必要とされているその光線の適切な量が身体に注入されるようにと依頼するとよいでしょう。しかしながら、最も大切なことはあなたがそれぞれの光線をどのように使っているかを自覚し、ネガティブな性向のバランスをとり、ポジティブなエネルギーに転換することです。

〈光線とバランス〉

バランスをとる必要のある光線	そのために使う光線
第1光線	第2光線・第7光線
第2光線	第9光線・第7光線
第3光線	第2光線・少量の第6光線と第7光線
第4光線	第1光線・第3光線・第5光線・第7光線
第5光線	第2光線・第4光線・第6光線・第7光線
第6光線	第1光線・第3光線・第5光線・第7光線
第7光線	第2光線

次に示すのは、私たちの太陽系の七つの光線と、それぞれの光線の美徳、側面、属性を体現して放射するマスター、アーカイ（女性エネルギーの大天使）と大天使の名前です。それぞれの光線は一万四千年周期の中の二千年にわたって支配的な光線になります。第七光線が次の二千年周期の支配的な光線になります。第一光線は現在の地球において二番目に重要な光線です。

〈光線とそれぞれの存在〉

光線	大天使	アーカイ	次元上昇したマスター
第1	マイケル	レディー・フェイス	エル・モリヤ
第2	ジョフィエル	レディー・コンスタンス	クズミ
第3	カミエル	レディー・チャリティー	セラピス・ベイ
第4	ガブリエル	レディー・ホープ	ヴェネチアン・ポール
第5	ラファエル	レディー・メアリー	ヒラリオン
第6	ユリエル	レディー・グレース	サナンダ／ナダ
第7	ザドキエル	レディー・アメシスト	セイント・ジャーメイン

数多くの銀河系の大天使、宇宙の大天使が存在しますが、ここでは私たちの太陽系にだけ焦点を絞ることにします。

宇宙にあるすべてのものは幾何学の光のパターンによって形づくられています。次の表の情報は「チベット人」という名前で呼ばれる次元上昇したマスターであるジュワール・クールから受け取ったものです。七つの光線は次の幾何学模様によって識別することが可能です。

〈光線と幾何学模様〉

光線の種類	形	性質
第1	直線	意図に焦点を絞り、目標に向かってひたすら前進
第2	円	すべてを包み込む
第3	階段	組織的で根気強く上昇志向
第4	波打つ曲線	高み／低み・丘／渓谷
第5	互いに接続している四角形	秩序正しく科学的
第6	十字架またはプラスの記号	物質のクロス・スピリットのクロス・献身・理想主義
第7	冠・炎	儀式的な秩序・「紫色の変容の炎」

情熱を生きる

このメッセージは、十二の光線についてのさらなる叡知を提供してくれます。また、色が数々の時代を経るなかでどのように変化／融合してきたかを教えてくれます。

あなた方が創造の高次元の叡知にアクセスするようになるにつれて味わうことになる叡知や洞察の味見をする機会を提供させてください。あなた方はチャクラシステムの色について学び、自覚を深めてきました（物質的な世界の色とその波動、そして変容の働きを持っている高次元の周波数と色の両方に関してです）。

同時に、光線と光線の色・局面・属性についても自覚を深めてきました。クリスタル、宝石、鉱物、そして金、銀、銅などの地球の宝物に対するあなた方の関心も非常な高まりを見せてきました。しかも、装飾的な価値以上の何かに惹かれるなかでそれが起こっています。

この現象の背後には、あなた方が忘れてしまった少数の人にだけ分かる意味があるのです（隠された叡知、つまり秘法を授けられた人ないしは使徒だけが理解できるような意味）。あなた方が高次元にある家をあとにして、次元が低く様々な制限のある肉体という形をとる旅に出ることに同意したとき、自分の源がいかに壮大なるものであるか、つまり本当の自分の美しさを忘れることがないような措置がとられたのです。そういうわけで、地球の至るところにグレート・セントラル・サンのホワイトゴールドの輝きが埋蔵されました。かくして、美しい宝石や鉱石が簡単に発見できるような場所にばら撒かれました。人類はこれらの鉱物の本当の重要性が分からないにもかかわらず、その長い歴史を通じてこれらの宝物を探し求め、切望してきました。

あなた方の一人ひとりが、「神聖なる父にして母なる神の本質」から息として吐き出されたとき、意識を持った存在となったのです。あなたは聖なる光の燃え立つ白い光線でしたが、それが屈折して黄金の光線と銀色の光線になりました。この二元性は地球という局面において体験されるべきもので、黄金は創造主の父性の側面を表わすエネルギーを持ち、銀色は創造主の母性の側面を放射しているのです。生命の根源である太陽が父なる神の力を代表しているのと同じように、銀色に輝く月は母なる神の美と純粋性を反射しています。

実に多様な宝石がありますが、宝石はそれぞれの創造的なスピリットの核心から投影された屈折した光線を象徴するもので、あなたおよび人類のすべてが統合することになっている美徳・側面・属性がその中に注入されています。それから、あなた方のチャクラシステムはこれらの美徳・側面・属性と完璧に調和がとれ、波長が合うように調整されました。長い長い時がたって、あなた方はこれらの調和をもたらしてくれる周波数とのつながりを失い、チャクラシステムも歪められ、バランスを失ってしまいました。銅は、地球上および地球の内部のより高い周波数を固定する安定物質および伝導体としての役割を果たしてきました。それは二次的な役割ではありますが、重要な役割です。

あなた方は、金や銀が欲しいと思う理由はその希少性と美しさにあると考えていますが、理由はそれだけではありません。あなた方が周波数を上げ、四つの低次元の身体のシステムと三次元で活用できる七つの主たるチャクラ（このほかにある数多くの小さなチャクラも含めて）のバランスと調和をとることができるようになると、クリスタル・宝石・貴金属の周波数パターンを拡大し、再びそれに点火することができるのです。そうすると、今度は、銀河系のチャクラシステムと五つの高次元の銀河光線にアクセスできるようになり、三次元の自分の身体とエーテル体の中にあるチャクラシステムおよび五つの高次元の光線を活性化することができます。

それぞれの光線には誰にでも開かれた（物質的・外的）意味と、一部の人にだけ開かれた（スピリチュアルな）意味があります。色は人類の長い歴史の様々な時点で変化し、融合してきました。それは、そのとき人類が学ぶべき教訓が何であったか、取り入れる必要のあった属性が何であったかによって異なりました。その色は創造主によって決定され、その色の側面およびエネルギーをグレート・セントラル・サンから投影するか、それとも、それよりも小さな太陽の一つから投影するかということも創造主によって決定されたのです。

第一光線の「太陽の火の力」をもっと自分のものにすることを望むならば、赤い宝石を身につけるとよいでしょう。あるいは、「第一光線」の過剰な攻撃的エネルギーを緩和したいのであれば、サファイヤによって和らげるとよいでしょう。

第二光線の輝き・叡知にアクセスしたいのであれば、ライトブルーの石ないしは黄色のトパーズを身につけてください。

第三光線の知的な側面をより精妙なものにしたいのであれば黄色い石を身につけ、使ってみるとよいでしょう。「第三光線」の「神聖な愛」のためには輝くピンクの石を身につけるとよいでしょう。

緑色は調和とバランスのために望ましい色で、白いダイヤモンドは純粋性を象徴する色で、**第四光線**の焦点です。

第五光線の物質局面での色はオレンジ色で、科学・癒し・論理の側面のエネルギーを放射します。しかし、「第五光線」のスピリチュアルな色は緑で、この光線の高次元の周波数に波長を合わせるために身につけるべき宝石はエメラルドです。

第六光線は奉仕・献身・慈悲・優雅さのエネルギーを持っています。その色はインディゴ（藍色）ですが、宝石はルビーです。ルビーはあなた方の血管を流れるキリストエネルギーの神聖なる血液を象徴しています。キリストエネルギーである血液は、創造主が物質の世界に顕現されたものです。

第七光線は浄化・変質・自由の光線ですが、「神聖な意思の第一光線」とともに現在の地球で最も活動的な光線です。「第七光線」の波動は今後二千年の間、地球で最も支配的な波動となるでしょう。「第七光線」

の色は紫で、宝石はアメジストです。この色はゆるしと「神聖なアルケミー」の炎を放射し、エネルギーを再構築して完璧なものにします。

五つの高次元の銀河光線には「神聖なる根源」からの「キリストの光」のルミネッセンスが注がれています。

第八光線はアクアマリンで、「変容の炎」の紫色を帯びた海の泡の緑色です。四つの低次元の身体のシステムを浄化し明確さをもたらしてくれます。

第九光線は外的な形においてはマゼンタですが、今では精妙なエネルギーであるターコイスの色を放射しています。この光線は新しく結合されたハート／スロート（喉）チャクラを固定し、生命を延長する胸腺を再び活性化しています。

第十光線は美しい真珠のようなホワイトゴールドで、これによってあなた方は創造主の黄金の豊かさにアクセスすることができます。創造主の黄金の豊かさは、高い光線になるにつれてますます増大し、拡大します。あなた方はライトボディーを固定しはじめており、創造主の永遠のやすらぎと喜びにアクセスしはじめています。

第十一光線は淡いゴールドと玉虫色のピンクで、原因界の心への橋となって、あなたの「ありてある我れ」と再び接続してくれるものです。

最後に、荘厳な**第十二光線**ですが、これは「黄金の太陽光線」で、虹色の乳白色の美しい光を放ちます。宝石は微光を放つオパールで、「変容」を象徴します。「第十二光線」はキリスト意識を地上に固定する光線で、他のすべての光線の結合体です。別な言い方をすれば、他のすべての光線は「第十二光線」の分光であるということです。

あなた方の記憶を蘇《よみがえ》らせて、創造主があなたに与えられた貴重な贈り物の本当の意味と目的に焦点を合わせてみました。このような叡知に関する教えは人類の歴史と同じくらいに古いものですが、あなた方はただ忘れてしまっただけなのです。あなたの内なる知識ないしはハイアーセルフに助けを借りて、どの光線ないしは属性に心の焦点を合わせ、統合し、完成させるべきかを決めてください。それから、それに応じて色を選択しふさわしい石を身につけ、その石と一緒に瞑想してください。

ここで与えられる情報ですが、道具として使用するときに、この道具を活性化するには愛情に満ちた意図の触媒的な力が必要であることを忘れないでください。そして、識別の力を使って、直感に従って光の道を進んでいくことが大切です。毎日、スピリットの喜びを我がものとして宣言し、表現してください。そして、今という瞬間に一〇〇パーセント生き、未来に向かって大胆に進んでいってください。それぞれの光線の意味をより深く理解し、調和のとれた関係を築いていくにつれて、あなたはさらなる力を与えられることになりますが、同時に、さらに優しい自分が生まれることでしょう。すべてが可能である「神の心」にアクセスするようになるにつれて、知識が叡知へと変容を遂げることでしょう。

生命と創造に対する情熱を再び我がものとして宣言するときです。失敗の記憶を手放し、地球におけるあなたの本来の使命のヴィジョンを再びつかまえてください。確かに、「十二光線」が代表する表現の局面のすべてを統合しなければなりませんが、あなたのメモリーバンクの中には特別でユニークな願望があって、地球という局面で顕現されることを待っているのです。あなたの内部に、創造主が提供し、あなた自身が要求した素晴らしい贈り物があって、出ていくことを待ち望んでいるのです。まさにその創造したいとの願望の中に、あなたの契約を果たし、「神聖な計画」におけるあなたの役割を完了するフォーミュラーが入っています。

愛する人たちよ、道草をしないでください。再び**創造の炎**を我がものとして宣言し、共に道を切り拓き、アルファとオメガの栄光の宮殿に帰っていきましょう。あなた方は果てしなく愛されています。**私はアーキエンジェル・マイケルです。**

――『黄金の約束』（下巻）第40章より抜粋

10 光線の色のスペクトラム

〈資質と属性〉

光線／色	資質／属性	どのようなときに使うべきか
第1／赤	強さ／力／豊かさ／勇気／意思／疑似体験	活力の欠如／憂鬱／憎悪／憤り／生存／欠乏／地に足をつける
第2／オレンジ	自信／再活性	自信喪失／羨望／中毒／性的な問題／過度な耽溺
第3／黄	幸せ／プロジェクト／愛／自制心／欲望の制御	感情的トラウマ／怒り／怖れ／ストレス／サイキックなエネルギーの停滞
第4／緑	癒し／バランスと調和／生命力を落ち着かせる／愛を受け取る	嫉妬／ねたみ／自己中心性／罪の意識／自分に価値を感じない／愛されていないと感じる
第5／青	やすらぎ／静けさ／表現／真実	コミュニケーションができない／価値判断／批判／自分の真実を語れない
第6／インディゴ	直感／洞察力／透視力	集中できない／緊張／怖れ／悪夢
第7／紫	悟り／叡知／インスピレーション	不満／混乱／憂鬱／無秩序
第8／白	虹の橋がすべての色を統合／「ありてある我れ」	統合の意識を達成する／保護／ネガティブなエネルギーのすべてを変質する／カルマの法則を乗り越えて恩寵の状態に入る

11 七つの光線

〈チャクラと関係する石〉

光線／チャクラ／器官	関係する石
第1／ルートチャクラ／性器	赤い石のすべて・ルビー・ガーネット・赤い碧玉・血石・ファイヤーオパール
第2／臍の下の下腹部／副腎	オレンジの石のすべて・カーネリアン・オレンジの碧玉・オレンジの珊瑚
第3／太陽神経叢／肝臓・脾臓	黄色の石のすべて・黄金色の石のすべて・トパーズ・琥珀・黄水晶
第4／ハート／胸腺	緑の石のすべて・エメラルド・緑の孔雀石・翡翠・ペリドット・こけめのう・緑の碧玉・魂の融合と胸腺の活性化のためにはターコイス
第5／スロート／胸腺・副甲状腺	青の石のすべて・サファイヤ・ラピスラズリー・青のターコイス・アクアマリン・クリソコラ
第6／額・第三の目／下垂体	インディゴ（藍色）の石のすべて・サファイヤ・アズラト
第7／クラウン／松果体	紫色の石のすべて・アメジスト・フローライト・ムーンストーン
第8／ソウルスター／8から12	ダイヤモンド・クリスタル

12 いろいろな考えと諺

次にあげる言葉を最初に言ったのが誰なのか、私は知りません。しかし、これらの言葉を通して深遠な哲学を表わしてくれた人たちに感謝したいと思います。

＊ あなたがいるところに神はおられます。なぜなら、神はあなたであり、あなたは神なのですから。
＊ あなたがどこへ行ったとしてもあなたがそこにいます。
＊ 死とは再生である。
＊ マンネリは早すぎるお墓である。
＊ 遊びとは意図せずに与え、受け取ることである。
＊ 思いを抱くことができることは達成できる。
＊ 天使が飛ぶことができるのは自分のことを軽く考えているからである。
＊ 抵抗すると相手はますます強くなる。
＊ 短気は損気。
＊ あなたが自分を愛しているよりもあなたを愛することは誰にもできない。
＊ 誰かを押してあげるときは許可を得てからがよい。
＊ 緊急な仕事はいちばん忙しい人に頼むのがよい。

＊　お金は天下のまわりもの。
＊　山頂は尾根のすぐ向こう側にある。
＊　やすらぎの中で教訓を学ぶためには山に行くべし。
＊　降伏のレッスンを学ぶためには海に行くべし。
＊　怖れが鎌首を上げたならば、すぐに立ち向かいなさい。
＊　他人の問題に対処するときに忘れてはならないこと。
それはあなたがつくった問題ではない！　それをあなたはコントロールできない！　あなたはそれを解決できない！

私たちの周りには常に他の人たちがいて、交流が行われています。なかには、問題を抱えている人もいます。最も身近な人の中にも問題を抱えている人たちがいます。私たちは時として自覚しないままに過大なまでの責任を感じて、他の人の問題も自分の責任であるかのように行動してしまうことがあります。多くのエネルギーと時間を使って他の人の問題を「解決してあげよう」とします。実際のところを言えば、その問題は私たちがつくったものではなく、他人の問題をコントロールすることは不可能であり、解決することもむろん出来ません。

内なる自覚というものは誰にとっても極めて個人的な問題です。人は問題を解決しようと決断して初めて、問題に対処し克服することができます。

《マスターになるための確言⑦》

私は、自分自身をマスターであると見なします。それと同時に、他の人びとすべてをマスターであると見なします。

したがって、私は他の人たちの選択を尊重します。他の人たちが自分の選択に従って生きる尊厳を認めます。

13 レッスン8――イニシエーション

銀河系意識への懸け橋――第八から第十二光線までの精妙なチャクラの色と光線

肉体の七つの主要なチャクラが浄化されバランスがとれはじめると、ライトボディーと神聖な自覚の再建のプロセスが始まります。そして、奇跡的な事柄が起こりはじめます。

第八チャクラは時として「ソウルスター」（魂の星）と呼ばれることがあります。あるいは、「高次元意識への懸け橋」「悟りに至る虹の橋」とも呼ばれています。キリスト意識、あるいはキリストの光の脈動が第八チャクラを通って私たちのチャクラシステムに伝わり、四つの低次元の身体（肉体・精神体・感情体・エーテル体）全体に波及効果をもたらし、私たちが悠久ともいえる長い間にわたって運んできた停滞した思考形態やネガティブなエネルギーを解放するプロセスを加速してくれます。

チャクラシステムのバランスと調和と強化を達成すればするほど、より多くの神聖な光の物質を吸収することができるようになります。思い出してください。光と音と色が創造のエネルギーなのです（キリストは創造主の純粋な本質を意味しています）。

肉体の七つの主要なチャクラにキリストの光が注入された後、色が新しくなりますが、それは以下の通りです。

〈チャクラと精妙化した色〉

光線／チャクラ	精妙化した色
第9／ルートチャクラ	赤が紫に変わる
第10／下腹部	オレンジがかすかにピンクを帯びる
第11／太陽神経叢	黄が黄金色になる
第12／ハート	緑が薄いピンク／紫になる
第13／スロート（喉）	青が深い青紫になる
第14／第三の目	インディゴ（藍）が玉虫色のホワイトゴールドになる
第15／クラウン	紫が紫がかった白になる
第16／ソウルスター	銀河系意識への懸け橋 魂の融合――玉虫色の白

私たちはいまや、私たちの太陽系の七つの光線に加えて五つの高次元の銀河光線にアクセスすることができます。ここで、それぞれの光線の特徴を手短に復習して、各光線の活動と属性を簡単に認識し統合できるようにしましょう。

第一光線――「神聖な意思と力」「神性の局面」。この光線の所有者はリーダー、パイオニアなど意思と決意に溢れたダイナミックな人たちです。第一光線のタイプの人は行動したいというダイナミックな衝動を、第二光線の愛／叡知のエネルギーとバランスをとらせることが大切です。第一光線は、あなたのヴァージョンの黄金の新時代を顕現しようとして大胆に前進するときに、勇気と決意を高めてくれます。

第二光線――「愛／叡知」「モナド」（神の光線）ないしは「ありてある我れの局面」。第二光線のモナドの人は真理と知識の探求者であり、究極的な悟りを探求する人です。この光線の主要な焦点は知識を叡知に変え、叡知を愛と同情の思いで和らげることにあります。第二光線を理想的に実現している人は静かで直感的であり、鋭く明確な知性を持ち、真理とスピリチュアルな叡知を探求する人です。私たちは誰であれ、モナドが第二光線でない場合でも第二光線の影響を受けています。その理由は、私たちの太陽系は第二光線の影響下にあるからです。

第三光線――「高次元の心の光線」「話し言葉と抽象的な知性」「スピリットと高次元の原因界の局面」。この光線の人は聖人、哲学者、夢想家、先見の明がある人が多くいます。神殿を建てた建築家の多くは、第三光線の魂であることは確実です。彼らは一つの完璧な思いに心を集中させてそれを物質世界に顕現したのです。この光線の人は大いなる忍耐力と耐久力を備えた人ですが、たいていは行動志向です。第三光線は寛容と気転と忍耐心を強化し、完璧さと知的な探求への願望を常識と誠実な態度で和らげてくれます。

第四光線――「美の光線」「調和と芸術的な探求」「直感の局面」。この光線は相克を通して達成される調和の光線という名前でしばしば呼ばれるものです。あるいは、相克の光線とも呼ばれています。私たちの高次元の直感的な心にアクセスするためには、エゴと感情体を宥《なだ》めなければなりません。しかし、それは多くの場合、長年の相克と焦慮という結果をもたらします。多くの偉大な芸術家がトラウマに満ちた不幸せな人生を送る理由はここにあります。第四光線の人は感情体を癒して調和のとれたものとして、精神体を強化しなければなりません。直感の光に溢れた資質を顕現させてスピリチュアルな世界と物質的な世界のバランスを創造するには、そうすることが必要なのです。

第五光線――「具体的な知識の光線」「精神的局面」。この光線の人は科学的な心の持ち主、研究者、偉大な知性の持ち主などですが、直線的に物事を考え、分析を好むタイプです。感情の度合いが強すぎるときは、第五光線のエネルギーを引き入れると、精神的な焦点を定めてバランスをとるのに役立ちます。思い出してください。アーキエンジェル・マイケルは、霊性の感情だけでなく霊性の科学を統合するときであると言っていますが、第五光線はそれを達成する手伝いをしてくれるでしょう。第五光線は創造の法則の科学的な属性に焦点を合わせ、集中力、癒しの能力、正義感、真理への願望を高めてくれます。

第六光線――「献身と理想主義の光線」「アストラルの局面」。これは感情に基づいた光線であり、アストラル界からもたらされるエネルギーであるために潜在意識に焦点を絞ります。これは過去二～三千年にわたって人類を支配してきた光線であり、宗教的熱情をつくり出した光線です。この光線の乱用によって、神の名において戦争や聖戦が行われ、不寛容なあり方や頑迷な信仰が生まれました。この光線の人には伝道者、雄弁家などスピリチュアルな志向ではなく「宗教志向」の人が多く見られるでしょう。この光線を活用して献身、優しさ、やすらぎ、静けさなどの美徳を高めてください。第六光線の感情的な力を第五光線の精神的な焦点によって強化し、それから、第七光線の変容のエネルギーと融合させれば、マスターの道をしっかりと前進することができるでしょう。

第七光線――「紫色の変容の炎の光線」「儀式的な秩序」「自由」「贖罪と浄化」「儀式と組織」。祈願の光線であり、祈願を最も高次な奉仕という形で顕現させる光線です。意識の変容の光線であり、「紫色の変容の炎」はゆるしの炎でもあります。外交術と洗練さを磨くために祈願し、視覚化する能力を高めるために、この光線を活用するとよいでしょう。

五つの高次元の銀河光線は、創造主のキリストの光が注ぎ込まれている最初の七つの光線の組み合わせです。これよりもさらに高次の宇宙光線は存在しますが、私たちが今よりも高次な次元の意識に移行するまでは、統合することも理解することすら不可能です。

第八光線――「アクアマリンの冷光（紫を帯びた海の泡の緑色）」。第八光線があなたの全身を螺旋《らせん》状に包み込んで、魂の融合に助力し、肉体の器の中に詰まっているネガティブなエネルギーを浄化し、バランスを取り戻していく様子を想像してみてください。第八光線の属性と美徳は第四・第五・第七光線から成り、それが調和のとれたものとなって高いオクターブの輝きとなったものです。第八光線は四つの低次元の身体を浄化して明晰性をもたらしてくれます。

第九光線――「ターコイスの冷光で、ソーラー・パワー・センターと延命の働きがあるハート・スロート（喉）・胸腺のチャクラを活性化」。第九光線は古い「ダーククリスタル」のエネルギーを浄化し解放して、ダイヤモンド・クリスタルのライトボディー・エネルギーが「浄化された器」を満たすことができるようにします。この光線は神聖なキリストの光によって満たされ、かつ活性化されている第一・第二光線のエネルギーから成っています。

第十光線――「真珠のようなホワイトゴールドで、第一・第二・第三光線の組み合わせ」。この光線は魂の叡知をさらにしっかりと固定し、エゴを魂と統合し、やがては魂をハイアーセルフと統合し、さらに「キリストの我れ」と統合し、究極的には私たちの「ありてある我れ」と融合します。この光線が何十億もの小さなダイヤモンド・クリスタルに満たされてチャクラシステムの中に注ぎ込まれる姿を見てください。それはあなたの肉体の器のあらゆる部分を満たし、DNAの核心と細胞のレベルにまで及びます。あなたがキリストの光の錨になると、母なる地球が高次元の周波数を統合し固定する手伝いをすることもできます。思い出してください。私たちは皆、一緒に和の意識に向かって前進し、上昇しているのです。

第十一光線――「ゴールドがかった玉虫色のピンクで原因界の心への懸け橋であり、あなたの神聖な〈ありてある我れ〉と再び接続してくれる光線」。第十一光線は最高の形における愛／叡知をもたらすもので、第一・第二・第五光線の属性の組み合わせです。この光線はニューエイジへの懸け橋であり、私たちの存在の最も深いレベルで神性の喜びと認知を活性化するものです。

第十二光線――「乳白光を放つゴールドであり、他のすべての光線の組み合わせ（合成光線は均等ではありません）」。第十二光線はニューエイジの黄金の光線であり、私たちの源である創造主と私たちを再び接続してくれる光線です。第十二光線は再来の光線です。キリスト意識を私たちの内部および地球の内部に固定する光線です。この光線がきらきら輝く神の塵の形をとってあなたの「ありてある我れ」から降りてくるさまを想像してみてください。その神の塵が黄金の卵のような形になって、あなたを取り囲み、守っている様子を想像してください。それが徐々にあなたの精神体・感情体・エーテル体・肉体へと浸透し、癒し、バランスと調和をとり、光で満たしていく様子を見てください。これこそ、私たちが皆、待ち焦がれていた神聖な贈り物なのです。それが何であるか分からなかったにもかかわらず、誰もが待ち焦がれていた贈り物なのです。それは「愛／光」の螺旋状の道であり、ふるさとへと導いてくれる光線です。

PART Ⅱ さまざまな法則

14 言語と思考パターンとエネルギー

引力の法則——自分に引きつけたいものがあるならば、それがどんなものであれ、顕現したいと思っていることの感情そのものになり、その感情を放射しなければなりません。愛を望むならば、自分自身に対する愛を感知するのです。そして、自らを愛で満たし、その愛を放射します。人間は磁石のような存在なのです。意識している願望を自分自身に引きつけますが、それは精神的な明晰性、感情の強さ、積極的な関わりによって強化されます（同時に、潜在意識や顕在意識にゆるしているネガティブなエネルギーも自分自身に引きつけることになります）。

仮定の法則——シェークスピアは次のように言いました。「ある美徳を持っていなくとも持っているふりをすることです」。「顕現の普遍的な法則」を使うにあたっては、願望するものを顕現するために積極的な参加が必要です。創造主の美、やすらぎ、豊かさ、喜び、活力のすべてを自分が持っていると仮定するのです。自分の遺産であると考えるのです。

豊かさの法則——この地球においては欠如、制限、貧しさといったものは人類の意識の中にしか存在しません。「内なるものがそのままに外に現われる」ということです。顕現の法則はあなたのすべてのニーズを満たす用意があります。あらゆる人が必要としているものを提供する準備があります。しかし、まずあなたが豊かさを自分のものであると宣言しなければなりません。豊かさのヴィジョンを抱き、疑いや自分には価値がないといった感覚、あるいは罪の意識のすべてを捨て去って、豊かさのエネルギーを投影しなければなりません。「心で思うものに人はなる」のです。

支配の法則――創造主は、この地球におけるすべてのものに対する支配権を私たち人間にくださいました。それは素晴らしい祝福でした。しかし、それは同時に地球を管理する義務を与えられたことを意味します。したがって、私たちには地球の安全と地球に住むすべての存在に対して責任があります。ユニヴァーサル・マインドにはすべてのものがすでに存在しています。したがって、望むものはすべて与えられます。この遺産をどの程度まで自分のものと宣言するか、それを決めるのはあなたです。明確な目的、想像力、視覚力、強い目的意識、積極的な参加こそが、制限のマスターではなく共同創造のマスターになるために不可欠の要素です。

確言の法則――創造主は「光あれ」と言われました。そして光が生まれました。いかなる疑いを抱くこともなく、そうしようと試みることもなく、確言の法則を使ってただ創造したのです。あなたの潜在意識と顕在意識は、あなたが自分自身について、また自分自身のために信じていることをそのまま受け入れます。確言は潜在意識のプログラムを組み直して顕在意識に方向性を与えます。あなたが自分自身のために確言することが何であれ、それがあなたの存在の法則になります。あなたがなりたいと思っているもの、顕現したいと思っているものそのものになって思考し、行動し、信じなければなりません。

物質界の法則――あなたはここ地球において肉体の器に入っているスピリットであり、創造主や偉大な光の存在に代わって物質世界を体験しています。あなたの美しい肉体の宮殿の「神聖な青写真」がコード化されて、黄金のエーテルの網と呼ばれるものの中にあります。しかしながら、この美しい黄金の網は光を失い、タールのように真っ黒な物質が詰まっているというのが現状です。あなたがオーリックフィールドに許容したネガティブな思考形態やエネルギーのために、長い時間の流れの中で光を失ってきたのです。創造主の指揮の下にデザインされた完璧な身体を我がものであると宣言し、活性化してください。毎日、次の言葉を繰り返してください。

《マスターになるための確言⑧》
私は純粋なスピリットであり、純粋な肉体です。
私は強く、若々しく、健康で、活力に溢れています。
私は存在の核心から純粋な愛とキリストの光を放射します。

肉体を去ることに憧れてはなりません。あなたの使命は天国を再び地球に築くことです。イードンの園を地球に築くことです。アーキエンジェル・マイケルは「イードン」という言葉を使いますが、これは「神聖な叡知に従順であること」を意味します。地球全体がエデンの園であったのです。エデンの園という言葉は、ある特定の場所を指す言葉ではありませんでした。

15 ライトボディーのイニシエーション

あなた独自のヴィジョンを創造してください。より具体的にすることが大切です。次に簡単なガイドラインを示しますが、あなたのニーズやヴィジョンに合わせて適当に変えてください。

目的――私たちの完璧な現実に見合った新しいヴィジョンをもたらすこと。個人を超えた生き方をすること（人生や境遇を〈私〉の観点からではなく、〈私たち〉の観点から見ること。そうすることによって、エゴの〈ちっぽけな物語〉ではなくスピリットの観点から、より大きな世界を見ること）。

《マスターになるための確言⑨》

＊ 私は完璧な現実において、五次元の周波数、贈り物、叡知を送り出し、かつ統合しながら、三／四次元を優雅にやすやすと流れていきます。

＊ 私は愛とやすらぎと喜びを放射し、出会うすべての人が目覚めるための触媒として行動します。

＊ 私は私のキリスト意識および「ありてある我れ」と完璧に調和のとれた関係にあります。

＊ 私は私のヴィジョンとこの現実の中心です（この新しい現実におけるあなたは誰であるかを確認してください。本来のあなたを最高に表現する特徴、才能、能力、属性を明確にしてください）。

＊ 私は喜びに満たされています。愛情に満たされています。やすらぎに満たされています。裁きの思

いから完全に解放されています。

* 私は出会う一人ひとりの人がユニークな方法でマスターとしてのあり方を創造し、マスターとして生きることを許します。

* 私は依頼されたときにだけ私の叡知を分かち合います。どの程度、分かち合いをするか、スピリットの導きに従います。

* 私は創造的であり、かつて明らかにされたことのない情報や叡知をもたらします。その情報や叡知は私の進化にとって、また人類の進化にとって重要であり適切なものです。

* 私は常に遊び心を忘れず、喜びに溢れ、幸せです。自分のことを軽やかに受け止めます。

* 私はあらゆる物の中に、あらゆる人の中に、神の創造物のすべてに美を見出します。

* 私はエゴを喜ばせるためにではなく、人類に奉仕するために、完璧なタイミングであらゆる才能や能力を開発しマスターします。

* 私は雄弁な話し手であり、識別と共感の美徳を使って常に私の真実を語ります。

* 私は出会う一人ひとりの人と真の意味でつながることができます。私のハイアーセルフからその人に伝えるべき完璧な情報を引き出します。

* 私は教師であり、五次元の現実の模範例です。

* 私はヒーラーであり、私のオーラに接触する人のすべてに「紫色の変容の炎」を放射して、光と愛の贈り物を提供し、彼らが自分自身を高め、活性化して癒すための機会を提供します。

* **私は神聖な表現のマスターです。**

* **私は光の多次元のマスターになりつつあります。**

＊ 私は自分が間違っていると思っていたことはすべて、実は私の最高の力を発見するための入り口であったことを理解しています。

＊ 私は、私を三次元の現実に縛り付けている怖れ、裁きの思い、迷信、教条、制限的思考のすべてを解放します。

＊ 私は、遭遇するネガティブな状況や困難な問題はすべて、私の思考形態や周波数パターンを愛情と思いやりを込めて調和とバランスのとれたものにするための機会であると理解しています。

ヴィジョンを大胆に創造してください。自分は愛情に満ちた立派な主権者であるというヴィジョンを持ち、愛と光とやすらぎと喜びの共同創造主として多次元的にどのように機能したいか、詳細なヴィジョンを描いてください。

《マスターになるための確言⑩》

＊ 私は健康で若々しく行動します。私は生きることの情熱に燃え、エネルギーに満ちています。

＊ 私は生気できらきらと輝き、毎日毎日を大切にします。絶えず拡大する私の意識を表現する一つひとつの機会を大切にします。

＊ 私は、他の人たちが古く擦り切れた現実を解放できるようにインスピレーションを与えます。私は毎日、人生を目いっぱいに生きて、喜びに身を躍らせながら、勇気をもって未来へと前進します。

＊ キリスト意識が降下して私の身体と心と感情を支配するなかで、私は毎日、さらなる力を与えられています。

＊ 私はこの身体のままでアセンションします。しかし、私の使命が達成され、私の運命が実現するまで地上にとどまります。

＊ 私はすべての存在の最善のために、高次元から送られてくる貴重なテクノロジーにアクセスする能力を持っています。

＊ 私は常に自らに対して真摯であり、ハートセンターに忠実であり、自分の願望をスピリットの願望と調和のとれたものにするように努力します。

＊＊＊

人生で出会う人たちとどのような関係を築きたいか、時間をかけて考えてみてください。人間関係はどんどん変わっています。私たちは自分の価値を確認するために、あるいは自分が完全で満たされていると感じるために自分以外の誰かに保証を求めるようなことはしません。あなたの人生で新しい人間関係を望むのであれば、ヴィジョンの中にその人物を入れてみるのです。その人とどのような関係を持ちたいのか、詳しく描写してみるのです。結婚の相手、遊び友達、ビジネスのパートナー、友達、何でもかまいません。その人が誰であるかを特定せずに、あなたが望む関係の性質・タイプを明確にしてください。あとはあなたの「神聖な我れ」が奇跡を創造するのに任せます。ヴィジョンは常に明確で厳密にすることが大切です。喜びがいっぱいに溢れた愛の実現を探求してください。毎日、次の確言を唱えるとよいでしょう。

《パートナーと出会うための確言》

私には今、完璧なパートナーがいます（完璧な友達、完璧なビジネスパートナーなど、何でもOKです）。

今の人間関係が最高のものとはいえないと思っているような場合には、その人のポジティブな属性に心の焦点を合わせて、次のように言います。

私には今、完璧なパートナーがいます。

すると、相手の人は驚いたことにその完璧なパートナーになるかもしれません。時として、あなた自身があなたの完璧なパートナーであることが適切であるということも知っておいてください。

＊＊＊

物質の世界においては、時間、キャリア、豊かさなどとの関係に対してもしっかりとした土台を築く必要があります。スピリットが準備してくれた自然な枠組みとガイドライン内で水のように流れていくことを学び、「神聖な運命」に優雅にやすやすと従っていくのです。「どのように？」「いつ？」「どこで？」「どれくらい？」という質問をして答えを得るのです。

《キャリアを実現するための確言》

＊　私が必要としていて願望しているものの資源を、すべて私は持っています。

＊　私は使命を達成するために、肉体、感情体、精神体、そしてスピリットに滋養を与えるための完璧な場所に住んでいます。

＊ 私は財政的に支えてくれるだけでなく、精神的・肉体的・感情的・霊的な満足を与えてくれる完璧な仕事を持っています。

＊ 私は豊かさについて心配することはまったくありません。

＊ 私の願望や必要性は、それが何であるか自覚する前に実現されます。決断を下して行動に移す私のタイミングは完璧です。

＊ 私は努力のすべてにおいてスピリットの声に耳を傾け、スピリットの導きに従います。したがって、私の決断と行動は皆、すべての存在の最善のためになされます。

＊ 私は母なる地球を大切に思い育みます。母なる地球は私を大切に思い育んでくれます。私の世界は常に、愛、喜び、美、やすらぎ、慰めで満たされています。

時間との関係

《マスターになるための確言⑪》

＊ 私は常に、完璧なときに完璧な場所にいます。

＊ 私は任務を達成するために必要な資源や物に関して完璧な決断を下します。

＊ 私はこの物質局面において、喜びの中で優雅にやすやすと生活し、愛し、働き、遊びます。

＊ 必要としているものは何であれ、その必要性を自覚する前に私の前に現われます。

＊ 私のスピリットは喜びの中にあり、私はこの惑星において常に安全であり、正しい場所にいます。

＊ 私は小さな事柄でも、大きな事柄でも、常に柔軟性を発揮し、スピリットの導きに従います。

＊ 私はスピリットが促し力づけてくれることは何であれ実行し、顕現する意欲を持ち、かつその能力を持っています。私は喜びと最大限の報酬をもたらしてくれるものを直感的かつ臨機応変に発見して遂行します。
＊ 私の運命の道は絶えず私の前にその姿を現わし、私はその道を踊るように滑らかに進んでいきます。
＊ 私は人びとが覚醒する手伝いをするための道具をどんどん開発していきます。
＊ 私の願望は奉仕することであり、すべての存在の最善のために奉仕する最高の道が私に示されます。
＊ 私には無限の活力があり、必要なことのすべてが達成できるように時間が拡大してくれます。
＊ 私には無限の忍耐力と神聖な不満があり、地上に天国が顕現され、愛すべき天使の友達や次元上昇したマスターたちが私たちの間に姿を見せるとき、その姿を見ることができます。
＊ **スピリットが私の身体の中で歌い、私は無限の外套に包まれています。**

次の確言を信じられるようになるまで、自分に向かって読み上げてください。

《怖れを新しい目で見るための確言》
＊ 私は怖れと新しい関係を樹立しました。
＊ 怖れは私に奉仕する感情であり、私は感情を常にコントロールしています。したがって、私は怖れをコントロールしています。

怖れを超越するということは、怖れを体験することができ、怖れを観察することができ、怖れから学ぶことができ、怖れを通過することができるということです。これができれば、何を自覚する必要があるか、何がバランスを欠いているか、何を調和のとれたものにする必要があるかについて、怖れが警鐘の役目を果たしてくれるでしょう。感情はネガティブなエネルギーの思考形態とポジティブなエネルギーの思考形態から成っていますが、感情に支配される代わりに感情を支配することができるのです。

《マスターになるための確言⑫》

* 私は、私の目標と願望と完璧な世界についてしっかりとヴィジョンを持ちます。
* 私はスピリットが完璧な形で、完璧なタイミングでそのヴィジョンを顕現するのに任せます。
* 私は常に、「すべての存在にとっての最善のために」確言を唱えます。

ヴィジョンは新しく新鮮なキャンバスを、自然でしかも自由奔放なイメージで満たすものでなければなりません。三次元世界のいかなるものに対するネガティブな愛着もすべて解放しなければなりません。あなたは、人、場所、所有物、古い思考形態に対する愛着を、すべての存在にとっての最善のために、無条件にすべて手放す覚悟がありますか？

この新しい現実において私は何者になりたいのだろう？　誰になりたいのだろう？

私の地上における内なる意識

《マスターになるための確言⑬》

* 瞬間瞬間、毎日毎日、私は「神聖な我れ」と完璧で喜びに満ちた調和の中で存在しています。

＊ 私は瞬間瞬間が完璧な形で展開することをゆるします。

＊ 私は自分の偉大さに対していかなる制限もつけません。私の喜び、創造性、豊かさに対していかなる制限も加えません。

＊ 私は宇宙の豊かさと美は私のものであることを知っています。

＊ 私は神聖な遺産を無条件に感謝の気持ちを持って受け入れ、この豊かさを出会う人すべてと分かち合います。

＊ 私は自分にとって最高の目的を叶え、すべての存在にとって最善であるものを引きつけ、自分という存在を通して宇宙に放射します。

＊ 私はこの世界が提供する最高にして最も貴重なものに値する存在です。

宇宙的な私の意識

《マスターになるための確言⑭》

＊ 私は私の偉大さと神聖な遺産を我がものであると宣言します。

＊ 私は光の存在であることを知っています。天使界、銀河系ないしは宇宙の出身であることを知っています。肉体の衣を纏《まと》い、惑星地球における壮大な実験に参加するために、自らの分身を数多くの次元を通過させて地球に送ることに同意したことを知っています。

地上におけるあなたの最も高遠な運命をヴィジョンとして描いてみてください。あなたの究極的な目標は何でしょうか？　ヴィジョンの宣言文を作ってみましょう。

ロナのヴィジョン

私は人間の形をとっている天使界の存在です。私はアーキエンジェル・マイケルの使者の一人であり、偉大な光の存在たちのために物質局面を体験し、物質局面が提供する美、豊かさ、奇跡を享受するために地球にやって来ました。私は使命が達成されるまで地上にとどまり、贈り物として与えられている愛と叡知と真実を分かち合い、それから、私が愛するアーキエンジェル・マイケルのもとに行き、星々やオムニヴァースの間を共に飛翔します。私は人生を最大限に生き、地上における使命を達成することによって意識の向上をはかり、肉体の調和とバランスをとります。それから、変容のドアを通ってふるさとである光の高次元の世界に戻ります。

＊＊＊

あなたのヴィジョンの宣言文を書いてください。ヴィジョン達成の土台として、あなたのヴィジョンの感情的な性質を明確にすることが大切です。

あなたに喜びを与えるものは何ですか？　あなたを感謝の思いで満たすものは何ですか？

私たちはスピリットが飛翔することをゆるし、魂だけでなくインナーチャイルドにも滋養を与えなければなりません。あなたの中にある無邪気さに触れて滋養を与えてくれるものを表現し、それが自分のものであることを宣言してください。喜び、楽しみ、臨機応変、悲しみ、怒り、怖れといった感情を感じてください。

しかし、あなたイコールそのような感情ではないことを実感してください。自分の十全性を表現すると、自発的で本当の感情を体験することができます。

私は怒りを感じていることを自覚しています。私は悲しみを感じていることを自覚しています。私は怖れていることを自覚しています。私はこれらの感情に対して愛情のこもったやり方で反応する選択をします。これらの感情によって力づけられているという立場から反応します。これらの感情に対して具体的には次のように行動します。

「私は――です」という言葉は、非常に強烈な言葉であることを思い出してください。「私は怒っている」「私は悲しい」「私は怖れている」と言えば、それらの感情に力を与えることになります。

あなたはあなたが抱く感情とイコールではありません。あなたが抱く感情があなたに対して持つ支配力を決定するのはあなたです。

宇宙の法則と原理の基本をマスターしなければなりません。そうすることによって、この宇宙がどのように働いているのかを最も実用的なレベルで理解する必要があります。

表現の自由

《マスターになるための確言⑮》

＊ 私はまったく自由な気持ちで、すべての存在にとっての最善という条件をクリアしている限りにお

いて、私自身の好みや傾向に従います。

＊ 私は、心のときめき、強烈なる思い、ドラマ、人生に対する冒険的な取り組みを操作する必要もなければ、コントロールする必要もありません。

＊ 私は人生において善きもののすべてを楽しむために、荘厳でポジティブで美しい方法を創造します。

＊ 私は常に朗らかな心の持ち主であり、生命力とダイナミックな表現力に満たされて生き生きとした力に満ち、絶えず上昇する螺旋《らせん》状のエネルギーの渦に乗っています。

＊ 私は毎日、完璧な方向感覚をもってヴィジョンの達成に向かって前進しています。

＊ 私は他の人たちが最善を尽くすことを常に期待し、自分自身もまた、常に最善を尽くします。

＊ 私の人生は奇跡と美と喜びに満ちています。

＊ 私のスピリットは最高にして最善の目標へと常に私を導いてくれます。そして、その目標を優雅にやすやすと達成するために必要な手段や方法が常に与えられます。

＊ 私はすべてのものを愛し、サポートし、大切にします。私はサポートと愛を受け取ります。私はその見返りとして大切にされています。

＊ 私は、私の魂のグループの不可欠で大切な一部であり、究極的には創造主のところに戻って一体となる広大なエネルギーの一部であることを知っています。

＊ 私は神聖なるものの一つの意識表現であることを知っています。そして、私の独自な意識は常に保持されるであろうことを知っています。

＊ 私は最も強力な生き方とはスピリットが私を通して働くことをゆるし、私の「神聖な使命」を達成することであると知っています。

＊ 私は毎日、大いなる喜びと情熱をもって神聖な目的と青写真に従って生きます。

識別

《マスターになるための確言⑯》

＊ 私には、日常の瞬間瞬間において、地上に私のヴァージョンの天国を顕現しサポートするための能力と識別力があります。

＊ 私には、それがハイアーセルフの導きであるか、それとも、私を操作しコントロールしようとするものからのネガティブな影響力であるかを直感的に理解する力があります。

＊ 私には、私のエネルギーの磁場を攻撃するネガティブなエネルギーがどのようなものであれ、それを変質し変容する能力があります。

＊ 私の目的は影の自分を神聖な光で満たし、その光を他の人たちに放射することです。

＊ 「愛／光」以外のいかなるものも私に対して影響を及ぼすことはありません。

哲学

《マスターになるための確言⑰》

＊ 私は独自の人生哲学を持っています。

＊ 私は、私の真実を生きています。私の話を歩き、私のヴィジョンを飛翔しています。他の人たちが

同じように生きることをゆるします。

＊ 私の人生はやすらぎと調和に満ちています。一人でいるとき、私はやすらぎを感じます。

＊ 私は孤独を感じることはありません。

＊ 私は一人でいる時間を大切にします。

＊ 唯一の真の力は私のスピリットの力であり、この力が私のためにあらゆることを提供してくれます。私のヴィジョンの中で、この真の力の源を尊重し、私の人生のあらゆる瞬間においてスピリットが一〇〇パーセント自らを表現することをゆるします。

＊ 私のスピリットが私に所有してほしいと思っているものはすべて常に与えられています。

＊ 私は、他の存在たちが彼ら自身のスピリットに従うようにサポートします。

＊ 私は地球における使命の神聖な意図と目的に一〇〇パーセント献身しています。

魂のグループ

《マスターになるための確言⑱》

＊ 私は、地球および三／四次元にしっかりと根を下ろしながら、同時に、五次元およびそれ以上の次元からの情報と叡知に意識的にアクセスします。

＊ 私は、私のガイド、指導者、マスター、天使界のヘルパー、偉大な光の存在たちと明確にかつ真の意味でコミュニケーションをすることができます。彼らは常に情報と叡知を伝えて、私が光に至る道を歩むことができるように導き助力してくれます。

＊ 私は光の神聖な道具です。私を通じて高次元の神聖な光が流れていきます。

＊ 私はこの瞬間から、地上の天国の私の完璧なヴァージョンを一〇〇パーセント完璧に生きます。

＊ 私は毎日、形の世界における神聖な顕現のマスターになります。三次元世界の制限や限界を乗り越えて行動します。

＊ 私は光の松明《たいまつ》を掲げて進みます。

＊ 私は天使の愛を放射します。

＊ この瞬間から、毎日毎日、私の完璧な「神の我れ」を私自身に引きつけ、私を通してそのエネルギーを流し周囲に放射します。

＊ 私は「ありてある我れ」の完璧な延長であり、キリスト意識を体現しています。

私は「ありてある我れ」です。かくしてそれは実現します。

16 顕現の普遍的な法則を活用する

光のマスターである皆さん、精神的で科学的な観点から、顕現の法則についてお話ししたいと思います。神聖な存在とともに顕現し共同創作するのは、あなた方の神聖な権利であり、スピリチュアルな遺産であることをまず理解してください。

数多くのライトワーカーが不思議に思っているようです。富と豊穣の神聖な流れの恩恵にどうして浴することができないのだろう。それさえできれば、自分の使命を達成し、夢を実現することができるのに、と思っています。多くのライトワーカーがその日暮らしの苦しい生活の中で自分の責任を何とか果たそうと努力していています。その一方で、三次元の世界にどっぷり浸かって、欲と権力に取りつかれて行動している人たちが、ますます私腹を肥やしています。

普遍的な法則が働いているのです。これは中立的な法則で、言うなれば聖者も罪人も平等に従わなければならない法則です。記憶の糸をもたぐることができないほど昔に、エロヒム、大天使、あなた方の宇宙の共同創造者たちが、根本創造主の指示に従って、大いなるエネルギーの流れをこの宇宙に送り込みました。創造主の「神聖な火花」を自らの魂の中に持っている存在は誰であれ、その電磁波エネルギーないしは宇宙エネルギーにアクセスして創造する能力を持っているのです。しかし、そのエネルギーの源泉にアクセスして、自分のためにに役立てるためには、その方法を知らねばなりません。

まず第一に、必要なのは正しい考え方です。スピリチュアルである必要もなければ善良である必要もありません。高遠な理想を持つ必要もありません。まったく利己的な観点から行動しても、権力を手にして他の人びとを支配しようという欲望から行動しても、顕現の法則は働くのです。膨大な富や権力を集めた人たちをよく観察してみてください。彼らにはヴィジョンがあり、自分自身を信じ、自分が願うことは何でも実現する能力を持っていると信じていることが分かるはずです。そのような人たちは自分が努力している分野のエキスパートになるために、必要な技術と知識を身につけることから始めます。自分の夢を実現するために最大限の時間とエネルギーを費やします。他人からのマイナスのコメントには一切耳を貸さず、望みを達成し目標に到達する自分の能力をほんの一瞬でも疑うことはしません。そして、自分と同じような関心を持っている人や、同じような願望を抱いている人たちを、自分の周りに引きつけていきます。ヴィジョンを心の中にしっかりと植え付け、毎日毎日、瞬間ごとに、そのヴィジョンを実現するのに必要なことを実行します。

秘訣はどこにあるのでしょうか？　多くのスピリチュアルな人たちが、自分のスピリチュアルな使命を果たすことに心を集中し、他の人たちに援助の手を差しのべることができるように、簡素で優雅な生活をするだけのお金が欲しいと思っても、それができないでいる理由は何でしょうか？

愛する友よ、あなたは電磁波の磁場なのです。あなたは常に一つの周波数ないしは波動を送り出しています。その波動は宇宙に向けて放たれ、同じようなエネルギーと合体して、その同じ波動が増幅してあなたのところに戻ってきます。ですから、あなたがこれまで財政的に豊かになることを求めて毎日毎日、確言を唱え、お祈りをしてきたとしたら、お金が十分にあったらこういうことをしたい、ああいうことをしたいといつも話していたとしたら、心と魂を一〇〇パーセント総動員して豊かな生活を求めてきたとしたら、そして、それにもかかわらずまだ実現していないとしたら、その理由は何でしょうか？　その理由はこうです。あなたの潜在意識の中で昔ながらのテープレコーダーが作動して、こう言っているのです。「スピリチュアルに生きるためには、物質の世界のことはすべて否定しなければならない。他の人の役に立つためには、自分の幸せは犠牲にしなければならない（昔からある殉教者コンプレックス）。スピリチュアルな成長に心を向ければ、あとは神様が面倒見てくださる……」といった調子です。

瞬間的に心がわくわくして、世界だって征服できるし、願い事は何でも顕現できると思います。ところが、次の瞬間には再び自分自身を疑いはじめます。豊かさを求めて確言を唱えますが、次の瞬間には、家賃が払えるかしら、新車の支払いは大変だ、もっと給料の高い仕事はないだろうか、などというエゴの会話をゆるしてしまいます。自分の様々な責任を果たすにあたって、あるいは他の人が提供してくれたサービスに対してお金を払うにあたって、自分の手を通っていくお金に感謝し、そのお金に祝福を与えるのではなく、税金が高いことに不平を述べ、保険の支払いや歯の治療代が高いことに不満を鳴らします。

もしも奇跡的に多額のお金が突然手に入ったとしても、あなた方の中でそのお金を適切に取り扱うことができる考え方を持っている人は非常に少ないのが現実です。今、突然、十億円もらったとしたら、あなたはどうしますか？　それを全部貯め込みますか？　それをなくしてしまうのではないか、誰かに騙し取られるのではないかと心配しますか？　それとも、お金は常にこれからも入ってくるし、必要なものや希望するものを手に入れることはいつでもできると確信して、そのお金を喜んで使い、夢を創造し、他の人たちが夢を創造して実現する手伝いをするでしょうか。

ところで、お金があなたを幸せにしてくれるとか、あなたに充実感を与えてくれるとか、あなたはお金をたくさん頂ける価値がある人である、というような話をしているのではありません。宇宙の富は平等に流れて来るという話をしているのです。皆さんもきっと気づいているでしょうが、世界で最もお金持ちである人びとの多くは最も悲惨な生活をしていて、人生に退屈しきっている不幸な人たちです。しかし、彼らには敬意を表する必要があります。彼らは自らの思いと願望と決意によって、宇宙のエネルギーの流れを汲み取る方法を知っているのですから。こういう人たちは、たじろいで目標から目をそらすことは決してありません。いかなるものであれ、誰であれ、彼らを止めることはできません。彼らの使命を達成することを妨げることは誰にもできません。彼らはヴィジョンを創造し、願望を抱き、信じ、行動を起こします。それゆえに、彼らは顕現します。

あなたの人生の中ですでに持っている豊かさに焦点を合わせてください。その豊かさに感謝し、いま持っているものを喜び、今の生活の中にある恵みに感謝するのです。あなた自身の欠点やあなたの周りの人たちの欠点、この世界の欠点に意識を向けるのではなく、うまくいっていること、美しいもの、素晴らしいものに目を向けるのです。宇宙の美しさのすべて、富のすべてを手にする価値が自分にはあるのだと思って行動してください。宇宙の豊かさは無限にあって、それをすべて手に入れることがまるで可能であるかのように行動してみてください。実際にそうなるまでやってみるのです。持っていないお金を使って遊びなさいと言っているのではありません。しかし、あなたがすでに入手できる様々な贈り物が見えはじめ、それを楽しむことができることが分かるはずです。そのような贈り物の多くは、お金の交換もエネルギーの交換も必要ありません。

あなたの思いはあなたが考えている以上に強い力を持っています。私たちは何度も繰返してこのことを強調するのですが、それでもあなたは心があぁだ、こうだと迷うことをゆるし、疑いの思いや、否定的な感情、怖れ、罪の意識を抱き続けます。その結果、あなたが唱える確言は効果がなくなり、効果は相殺されてしまいます。ある瞬間は願い事は何でも叶うと信じていたかと思うと、次の瞬間には自分の能力を疑い、自己憐憫に苛まれるのです。スピリチュアルな意識がどんなに目覚めたとしても、顕現のエネルギーを引きつける意識の流れの中に精神体と心を手段として入っていき、そのエネルギーにアクセスすることを学ばなければ、地上の豊かさの共同創造主になることは決してできません。

第一に、何を顕現したいのかを非常に明確にしなければなりません。エゴの自分ではなく、魂の自分の内部で顕現したいものの強烈なエネルギーを感じ取ってください。

第二に、あなたの願望がハイアーセルフと調和がとれたものであるかどうか、確信が持てなければなりません。あなた自身のために、また他の人たちのために最善であることを最優先しなければなりません。あなたには全体像が常に見えているとは限らないことを自覚する必要があります。また、あなたの夢をどのように顕現するかに関して、あなたの「神聖な存在」の力を制限してもいけません。

第三に、あなたの直感による内なる声に耳を傾けます。ガイダンスに耳を傾け、奇跡を期待し、道が示されたならば行動をとるのです。疑いの思いが出てきたり、エゴがあなたにはそれは値しないと語りかけてきたり、後ろめたさを感じさせようとするといった、昔ながらのゲームを仕掛けてきたならば、まずその気持ちを承認し、それから、一八〇度転換して、思いを目標に向け直すのです。

感謝することも大切です。小さな奇跡に感謝することです。小さな奇跡はずっとずっと、大きな贈り物があなたのところへやって来る道を切り拓いているのですから。人生のうまくいっている部分に焦点を合わせていくと、そういうプラスのエネルギーをますます自分に引きつけるようになっていきます。愛と豊かさと調和の磁場をつくることになり、それを妨げたり破壊したりすることは誰にもできません。それができるのはあなただけです。あなたが意識の向上を求め、スピリチュアルな調和を探求するなかで、自分自身の豊かな源泉の中に大いなる喜びを見出すことになるでしょう。なぜなら、創造のエネルギーの中に入り、普遍的な法則のあらゆる側面とバランスがとれた状態になるからです。愛する人たちよ、これが秘訣です。

何千年にもわたって蓄積してきた考え方や習慣、そして性質を克服するのは容易ではないことを、私たちも知っています。しかし、今というときは新しいはじまりのときです。古くて有限な考えを解放し、疑いの思いや弱点を手放すときです。あなた方はマスターです。新しい意識の状態へと上昇しているのです。浄化の真只中にあり、本来の完璧な自分に戻りつつあるのです。それは喜びに溢れ、バランスは完璧で、調和のとれた状態です。その状態に戻ったとき、あなたは再び神聖なスピリットの美しい光を放ち、すべての存在がそれを目撃することになるでしょう。

愛する人たちよ、勇気をもって夢を見てください。勇気をもって星に手を伸ばしてください。勇気をもって創造主があなた方に約束したものを我がものにしてください。それはあなたが望めばあなたのものとなるのです。しかし、思い出してください。あなた方は自分が創造するものを体験しなければなりません。ですから、いま一緒に手を携えて、再びこの地上に天国を築きましょう。愛と豊かさと美と調和が溢れる楽園を。

17 毎日をマスターとして生きる

朝

目を覚ました瞬間、意識がまだアルファの状態にあるときに数分間、夜何があったかをたどってみましょう。見た夢を覚えているかどうか、また、その夢が何を意味するかを考えてみるのです。夢はあなたのガイドやハイアーセルフがあなたとコミュニケーションをはかる方法の一つです。彼らに夢を思い出す手伝いをしてくれるように頼んでみるとよいでしょう。日記に夢を書きとめるのもよいでしょう。夢の中で訪れた場所や、アストラルの世界の旅の途中に起こった重要な出来事を思い出すという習慣をつけるのです（覚えていようといまいと、あなた方は毎晩必ず夢を見てアストラル体で旅をしています）。

あなたの「ありてある我れ」からクリスタルの光の柱が放射されてあなたを囲み、それから地球のクリスタルの核で固定されるのを想像してみてください。一条の神聖な光がレーザー光線のようにあなたのクラウンチャクラを貫き、脊髄に沿って降下しながらチャクラの一つひとつを貫いてチャクラに火をともし、最後にルートチャクラを貫いて外に出て、地球の核に達するのを見てください。

あなた自身が作った確言、あるいは次のような言葉を言ってみるとよいでしょう。

「私の〈神聖なありてある我れ〉、天使たちにお願いします。今日の一日が私にとって最善で、すべての人にとって最善のものとなるように、私を導き、私をお守りください」

アーキエンジェル・サンダルフォンに、あなたが多次元的な存在になるための努力をするなかで、地上にしっかりと足を着けていることができるようにと依頼するとよいでしょう。あなたには自由意思があります。したがって、ガイダンスを受け、導きを受けるためには、光の存在やあなたの「神聖な我れ」に許可を与えなければなりません（このプロセスは全体で一、二分で済みます）。

少しの時間を使って深呼吸とトーニングをするとよいでしょう。良い水をグラスで一杯か二杯飲みましょう。トーニングについては、他の人の迷惑になるようであれば、車の中で行うという手もあります。人によってはシャワーを浴びながらトーニングをする人もいます。あるいは、家族と一緒にやってみるのもよいでしょう。私たちが提供する道具をどれだけ活用するかを決めるのはあなたしかいません。しかし、一つのことは確かです。これらの道具を使わなければ、あなたが望む変化を簡単に、あるいは迅速に起こすことはできません。選択するのは常にあなたです。

一日を通して

一日を始めるにあたって、あなたのスピリットが「神聖な証人」として肩に止まっていると想像してください。親しみやすくリアルにするために、美しい天使がそこに止まっていると考えるのもよいでしょう。あるいは、あなたのガイドやあなたの好みの次元上昇したマスターに来てもらうのもよいかもしれません。リアルにしてください。なぜなら、そうすればリアルになるのですから。ここでもまた、あなたの意図する心が鍵です。時間がたつにつれて、ますますリアルになっていき、スピリットの祝福を感じはじめ、天使たちがいつも一緒にいてくれると感じるようになるでしょう。いろいろな状況が出てきたとき、人と接触するとき（とくにストレスの多い状況や注目を引くような状況に置かれたとき）、そのプロセスのオブザーバーになってください。その状況の背後にある教訓は何でしょうか？　あるいは、その人はあなたの学びのために何を鏡に映してくれているのでしょうか？　この状況において、あるいはこの人に対して、あなたの「神聖な証人」であればどのような行動をとるでしょうか？

しばらくすると、このように行動することが一日を通して当たり前になってきます。**体験し、観察し、分析し、行動し、その出来事がもたらす叡知を統合するのです。**このように行動することによって、因果の法則の世界から抜け出して「恩寵の世界」へと入ることができます。

一日を通して周囲の世界に注目する習慣をつけましょう。何に喜びを感じることができますか？　感謝の態度を持続することによって、あなたの人生にある美と豊かさに感謝する練習をするのです。こうすることで潜在意識を条件付けて、怖れやネガティブな波動を取り除くことができます。あなたが喜びに溢れ、愛情がいっぱいで、感謝の気持ちを抱いていれば、疑いや怖れやネガティブなエネルギーが入ってくる余地はありません。

周囲の人たちの「良いところ」に気づいてください。そうすることによって、彼らのポジティブな面を強化することができます。適切な時を選んで、彼らについてあなたがどのように感じているかを話してください。ちょっとした誉め言葉、誠実な賛辞は、周囲の人たちに対する愛の波動に満ちた贈り物になります。

仕事が屋内であったり、机に座って多くの時間を過ごす場合は、一日のうち数回、時間をとって深呼吸をしたり、トーニングをするとよいでしょう。数分の間、深呼吸をする方が、コーヒーを飲んだり、カフェインの入った飲み物を飲むよりも良いものです。屈伸運動をして、あなたの美しい肉体の器に敬意を表してください。毎日、必ず何かの運動をするとよいでしょう。

夜

毎晩、わずか数分間であっても、何か心を高めインスピレーションを与えてくれるものを読む習慣をつけてください。眠りにつくときの心の状態が眠りの質を決定し、眠っている間にどのレベルの次元に旅するかを決定するからです。寝床についた後、眠りにつく寸前に、一日を振り返ってみましょう。価値判断をしたり、非難をする必要はありません。ただ、オブザーバーになってください。この一日にしたことでエネルギーの波動が高くないものがあったでしょうか。それを高い波動にするにはどのように行動できたでしょうか。もっと愛情と同情の思いがこもった言い方をするとすれば、どのような言い方ができたでしょうか。あなたにとって最高の真実を語るために言うべきことで言わなかったことは、何だったでしょうか。恨みや怒りの感情を投影したでしょうか。他の人たちがあなたの現実を、彼らの考え（エネルギーのコード）で「色付ける」ことをゆるしてしまったでしょうか。ネガティブなやり取りよりも愛情のこもったやり取りが多かったでしょうか。**思い出してください。自分にどのような人や体験を引きつけるかで、あなたがスピリチュアルなレベルでどれくらいうまく生きているかが分かります。**

一日を振り返るプロセスが終わったあとに、次のような言葉を言ってみるとよいでしょう。

「強力なる〈ゆるしの法則〉（ゆるしの天使）にお願いします。私がきょう投影した愛と光に基づいていない不協和なエネルギーを変容させ、調和とバランスをはかってください」

この言葉を発した瞬間に、その不協和なエネルギーは変容されて中立的な光の物質となり、その結果、あなたのオーリックフィールドや現実はその影響を受けることはなくなります。**そうでなければなりません。それが法則なのです。**これをすることによって、あなたは「無害な状態」になり、その結果、ネガティブなエネルギーやカルマをつくることがなくなります。アーキエンジェル・マイケルは言います。「世界中の人びとがこのように無害な状態になり、愛と光のエネルギーのわずか一パーセントでも放射しているという状況を想像してみてください。人類と地球は一瞬のうちに変容を遂げることでしょう」

「紫色の変容の炎」が足元から立ち上り、あなたの身体を包み込むのを見てください。こうすることによって、「紫色の炎」のアルケミーが眠っている間に、その魔術的な力であなたの身体に働きかけ、あなたがその日、前面に出したネガティブなエネルギーや重要な問題のすべてを解放するプロセスが促進されます。

あなたのハイアーセルフ、ガイド、天使に頼んで、アストラル体で特別な場所に連れて行ってもらうこともできます。行きたい場所を具体的に指定してもよいでしょうし、最も適切で良い場所へ連れて行ってくれるようにと依頼してもよいでしょう。目を覚ましたとき、眠っている間に見た夢や旅を思い出せるように、ハイアーセルフに手伝ってもらうこともできます。そうすることによって、あなたのアストラル界での旅や教訓はあなたのリアルな世界の一部となるでしょう。大切な人たちよ、天使たちの腕に抱かれて眠っていることを知って、どうぞぐっすりと休んでください。

愛と光と素敵な夢を。

ロナ

18 五次元の力のピラミッド

愛するマスターたちよ、あなたとあなたの世界は、この瞬間瞬間に、あなたが抱く一つひとつの思いによって変わってなどいないという振りをするのはそろそろやめるときです。新しい時代がいま目の前に来ていることを否定するのはそろそろやめにしなければなりません。

あなたが抱く一つひとつの思いによって、また、あなたがとる行動の一つひとつによって、聖なる光のあとをついていくのか、それとも人生の影の部分に従っていくのか、決断を下しているのです。あなたの思いを未来に投影しないでください。そして、過去が自らを訂正することをどうぞ許可してあげてください。なぜなら、あなたが四次元の世界へと上昇していくとき、過去は自らを訂正するからです。そして、地球の歴史のネガティブな思考形態のすべてがバランスのとれた状態になるのです。

あなた方の宇宙的な資源の活用について話をしたことがあります。あなた方の思考や意識的な意図が未来にどのように影響を与えるかについて、さらに説明をして明確にすることをゆるしてください。

惑星地球には数多くのパラレルな未来（可能性としての未来）があります。それは人類の集合的な意識によって創造されたものです。あなた方にもまた、自分で創造した数多くのパラレルな未来があります。可能性の弱いもの、強いもの、いろいろありますが、普通、顕現する可能性がいちばん強い未来が一つあります。それはあなたがその未来にいちばん多くのエネルギーを与えてきたからです。

予言をする人は誰であれ、最もダイナミックなエネルギーを持っている可能性としての未来にアクセスします。しかしながら、あなた方には自由意思があるがゆえに未来は柔軟であり、瞬時にして変わり得るものです。

私たちは毎年、人類の集合的な意識のエネルギーを収穫しています。そして、「地球の状態」を詳しく検証したあとに、どのパラレルな未来に焦点を絞るべきかについての決定がなされます。

地球は今でも自由意思の惑星です。しかし、あなた方の進化とアセンションのプロセスに助力するために特別な配慮がなされました。あなた方が意図をスピリットに合わせて、「神の意思がなされますように」と言った場合、あるいは「すべての存在にとって最善のことがなされること」を依頼した場合、あなた方の愛のエネルギーを全体のエネルギーに付加する許可を私たちは与えられます。その結果、あなた方の愛のエネルギーは累乗的に増大されます。

比較的少ないエネルギーしかない可能性としての未来はさらにエネルギーが減少し、姿を消してしまうことさえあります。なぜなら、彼らは燃料を与えられていないからです。あなた方および地球が今、実にダイナミックな進歩を遂げつつあり、意識が飛躍的に拡大している理由がこれで少し分かりやすくなったでしょうか。

あなた方の多くは確かに自分で自分の現実世界を創造しているということを理解しはじめています。そして、望むものを顕現することが極めて上手になりつつあります。しかし、マスターとしての技術を完成させることの学びということになると、まだ行き当たりばったりで、四次元、時には五次元の高い周波数にアクセスするとき、あなた方はまだ三次元のエネルギーによって、ある程度制限されています。ほとんどの人たちが、異なった波動のレベルにアクセスして、自分が手に入れることのできるエネルギーを使ってどのように創造しているか、一つの例をとって説明させてください。

あなたは今、「宇宙のショッピングモール」行きのエレベーターに乗っていると想像してください。このエレベーターが三次元の中間のフロアで停まって、エレベーターから降ります。

想像し得る限りのものがすべてある巨大な部屋を想像してみましょう。物はたくさんありますが、まったく整理整頓されておらず、完全な混乱状態です。ほとんどが欠陥品で、あなたが欲しいもので故障していないものを見つけるためにはいろいろな場所を探し回り、いろいろな部屋や仕切られた場所に行かなければなりません。このフロアにいる人たちは欲しいものを慌ただしく探し回っていて、不協和な雑音と争い、混乱が多く見られます。いろいろな場所を探し回って移動している人びとには焦燥感と絶望感が感じられ、焦慮・焦り・怖れのオーラが部屋に立ち込めています。

あなたはエレベーターに戻り、エレベーターは四次元の中間のフロアにあなたを連れて行きます。このフロアで降りると、すべてのものが三次元よりもきちんと整理整頓されているのが一目瞭然です。まだ多少の混乱は見られますが、あなたが探している宝物が貯蔵されている場所まで比較的簡単に行くことができます。場所によってはものが完全な状態でなかったり、「中古品」であったりしますが、願望するものに心の焦点を合わせることを学ぶと、それが貯蔵されている場所にすぐに導かれ、宝物に簡単にアクセスし、それを自分のものであるとして宣言することができます。

ここには様々なレベルがあるようで、「意識の鍵」を手に入れるとさらに大切な宝物が貯蔵されている場所のドアを開けることができます。徐々に、長いあいだ夢に見て憧れてきたものの多くにアクセスすることができるようになります。あなたの意図が純粋で、ヴィジョンに揺るぎがなければ「夢のようなもの」を我がものであるとして宣言し、物質の世界に持ってくることができます。

しばらくして、あなたはエレベーターに戻り、エレベーターは五次元の低い局面へと昇っていきます。エレベーターを降りたあなたは驚いて息を呑みます。目の前にある素晴らしい光景に目を奪われ、あなたの心は嬉しさのあまり舞い上がります。

想像し得る限りの美しいもののすべてがここにあります。あなたの五感はそこにある美しいものに圧倒され、ここにいつまでもいたいと思います。しかし、それはできないことも分かっています。あなたがここにやって来たのは、夢の宝の箱をいっぱいに満たして地上に持ち帰るためであることをあなたは知っています。ハートが望むことはすべて、一瞬のうちに目の前に顕現されます。このフロアにあるものはすべて完璧にして精妙なものばかりで、欠陥品や中古品はありません。

あなたの願望はすぐに変わり、顕現したいと思うのは「物」よりも資質・美徳・属性であることに気づきます。ハートが望むものは何でも手に入れることができると知った今、「物」を創造し、自分のものであると宣言することが新しい意味を持ってきます。

大切な友よ、今、描写したことはおとぎ話のように聞こえるでしょうか。これはおとぎ話ではありません。表現の世界においてあなた方はまさにこのようにして顕現し、創造しているのです。

時として、あなた方は高次元のエネルギーパターンに少しだけアクセスして願望が実現すると、それは奇跡のように思えます。そして、時にはそれがうまくいくけれども、うまくいかないこともあるのはなぜだろうと不思議に思います。ここで、五次元とそこにある宝物に好きなときにはいつでもアクセスできる、絶対失敗しない方法を教えることにしましょう。

私たちは「ピラミッド」とその力についてしばしば話してきました。あなたの魂の家族やその他の星の旅行者たちと一緒になることができるピラミッドを、五次元の世界に建設するお手伝いもしてきました。あなた方がこのピラミッドを愛情に満ちた意図をもって頻繁に訪れ、地球と人類に対して「愛／光」と癒しのエネルギーを送ってくれることを願っています。

ここで「力のピラミッド」をつくるお手伝いをしましょう。静かな時間に、あるいは眠りにつくときに、このピラミッドに入り、癒しと愛の滋養を受け取り、願望するものを創造することもできれば、直面している困難な問題や状況に対する「神聖な解決策」を探求することもできます。

どのような方法でもよいですから、神聖な光のピラミッドを想像してみてください。

心の中で、そのピラミッドが五次元に顕現するように、と言ってください。このピラミッドの頂点には冠石があり、そこには「虹の光線」が渦を巻いていて、この光線の中には私たちの「父にして母なる神」の色・美徳・属性のすべてが含まれています。

あなたのピラミッドの中に入って、あたりを見回してください。壁や床は内なる光を放射しており、十二のクリスタルの椅子がサークル状に並んでいます（必要に応じてこの椅子を増やしても結構です）。中央にクリスタルのテーブルがあり、あなたがその上に横たわると、テーブルはあなたの身体に合わせて変化し完壁にフィットします。

テーブルの真上に素晴らしい透明のクォーツのクリスタルがぶら下がっています。このクリスタルの両端は切子面になっていて先端が細くなって、上の端はピラミッドの冠石を貫いています。

これがあなたのピラミッドの基本的な形ですが、この神聖な寺院を訪れるときに、あなた独自の装飾などを施して、個性のあるものにするとよいでしょう。

あなたのピラミッドの最も効果的な使い方を、いくつか例をあげて説明しましょう。

あなたの人生で、ある人と争っているという状況があるとしましょう。瞑想しながら、あなたの聖なるピラミッドの中に入ってみてください。

クリスタルの椅子の一つに座って、相手の人もクリスタルのテーブルを挟んで反対側の椅子に座っていると想像してみましょう。

その人のハイアーセルフに来てくれるようにと依頼してみてください。そして、その人と話し合いをしてみるのです。しかし、どうぞエゴは遠慮モードにして、あなたの魂をディレクターにしてハートの部分から話をしてください。客観的に事情を説明して、それから状況をクリスタルのテーブルの上に置き、二人のためになる「神聖な解決策」、最善の結果がもたらされるようにと依頼します。

「紫色の変容の炎」がテーブルの下から燃え上がってその状況を包み込み、その思考形態／状況の中にあるエネルギーのバランスと調和をはかるところを想像してみてください。

今度は、クリスタルのテーブルの真上に下がっている大きなクリスタルが輝きはじめて黄金の光が流れ出てくるのを見てください（雷が鳴り、稲妻が走ったときの様子と似ています）。

初め、「稲妻」の光はクリスタルのテーブルとそこに置かれた状況の上に降り注ぎます。それから、広がってピラミッドの内部全体を満たし、あなた方二人もこの光を浴びます。あなた方はこうして「神聖な源」のエネルギーにアクセスし、二人の状況は「創造の宇宙生命エネルギー」を充電したのです。

それから、結果はスピリットの叡知に委ねなければなりません。いうなれば「自動操縦」の状態にしてどこに行くのか、どういう結果になるのかは分からずとも、最善のことがなされるということを信じるのです。

あなたの肉体の器に焦点を合わせたい場合、たとえば、病気とかアンバランスな状態を癒したい場合には、クリスタルのテーブルの上に横になってみましょう。そこであなたの願望を言葉にして言ってみましょう。具体的でも、一般的な「調整」でも結構です。

あなたのハイアーセルフや「ありてある我れ」に宇宙的なファシリテーターになってくれるように依頼し、「紫色の炎」が燃え上がり、あなたを包み込み、それから稲妻の光線が活性化されるプロセスを見守ってくれるように頼んでみてください。このプロセスによって、身体の中に残っているネガティブなエネルギーの解放とライトボディーの建設のプロセスが高まり、かつ、加速されます。

あなた以外の誰かをその人の許可なしにクリスタルのテーブルの上に置いてはいけません。特別な場合には、その人のハイアーセルフの許可を得ればそれも可能です。

何か決定しなければならないことがあるとき、あるいはヴィジョンや願望を確固たるものにしてエネルギーを与えたいとき、「力のピラミッド」の中で時間を過ごしてください。こうすることによって、「普遍的な顕現の法則」を最もダイナミックな形で使うことができ、共同創造の上手なマスターになることができます。

あなたの人生のすべての領域における未来のヴィジョン、すなわち、スピリチュアルな局面、精神的な局面、感情的な局面、肉体的な局面についてのヴィジョンを明確にするために、ピラミッドの中で時間を過ごすとよいでしょう。

願望を顕現するためのガイドラインは以前にもお話ししましたが、あの法則を力のピラミッドの中で活用し、奇跡が次から次へと起こるのを目撃してください。

グループの問題があったとしましょう。たとえば家族内での問題とか、職場での問題などです。その問題に関係している一人ひとりにクリスタルの椅子に座ってもらい、その状況をテーブルの上に置いてください。それぞれの人のハイアーセルフに後ろに立ってもらい、プロセスを見守ってもらいます。クリスタルのテーブルの上に置かれた状況に関して、すべての人にとって最善の結果を想像し、それが起こるようにと依頼します。「神聖な解決策」が生まれるように依頼し、その状況のエネルギーに心の焦点を合わせながら、「紫色の炎」がそれを魔法のように中立化し、「スピリットの稲妻の光」がそれを変容して最高の形にしてくれるのを見てください。

時には一人で「力のピラミッド」に入りたいと思うこともあるかもしれません。時にはこのピラミッドを大きくして、必要なだけたくさんの人に入ってもらっても結構です。大きな問題であれ、小さな問題であれ、最も高次な表現に変容する必要のある状況を入れてみてください。

五次元の「力のピラミッド」にアクセスすることによって、三次元のネガティブで歪んだエネルギーを迂回し、四次元の相克する曖昧なエネルギーを体験せずにすみます。完璧であることだけが可能な聖なる光の精妙な世界で機能する能力を取り戻すべきときです。

愛する友よ、あなた方はソウルセルフを統合し、徐々に超個人的になるなかで多次元的な「神聖な光の存在」になりつつあります。あなた方の多くは太陽系の我れと銀河系の我れをすでに統合し、源の我れにアクセスする道をしっかりと歩んでいます。

愛する人たちよ、これがアセンションです。あなた方が地球と呼ばれるドリームランドに降りてくる途中、道端に置き去りにしてきた聖なる我れの数多くの不可思議な局面を再び我がものとして宣言すること、それがアセンションです。

私たちはあなた方がいかに素晴らしい存在であるかを知っています。畏敬の念を抱かざるを得ないようなあなた方の潜在的可能性が私たちには見えます。大切な人たちよ、私たちの世界に足を踏み入れてください。私たちはあなた方に歓迎の挨拶をするべく待っています。**私はアーキエンジェル・マイケルです。**

――『聖なる探求』（上巻）第14章より抜粋

19 創造のための強力な道具

愛するマスターたちよ、思いつくもの、想像するものを何でも手に入れることができ、何にでもなれると私が言ったらどうしますか?

あなたは魔法の鍵を持っていて、その鍵はこの宇宙の宝物のすべてが入っている部屋のドアを開けることができると私が言ったらどうしますか?

あなたにはいつでも指示通りに動く準備ができているお手伝いさんのチームがいて、あなたが願望するものを何であれ達成するために、あなたからの許可と指示を待っていると私が言ったらどうしますか?

あなたが「神聖な光の存在」としての生得の権利を我がものとして宣言し、新しい世界と新しい銀河系を創造する手伝いをするのを神が待っておられると私が言ったらあなたはどうしますか?

思考パターンと行動を変えることによって、人生の苦痛、怖れ、あがき、欠乏、苦しみをすべて解放できると私が言ったらどうしますか?

あなたがやすらぎと喜びと調和に満ちた世界に優雅に移動できるように私が道を切り拓き、道案内になってあげましょうと言ったらあなたはどうしますか?

あなたはこれを受け入れますか? 同意しますか? それが可能であると信じますか? このことが今、あなた方一人ひとりに贈り物として差し出されているのです。しかし、一歩踏み出して意図を宣言する決断は、あなたが下さなければなりません。

あなたには、完全な意識を持った状態に至るドアを開けて入る気持ちがありますか？古い世界をあとにして、すべてのことが可能である新しい創造の空間へと入っていく覚悟がありますか？怖れるべきものは何もありません。なぜなら、私が話している世界は五次元の世界であり、物質的な表現として誕生するのを待っている考えや思考形態に満ち充ちている世界だからです。

あなたには必要な知識がすべてであり、脳構造内に貯蔵されている内なる叡知にアクセスすることをあなたは学んでいるところです。ますます多くの人たちが、これまであなた方を三次元の幻想の中にはまらせ動きを奪ってきた時代遅れで制限的な記憶の核を解放しています。過去の枠組みや制限を手放して、未知の未来へと足を踏み入れる気持ちがあるならば、今、その決断をしなければなりません。

五次元に「力のピラミッド」をつくるための情報と、豊かさを象徴する箱のつくり方の情報も差し上げます。顕現の箱は目に見える道具で、これによって五次元のエネルギーと要素を持ってくることができます。新しい「高次元の現実」という概念がどのように働くのかについてのガイドライン、実例、あるいは実際に顕現して見せることが必要であると私たちは理解しています。この贈り物を最も適切にして効果的なやり方で使うにはどうすればよいか、さらに詳しく説明したいと思います。

あなたの願望、すなわち、人生において顕現したいと願っていることを固定化するという法則を皆さんはすでに理解しています（顕現したいことを詳しく書きとめ、ポジティブな感情的な燃料を与え、あなたの願望をすべての存在にとっての最善のためにハイアーセルフの願望と波長を合わせ、それから、そのヴィジョンを実現するために必要な行動をとる）。このプロセスにさらに磨きをかけ、理解を次のレベルへと上げることにしましょう。

あなたが求めているのは本当のところは「物」ではなく、やすらぎ、喜び、調和を結果としてもたらしてくれる資質であり、美徳であり、属性であるということを自覚してください。

美しい家があり、物質的にはあらゆる贅沢がゆるされ、権力のある地位に就いていて様々な特権と巨額の収入があっても、不幸で満たされないと感じることはあり得るのです。そういうわけですから、具体的な「物」に対する願望をすべて表わしたあとに、どのような質の人生を達成しようとしているのかを明確にすることも重要です。

あなたの物質的な必要性をすべて満たしてくれる快適で広々とした家、そして、安全であると感じ、静けさと喜びを感じさせてくれる環境をあなたは望むかもしれません。あなたが必要としているもの、願望しているもののすべてが自分でそれに気づく前に実現するように、また、ありとあらゆる良いことが、神の祝福が絶えることなく流れ込んでくるようにと依頼してもよいでしょう。

ソウルメイトや特定の人間関係に心の焦点を合わせる代わりに、喜びと愛情に満ちた友達や家族、あなたをいつでもサポートしてくれる友達や家族に囲まれている自分を想像してみてください。そうすれば、愛情いっぱいのメイトが適切なときにあなたの前に姿を現わすことでしょう。

愛する人よ、スピリットは永続的で充実した親密な関係を持つ準備があなたにできたとき、それを理解してくれます。このプロセスを焦ることはありません。最高の選択以外で妥協しないことです。

自分を愛することに心を集中し、愛を他の人たちと分かち合うことに心の焦点を合わせてください。そうすれば、あなたの人間関係はさらに豊かなものとなり、満足のいくものとなるでしょう。

病気に心の焦点を合わせず、健康になるために努力してください。あなたの敏感な身体が適切なときに変化し変容することをゆるしてあげてください。あなたの今の身体は数年でそうなったのではありません。数回の人生でそうなったのでもないのです。

あなた方の多くは身体を完璧なものにしようと努力するなかで、身体の苦しみを味わっています。これは何度も言ったことですが、あなたがいま住んでいる肉体という器はあなたが選んだものです。ですから、それを自分のものであると宣言し、大切にしてあげてください。そうすれば、あなたの身体は変容が加速している今というときに、あなたのために奉仕してくれるでしょう。

顕現の箱の中に、あなたが人生において達成したい考え、属性、感情、「あり方」を入れてください。そして、スピリットが正しい方法で、適切なときに良いことをすべて顕現するのに任せるのです。

単純が肝心です。人生のそれぞれの領域について具体的に書きとめたあとで〈身体、精神、感情、霊性、経済、キャリア、創造性、人間関係、社会性〉、次の言葉を言ってみましょう。

「私は愛されていると感じ、喜びを感じ、やすらぎを感じ、豊かさを感じ、役に立っていると感じ、エネルギーに満ちていると感じ、健康であると感じ、〈ありてある我れ〉と完璧に調和がとれていると感じるために、今このときに、そしてまた、未来において必要なもののすべてを、私自身に引きつけ、私の体内を通して宇宙に放ちます」

両手を手のひらを上にして前に差し出し、何百万というきらきらと輝くダイヤモンド・クリスタルのピラミッドが手のひらを満たして溢れるのを見てください。これらのダイヤモンドはあなたを囲み、あなたの内部からすべての人たちによって分かち合われるべく外に向かって放射されていきます。

創造の未顕現の宇宙エネルギーがあなたに引き寄せられ、あなたが願望する創造の数多くの局面へと形づくられていくのを見てください。

愛する人たちよ、あなた方は異次元間のドアを通って次のレベルの存在に移行するときが来るまで、長く実りある人生を生き、健康と活力を享受することになっていたのです。

神の心においてはあなた方は完璧であり、いかなる形であれ病気や不快感を体験するというのは壮大な計画にはなかったことです。あなた方を悩ませたり、罪の意識を感じさせるのは私たちの意図するところではありません。あなた方が本来の素晴らしさを自分のものと宣言して我がものにするための知識と道具を差し出しているのです。それによって、あなた方が地球での小旅行を本来の形で体験できるようにと願っているからです。

聖杯に入った「愛／光」が、そして創造の祝福が人類と地上に注がれるときが来ました。あなたのハートと内面にある聖杯が溢れるほどに満たされるように準備してもらえますか？　はるか彼方の数多くの場所からスターシードが共通の目的を持って集まるときです。

愛する人たちよ、決断のときです。奇跡のドアを開いて足を踏み入れませんか。私たちは反対側であなた方を待っています。私たちは常に傍らにいて、あなたを導き、守り、サポートしていることを知ってください。あなたは限りなく愛されています。**私はアーキエンジェル・マイケルです。**

——『聖なる探求』（上巻）第17章より抜粋

20 ロナからのメッセージ

アーキエンジェル・マイケルから五次元の「光／力のピラミッド」という素晴らしい贈り物をもらい、「顕現の箱」を使いはじめてから、様々な奇跡が起こり、何から話したらよいのか分からないほどです。世界中の人たちが体験している数多くの奇跡について、そして、このプロセスをわくわくしながら使っているという話を分かち合ってくれます。

いつもそうなのですが、アーキエンジェル・マイケルは彼の教えをまず私に体験させ、教えがうまく働くことを確認させ、それからその教えを皆さんに提示します。私は五次元のピラミッドのプロセスを何年も使っていますが、このプロセスは一つの例外もなく結果を生み出してくれました。

このプロセスをカセットテープに吹き込んで売り出してから一千本ほど売れましたが、世界中の人びとからこのプロセスによって数多くの奇跡が起きている話を聞いています。このテープでは、「マスターとして一日を生きるためのガイドライン」、「顕現の普遍的な法則」、五次元に「光／力のピラミッド」をつくる方法などが説明されています。このプロセスを使ってどういうことを達成することができるのか、私の体験を分かち合いたいと思います。

二〇〇一年の一月、私はアメリカ合衆国、カナダにおける『光の翼』の著作権を奇跡的に取り戻すことができました。この願望を顕現の箱に入れて、結果はスピリットに委ねたのです。通常、著作権を出版社に与えれば、それを取り戻すことは非常に困難です。私の親愛なる友であるアーロンが見事にこれを達成してくれました（彼は『黄金の約束』の装丁をしてくれた人です）。

多少の訂正を加えたあとに（メッセージについては訂正はしていません）、カバーのデザインを変更して、ファイルを印刷所に送り、四カ月後には『光の翼』の新版、二千五百冊が私の手元に届きました。普通、本を編集し発行するまでには一年はみなければなりません。

二年ほど前、三部作、『Once Upon a New World』（はるか昔の世界で）の出版についてヨーロッパのあるグループと契約を交わしました。「オンデマンド」という新しい出版形態で、読者の要望に応じて一冊であれ百冊であれ印刷するというやり方です。彼らの努力にもかかわらず、これはうまくいきませんでした。彼らはアメリカ合衆国でもマーケットの開拓を試みたのですがうまくいきませんでした。手短に言えば、私は契約した人と話し合い、彼は『Once Upon a New World』に関する著作権をすべて私に返却することに同意してくれました。

折りも折り、私は五月の末にシカゴで行われる「ブック・エクスポ」にこの三部作を展示しようと考えていました。この本は主流になるべきだと私は思っています。そのためには大きな出版社が最適です。「ブック・エクスポ」はメジャーな出版社の関係者と出会う機会の場であり、その場で契約を提示され話がまとまることも多いのです。すべてのことが、このように「優雅にやすやすと」進んでいくことに我れながら驚いています。

当時、『黄金の約束』の二千冊が私の家のガレージに置いてありました。『光の翼』が二千五百冊、トラックで到着することになっていましたが、この状態では置くところがありません。そこで倉庫を借りることにしました。いろいろなところに電話をしましたが、価格にも相当な幅があって、最終的には一カ月三〇ドル、保証金必要なしという会社を見つけました。

倉庫の鍵をもらうために会社に行くと、オフィスの女性に私が望んでいるサイズの倉庫は二カ所しかないと言われました。場所を確認するために地図を見ていると「111」という数字が目に飛び込んできました。その場所を見たいと言いましたが、そこはリーノの中でも経済的に落ち込んでいる地域で犯罪率も高い場所です。行ってみると、ゲートがありましたが、開いたままで、しっかりした警備がなされているようには見えません。これはちょっとまずいかなと疑念が出てきたとき、アーキエンジェル・マイケルの声が聞こえました。「心配することはありません。私たちの本は守られますよ」

車に戻ると、ダッシュボードのデジタル時計は1:11を指していました。駐車場から通りへと車を出して前の車を見ると、ナンバープレートには「111」とあります。「オーケー、分かりました。ありがとう！」と笑いながら私は言ったものです。言うまでもないことですが、私はこの会社と契約し、私たちの本はガードの天使さんたちに守られていることを知っているので安心しています。

一人の友達は次のような手紙をくれました。「〈力のピラミッド〉の贈り物のことで、あなたとアーキエンジェル・マイケルにとても感謝しています。このピラミッドに毎日行くようになってから五日たちましたが、この五日間は私の人生で最も素晴らしい五日間でした」

また次のような手紙をくれた人もいます。「五次元の力の〈ピラミッド〉を使って起きた素晴らしい体験談をすでにたくさん聞いていることと思います。詳しいことは書きませんが、これまでに三回使ったのですが、三回とも、結果がたちどころに現われました。私はこれまで様々な源から様々な道具をいただいてきましたが、私に言わせれば、これは最も効果的な方法だと思います。スピリットがこのプロセスを説明しているテープに私を導いてくれたことに感謝しています。あなたとアーキエンジェル・マイケルに感謝します」

もっとたくさんの話がありますが、これだけでも感じはつかんでいただけると思います。毎日、素晴らしい奇跡が起こっています。私は今、天使の友達であるセラシアと新しい本のプロジェクトに取り組んでいますが、これも奇跡です。これまで長いあいだ学んできたことの成果が本当に見えはじめているのですね。私たちに見えるヴィジョンがますます明確になっています。

それではグループの「光／力のピラミッド」でお会いしましょう。愛と祝福と喜びいっぱいの創造があなたにありますように。

ロナ

――『聖なる探求』（上巻）第15章より抜粋

21 いろいろな教えについてのロナの雑感

私たちは創造のアルファ局面とオメガ局面に向かって準備をさせられている最中です。アルファ／オメガのプロセスによって、より広大なオーバーソウルとしての自分とのつながりを創出し、再統合のプロセスを開始することができます。私たちのバランスと調和が完成し、アルファマスターとして機能するようになったときに、このエネルギーが活性化されます。

〈チャクラとバランス・調和のエネルギー〉
第一チャクラ――生命への情熱／直感／地球との一体感。
第二チャクラ――スピリットによってインスピレーションを与えられた願望とプラニック・センター（神聖な呼吸）。
第三チャクラ――地上のパワー・センター。
第四チャクラ――ソーラー・パワー・センター／上部チャクラへの懸け橋。
第五チャクラ――力の柱／遠距離通信。
第六チャクラ――焦点／心の目／思考の投影機。
第七チャクラ――光の冠／神性とのつながり。

〈チャクラと呼応する腺〉
第一チャクラ・ルート／脊髄の基底部——副腎。
第二チャクラ・仙骨センター——生殖腺／性器。
第三チャクラ・太陽神経叢——膵臓。
第四チャクラ・ハート——胸腺。
第五チャクラ・スロート（喉）——甲状腺／副甲状腺。
第六チャクラ・第三の目——下垂体。
第七チャクラ・クラウン／頭——松果体。

＊ 態度と意図がすべてです。純粋な願望は純粋な創造をもたらし、焦点の対象により多くのエネルギーを与え、それと同じエネルギーを自分に引きつけます。人間はエネルギーを放射すると同時に、エネルギーを磁力で引きつける存在です。最初に覚醒があり、続いて自覚、実感、同化、活性化、顕現が訪れます。

＊ 私たちは新しい高次元の周波数をシャワーのように浴びています。ハイアーセルフからシンボルや神聖な幾何学模様の形で非言語情報を受け取っています。同時に、脳構造を通してダウンロードする必要のある情報も受け取っています。

＊ きれいな受容器になって光を入れ、それから外に流れていくようにすることが大切です。私たちが自分自身を宇宙の創造主の光で満たすと、それと同じ波動でない古いエネルギーをすべて浄化して解放するプロセスを体験することになります。

＊ 今のあなたは、過去においてあなたが考えたこと、行動したことそのものです。未来のあなたは、あなたが今どのように考え、どのように行動するかによって決定されます。

＊ 心を空にしながら、同時に油断のない状態を保つと、心の中から混乱状態を取り除くことができます。立ち止まって今、何を考えているかをチェックしてください。ポジティブな考えでなかったら変えてください。

＊ 足を一歩踏み出して、新しいあなたを抱擁する気持ちを持つことが大切です。あなたは瞬間ごとに変貌を遂げていて、これからはさらに加速して変貌を遂げていくでしょう。もはや役に立たなくなったものは潔く手放し、勇気をもって手を差し出して、目の前の新しい贈り物を抱擁するのです。癒し／再活性は自然なプロセスですが、私たちの身体のエレメンタルやハイアーセルフの声に耳を傾けるようになると、それは自然に行われるようになり、かつ、加速されます。

＊ DNAの複数の束の周囲を覆っていた光の膜が溶解すると、細胞は再修正され、新しいレベルのコアセルフ（核としての我れ）が誕生し、それはやがて肉体の器においても顕現し、肉体の進化のプロセスが加速されることになります。私たちは多次元的な存在になりつつありますが、それと波長が同一の新しいエネルギーのサインを創造しているところなのです。

＊ 私たちは地図のない未知の領域に足を踏み入れているところです。私たちがいま体験していることについては、地図もなければガイドラインもありません。私たちは、より大きな現実の中に足を踏み入れつつあります。新しい、より密度の濃い螺旋《らせん》状の進化の階段を上りつつあるのです。この進化の過程には、より高い波動のエネルギーの帯があります。別な言葉で言えば、より高度なコードと光の幾何学模様を含む一連の相互に関連した螺旋と円弧が含まれています。私たちは新しい現実

を紡ぎ出しつつあるのですが、この新しい現実においては、二元性は創造主のバランスのとれた両極であると同時に、補足し合っている両極でもあります。

＊

私たちはメタノーマルになりつつあります。メタノーマルとは意識・能力・自覚において拡大していることを意味します。大いなる可能性がアクセスされ、顕現され、完璧なものとなるのを待っています。あらゆる原子の核は純粋なスピリットのエネルギーであり、無限の形で顕現するときを待っているのです。進化はただ起こるものではありません。進化のプロセスとは変化そのものです。古いやり方を手放して、新しいやり方に道を開くことですから、進化のプロセスは誰にとっても挑戦であり、崖っぷちに立たされる体験です。ストレスをコントロールすることこそ、あなたが今いる温室から抜け出して、未知の世界に足を踏み入れる重要な一歩になります。

＊

身体が新しい宝石のような意識とクリスタルの光の周波数で満たされるにつれて、私たちはカルマの低次元の波動パターンから徐々に解放され、神聖な恩寵の状態へと移行していきます。集合的な意識の進歩と呼ばれる現象があります。それは、私たちが上昇すれば、地球と人類のすべてもまた上昇するという現象です。

＊

私たちにはすべての体験を個人的なものとする習慣があります。起こることは必ずしも「私たちと直接関係している」とは限らないということを理解する必要があります。高い展望からより大きな全体像を見ることを学ばなければなりません。

＊

進化の螺旋を昇っていくとき、高次元の周波数への新しいドアの通過を体験することになります。それから、そのレベルの波動を吸収・統合・放射することを学び、それができて初めて次のレベルに移動できます。それは、スピリチュアルな成長／悟りの終わりのないプロセスです。

22 スピリットを体現する

量子物理学によれば、物質とエネルギーは互換性があるということです。私たちは感情体（ハート）や精神体においてだけ生きることはできません。スピリットは身体全体の中に住むべきもので、ハートや頭（知性）の中にだけ住むべきものではありません。深呼吸やスムーズな流れの運動をすると、スピリットが身体全体に浸透するのに役立ちます。全身呼吸はスピリットが肉体の器の中に入り、そこに居を構えることをゆるす秘訣の一つです。

スピリットは、あらゆる苦痛や苦しみの根源的な理由であるネガティブで怖れに基づいたエネルギーが詰まっている肉体には宿ることができません。

そろそろ、「スピリットの感情」だけでなく、「スピリットの科学」を自覚して然るべきです。たいていの宗教はスピリットの感情に基礎を置き、その結果、罪の意識、恥、低い自尊心、自分の運命に対する無力感といった怖れに基づいて反応することになってしまいます。

23 スピリットの三位一体——意識の三位一体の瞑想

意識をハートセンターに集中してください。心の目で美しい寺院を想像しながら、深呼吸をしてみましょう。燃え立つような七色の光を放つ黄金のドアを入っていくあなたを想像してください。この部屋の中心にある玉座に、一人の荘厳な存在が座っています。この美しい存在から物凄いばかりの量の愛のエネルギーが放たれているため、あなたはほとんど圧倒されてしまいます。

あなたはゆっくりと歩いて前進し、この素晴らしい存在の前に立ち、彼/彼女の輝く目に見入ります。そして、これはあなたのソウルセルフであることを悟ります。あなたは、あなたの魂と抱擁します。あなたとあなたの魂は融合して、創造主の統合された一つの「神聖な側面」となり、暖かい愛の思いが波のように湧きあがってくるのを感じます。その愛の波が身体の最も深いところまで貫通するのが感じられます。あなたのハートセンターはこの素晴らしい贈り物を内包しようとして拡大し、愛情がいっぱいになったあまり破裂して開きます。

振り返ると、もう一人の栄光に満ちた光の存在が部屋に入ってきて、あなたの方に近づいてくるのが見えます。これはさらに偉大なる存在です。この美しい存在は、あなたの超意識ないしはハイアーセルフであることに気がつきます。この存在はあなたに向かって前進を続け、優しくあなたおよびあなたの魂と融合します。あなたの潜在意識を美しい子どもとして見てください。そして、顕在意識は燃え立つような黄金と緑色のエネルギーから成る両性具有の存在であるとして見てください。

あなたは両手を差しのべ、あなた自身のこれらの側面と完璧な調和の中で融合しながら、意識の三位一体を形づくります。それぞれが自分自身の意識を持っている身体の細胞のすべてが、ハートセンターの寺院の中であなたと一緒になり、燃え立つような光の中で飛び出してくるのを見てください。さらに大きくなった統合の意識の中へと拡大しながら、同時にあなたのDNA構造の小宇宙の奥深くへと移動して、強力なエネルギーと喜びを感じてください。

あなたの目の前に雄大で荘厳な十二本から成るヘリックス（束）が、螺旋《らせん》状に延びています。あなたはこの素晴らしい建築物に足を踏み入れ、地球の真ん中へと降りはじめます。そこにある美しいクリスタルのピラミッドの中に、美しく輝く女性が立っています。「母なる地球」の本質です。

あなたは片手を差しのべ、彼女はその手を取ります。感謝の思い、一体感、愛のエネルギーがあなたの身体から流れ出ます。あなた方は螺旋状のヘリックスを非常なスピードで上昇し、窮屈な肉体をあとに残して高次元の世界へと飛翔します。あなたは栄光に満ちた光と色の光線となって拡大し、移動し、回転しながら銀河系に飛び出し、グレート・セントラル・サンの中へと入っていきます。

想像もつかないような様々な色のオーロラを放っている、栄光に満ちた一条の光が見えます。様々な音が漣《さざなみ》のようにあなたを包み込み、美しい音楽が聞こえます。あなたはこの新しい世界を見回し、大いなる喜びの中でそれと気づき、あなたの父にして母なる神に両手を差し出します。それは、この宇宙の創造主です。あなたの存在のすべての部分が、甘美にして圧倒的な愛で拡大され大きく膨らみ、その愛はあなたの存在全体を貫いて反響します。

再び、あなたは三位一体を形成したのです。そして、これらの素晴らしくも不可思議な存在たちは、あなたのハートの寺院であなたと一緒になり、そこにあなたへの遺産を置いていきます。愛、喜び、豊かさ、調和の贈り物です。あなたは永遠の変化を遂げたことを自覚しています。あなたは、あなたの「根源」と再びつながり、それを地球の核の奥深くに固定し、アーチ状の虹の橋をつくったのです。この虹の橋はやがて時が至れば、あなたを星々の間にあるあなたの家へと連れ帰ってくれることでしょう。

あなたは数多くの次元を通ってゆっくりと下降を始めます。すると、何百万という小さなダイヤモンド・クリスタルに満ち充ちた黄金の光が見え、あなたはこの光に包まれます。これは創造主からのもう一つの贈り物です。この黄金の液体状の光があなたのオーリックフィールドを包み込み、ゆっくりと身体に染み込んできて、あなたの存在の核心にまで到達するのを見てください。肉体的な意識へと戻っている自分を感知してください。そして、あなたの「神聖な我れ」のあらゆる部分と深遠な絆を結んだことを知ってください。

内面に旅をしようと、外部に旅をしようと、あなたは愛とサポートと叡知と滋養を見出すことでしょ

う。この瞬間から、あなたはマスターの意識と叡知を持った、神聖なエネルギーのすべてを体現した存在です。創造の贈り物のすべてが永久にあなたのものです。それを自分のものとして宣言する、それだけでよいのです。

神の恩寵と愛によって、かくのごとくあるべし、そして、かくあるなり。

もう一度、あなたの顕在意識にゆっくりと心を集中してください。深呼吸をして、身体に完全に戻っている自分を確かめてみてください。エネルギーの波が体内に流れ、驚異と活力と生命の躍動感があなたの意識の中にもたらされるのを感じてください。深呼吸をして、準備ができたと感じたら目を開けてください。

24 顕現の箱

力、やすらぎ、豊かさ、忍耐、情熱
それを孕む
それを信じる
それを取り戻す

エネルギーの磁場の調和とバランスをとり、統合の意識に移行すると、「神聖な意思と力」の第一光線という贈り物が差し出されます。この不可思議なる贈り物をすべての存在にとっての最善のために使うならば、私たちが顕現できるものに限界はありません。最初に、創造のあらゆる美と豊かさに対する権利を我がものであると宣言しなければなりません。それから、他の人びとと分かち合うのです。私たちはお手本となって、豊かさ、喜び、愛、やすらぎ、調和は、スピリチュアルな遺産の不可欠の部分であることを示さなければなりません。

物質世界／太陽系レベルのチャクラと光線のバランスをとり統合することによって、十二の銀河光線への入り口が私たちにも開かれることになります。それには、五次元およびそれ以上の次元の未顕現の可能性の美徳や属性も含まれます。五次元の「光／力のピラミッド」の中で兄弟姉妹である平和の戦士たちと一緒になることによって、愛、やすらぎ、豊かさ、喜びに満ちた共存に基づいた、勇敢で新しい世界を創造するための神聖な可能性にアクセスすることができます。私たちの内部に眠っているエネルギーに点火するためには、潜在意識から自己を制限する古い思考形態を除去しなければなりません。儀式や視覚化のプロセスによってこれを行うことができますが、また、意識を合わせて意図することによって、それぞれが助け合って豊かさの種を蒔くことによって達成することができます。

豊かさと創造性の銀河系の門を開く

顕現の箱を作る

あなたが抱いている豊かさへの願望を表現する箱を買うか、自分で作ってください。金紙を箱の表面や裏面に貼るのもよいでしょう。色の着いた石や羽根で表面を覆ってもよいでしょう。とにかく、あなたの目に好ましく見えるもの、あなたの個性に合った箱を作ってみましょう。あなたが顕現したいと思うことの要約を書いて箱の中に入れます。あなたが願望するものを得るためには、願望するものになり、その実現に必要なことを実行する必要があります。

お金は豊かさの一つの形です。お金は、あることを達成し創造するために費やされたエネルギーと時間を表わしています。大いなる満足をもたらしてくれる豊かさの形には、お金以外にも数多くあります。お金は豊かさと幸せを達成するための手段に過ぎないと考えてみてください。お金はあなたが望むこと、繁栄、やすらぎ、喜び、意味のある生き方などを達成することを可能にしてくれるものです。

赤ペンを使って、「豊かになる意図の宣言文」を書いて見ましょう。

あなたにとっての重要な目的

「あなたはこの人生で何を達成したいのですか?」

六カ月以内に達成したいと思う三つの目標を詳しく書いてください。今後一年以内に達成したいことを三つ以上詳しく書いてください。

それらの目標を重要な順に書き並べます。一番重要な目標、二番目に重要な目標というように優先順位をつけます。

この宣言文を書いたならば、**手をルートチャクラの上に置いて「私はそれを孕む」**。**手を第三の目の上に置いて「私はそれを信じる」**。**手をハートの上に置いて「私はそれを取り戻す」と言ってください。**

あなたのヴィジョン

オレンジ色のペンを使って、これらの目標をどのように達成するか、そのステップを書いてみましょう。別な紙の上に、青色のペン、あるいは紫色のペンを使って、あなたが使命を達成することを妨げていると感じている事柄を書いてみましょう。あるいは、あなたがヴィジョンを創造することを妨げていると感じるものを書き出してみます。

あなたがなりたいと思っているものになるために解放しなければならない旧式の考えの要点を書いてみてください。それが終わったら、次の言葉を声に出して言ってください。「私は、もはや役立たなくなったこれらの考えを、〈光／力のピラミッド〉の中に置いて、純粋で中立的な光の物質に変容させます」。それから紙を破って捨ててください。そして、次の言葉を唱えます。**「それは達成されました。それは実現しました」**

顕現の箱に種を蒔く

あなたが作った顕現の箱の中にクリスタル、あるいは何であれ、あなたが大切にしているものを入れてください。お金も入れるとよいでしょう。金額はいくらでもＯＫです。数日の間、この中に入れておいたお金を取り出して、あなたに喜びを与えてくれる何かのために使ってください。豊かさの贈り物に感謝しながら使ってください。何か他愛のないことをして、最大限に楽しんでみてください。豊かさを象徴するような贈り物を思いがけなく頂いたときには、それを数日間、顕現の箱の中に入れておいてから使うとよいでしょう。

「種となるお金」を誰かにプレゼントして、顕現の箱の作り方を教えてあげてください。そのお金は喜びを与えてくれる何かのために使うように約束してもらってください。五次元の「光／力のピラミッド」と顕現の箱という贈り物を、他の人たちと分かち合ってください。

25 豊かさと繁栄について

覚醒の道に歩み入る人たちの意識の最も深いところに埋め込まれている思考形態の一つは、欠乏／不足／豊かさと聖なる我れへの奉仕です。多くの人たちは、スピリチュアルな運命を実現し、仲間である同胞と調和を保ちやすらかに生きようと努力しているのに、なぜ自分はいまだに貧しい生活に追われているのだろうと思っています。

私たちが共同創造のマスターとなって、この人生において苦痛、苦しみ、不足、欠乏を顕現する代わりに、美、愛、喜び、調和、豊かさを顕現するために、意識の最も深いレベルで克服し除去しなければならない根強い考え方があります。

1　他の人に対する奉仕と自分自身に対する奉仕にはバランスが必要です。他の人たちを尊重する前に自分自身を尊重しなければなりません。自分を愛することができて初めて他の人たちを愛することができます。他の人たちが私たちを尊重し尊敬するようになるためには、私たちが「創造して」他の人たちと分かち合う事柄に価値を置かなければなりません。そうしなければ、私たちが創造することには何の価値もないと他の人たちは信じはじめることでしょう。いかなるものであれ、他の人に大切であると思われ価値があると見なされるためには、まず私たち自身がそれを大切であると思わなければなりません。

すべてのことに関して「エネルギーの交換」がなければなりません。それは宇宙の法則です。お金は一つの象徴であり（交換するための手段）、あるものないしはあることのために費やされた時間とエネルギーを表わしています。

2　どのようなレベルにおいてであれ、願望することの顕現について学ぶとき、自分が創造するものを自らのものであると宣言し、それに対して責任を持たなければなりません。

3　私たちが人間として生きるうえで体験する最も重要な問題と教訓は、両極性と二元性の世界において、あらゆることのバランスをどのようにして実現するかということです。他の人に対する奉仕は良いことであり正しいことですが、自分自身に対する奉仕は悪いことであり間違っているという概念を超越し、変えなければなりません。自分自身に対する奉仕と他の人たちに対する奉仕を同じものとして見なして、バランスを保つ必要があります。マスターとしての自分を確立するためにはそうしなければなりません。

昔の宗教で教えられていた殉教と自己犠牲の時代は終わりました。自己の尊厳を我がものとして宣言し、自己にとって最善のあり方を実現し、そうすることによって、ポジティブで喜びがいっぱいの成功者として他者へのお手本になる、今はそういう時代です。自分の力を他の人に委ね、自分自身の生活において顕現の宇宙法則を活用できていなかったとしたら、マスターであるなどと信じさせることがどうしてできるでしょうか。私たちは、「自分の言葉を生き」「自分のヴィジョンを飛翔」しなければなりません。

4　「スピリチュアルなことであるなら、無料で提供されるべきだ」という言葉をよく耳にします。他の人たちにとって価値のあることを学び、創造するためにどれほどの努力を払ったとしても、それは他の人に無料で分配されるべきだと感じている人たちがいます。自分が行っている仕事を大切に思わなければ、その仕事が他の人たちに対して持つ価値を減殺することになり、多くの場合、まったく価値のないものとして扱われることになります。何でも無料で手に入れようとする人は、たいていの場合、自分の人生で豊かさを顕現することが難しい人たちです。私たちが提供するサービスや製品と引き換えに何らかのエネルギーの交換を要求しなければ、そのような考え方を強化することになります。

5　スピリチュアルな覚醒を探求する多くの人は、スピリチュアルであるためには物質的な性質の事柄をあきらめなければならないと信じています。宇宙も協力してそのような人たちから物質的な豊かさを断ち切ります。すべてのものには価値があります。それに対して何らかの形で払う必要があります。お金であれ、物であれ、何らかのエネルギーの交換がなければなりません。唯一、無料のものとは「無」ないしは「無いもの」です。無いものとは存在しないもののことです。高次元の世界ではいかなるものといえども、無料で与えられることは決してありません。なぜなら、そうすればそのものを「無いもの」のレベルに貶《おとし》めることになり、その結果、そのものが現在の形で存在する権利を破壊してしまうからです。破壊されたものは宇宙の源ないしは未顕現の原初の生命力物質に戻ることになります。

6　この不均衡な信念体系に固執し、スピリチュアルな知識や仕事は無料で、あるいはエネルギーの交換なしに与えられるべきであると信じたとします。そうすれば、宇宙はエネルギー（お金／サービス／品物）が私たちのところにやって来ることを妨げ、私たちが現在信じている価値体系にとどまるように、私たちをサポートするしかありません。この宇宙は、人間が値すると信じているものしか与えることはできないという法則によって支配されているのです。

7　あらゆるものの宇宙の源に依存することによってお金／豊かさ／繁栄を顕現するようになったとき、私たちは「神聖な生得の権利」を我がものであると宣言しているのです。必要なものをいただき、豊かさが自然に流入し、また自然に流れ出ていくことをゆるすようになると、必要としているものや願っていることが、それが何であるか自分でも知らないうちに実現するようになります。

8　慈善の心を持つことは確かに大切です。力づけることは大切ですが、施しはすべきではありません。施しは貧困の意識をサポートするに過ぎません。私は、自由に提供しているメッセージや物は、意識の目覚めを探求している人たちへの「種の贈り物」であると考えています。その結果として感謝されたならば、それはもう十分過ぎる報酬です。慈善の心を持っていつ与えるべきかについては、あなた自身の判断力を使い、内なる導きを求める必要があります。私はハートの導きに従うようにしています。いかなる見返えりをも期待することなく喜びをもって自由に与えることができるとき、それは適切な行為であると私にも分かります。しかし、疑いやためらいや恨みの気持ちが少しでもあればそれは適切ではありません。

9　思い出してください。私たちが求めているのは単なる「物」ではなく、「存在のあり方」なのです。

私たちが求めているのは愛であり、慰めであり、喜びであり、心のやすらぎです。優雅にやすやすと展開する人生です。私たちはそれぞれユニークな存在ですから、これらの条件を満たすために何が必要と考えるか、それは人によって異なるでしょう。

愛とたくさんの祝福をあなたに。

ロナ

26 豊かさのための確言

＊ 宇宙から供給されるものに限界はありません。美と豊かさのすべては私の「神聖な生得の権利」です。
＊ 創造主こそ私の豊かさの供給源です。
＊ 私――は、私の神聖な権利であり、自然なあり方として豊かであることを受け入れます。
＊ 宇宙の豊かな富が私を通して今、流れています。
＊ 宇宙の豊かなる善が今、私を通して顕現することをゆるします。私の心、感情、肉体、かかわる事柄において顕現することをゆるします。
＊ 私は豊かさを手の上に軽やかに持ち、自由に他の人たちへと流れていくことをゆるします。こうすることによって、すべての良い事柄が終わることなく豊かに流れていくことを保証します。
＊ 私は豊かさに値する人です。したがって、財政的な機会はすべて私に開かれています。
＊ あらゆる形の豊かさが、神に導かれた完璧な方法でやすやすと私のところに流れてきます。
＊ 私は私の豊かさのすべての源とチャネルを祝福します。
＊ 私は宇宙の豊かさそのものです。
＊ 私は限りなく豊かです。
＊ 父にして母なる神よ、私が享受する豊かさに感謝します。
＊ 私は人生におけるすべての奇跡と豊かさに感謝します。

確言についてのヒント

1　確言を唱える前に一度か二度、リズムをつくりながら深呼吸をします。

2　確言を朝と夜の二度唱えるとよいでしょう。できれば、それ以上だとなおよいでしょう。好きな確言を暗記すれば、疑念やネガティブな思いが湧いてきたときにすぐ唱えることができます。

3　自分は豊かな人である、健康な人である、幸せな人である、価値のある人である、と考えます。そのような自分のイメージを描きます。

4　豊かさを象徴する贈り物であれば、どんなに小さなことに対しても感謝しましょう。感謝の態度を維持します。スピリットの導きに従って、与えられた祝福を他の人たちと分かち合います。

5　豊かさとはお金や「物」以上であることを理解しましょう。豊かな愛、豊かな喜び、溢れる健康、豊かな創造を自分のものであると宣言してください。あなたを待っている数多くのスピリチュアルな贈り物を自分のものであると宣言してください。

PART

Ⅲ

身体の科学

27 電磁波エネルギーの磁場としての身体

身体科学とは人間の筋肉運動についての科学です。この科学は身体の反射神経が心に優先することを認めています。ハイアーセルフとつながるために、潜在意識や顕在意識を迂回するのに振り子や筋肉テストがよく使われます。古い信念体系を除去し、成功を妨げている隠れた思考体系を発見して取り除くのに役立ちます。ライトボディーの活性化を開始する（スピリチュアルなボディービルディングをする）とき、四つの低次元の身体（肉体・精神体・感情体・エーテル体）を構成している低いレベルの意識の変容を開始しなければなりません。

私たちの身体のエレメンタルと再びつながる必要があります。身体のエレメンタルは、私たちが肉体という器を顕現する手伝いをするために私たちに配備されたのです。身体のエレメンタルは私たちの願望、思い、指示のすべてに従うようにと命令されていました。最初は素晴らしいパートナーシップがありました。というのは、私たちは「神聖な我れ」と一体でしたから、完璧な物しかヴィジョンを持つことができなかったからです。しかし、私たちは徐々に怖れ、自己疑念、憤り、劣等感、肉体の器との愛憎関係の中に落ち込んでいきました。身体のエレメンタルはそれでも私たちの思いや指示にすべて従っていましたが、ついに嫌気がさして反抗するようになりました。友人やヘルパーである代わりに、私たちの敵になってしまったのです。私たちが投影する命令に今でも従いはしますが、私たちが長年にわたって伝えてきた思考形態や指示を変えようとしても、必ずしも協力的ではなくなってしまいました。

そういうわけで、今というときは私たちの身体や身体のエレメンタルと友達になって、彼らの声に耳を傾けるべきときです。私たちの存在における極めて重要な肉体という側面を承認し、彼らの助力を求めるべきときです。深いレベルの瞑想をして、肉体や身体のエレメンタルの知性とつながりアクセスし、身体の筋肉の反射神経のフィードバックを活用することによって、本来の状態に戻り進歩を測定することができるようになるでしょう。

私たちは地球に肉体を持って誕生して以来、最も強烈な変容／突然変異のプロセスを体験しています。私たちのエーテル界の青写真が光の洪水で満たされ、これによって私たちをカルマの体験に縛り付けている三／四次元の構造が解放されつつあります。

私たちは、アーキエンジェル・マイケルが「分子レベルのインフルエンザ」と呼んでいるものを体験するかもしれません。頭痛、吐き気、その他の浄化に伴う症状です。肉体が原因とは考えられないような痛みや症状を体験するかもしれません。時として混乱を生じ、現実から遊離したような感覚を味わうことがあるかと思うと、強烈な至福の状態を体験するかもしれません。あるいは、とくに何の理由もなしに怖れ、怒り、鬱《うつ》、悲しみに襲われることもあるかもしれません。これらは変容／突然変異のプロセスの症状に他なりません。

あなたは低次元の重さを失いつつあるのです。

アセンションを開始しているのです。

この変移のプロセスを乗り切るために、数多くのサポートや道具が提供されています。優雅にやすやすと変容を達成するために、そうした道具をぜひ使ってみてください。肉体を尊重し、潜在意識・顕在意識・超意識と結びつくことができると、様々な奇跡が創造され、マスターの域に入っていくことができます。マスターの道を歩み、不可思議なる「新しいあなた」に成長していくプロセスで、常に「優雅にやすやすと」を依頼するとよいでしょう。

28 神聖な変容のための呼吸法

呼吸法の恩恵に関する知識のほとんどは、古代東洋の哲学に由来しています。東洋では呼吸法は長い間にわたって、スピリチュアルな覚醒のための手段として、また、肉体的な健康のための手段として使われてきました。呼吸の深さ、リズム、速さを変えることによって、体質、ものの見方、態度を意識的に変容することができるのです。健康や感情の状態、そして精神的な明晰さを改善させるために呼吸を使うことができるとすれば、それは誰もが学んで恩恵を得るべき技術というべきでしょう。

意識的な呼吸法のポジティブな恩恵は数多くあります。専門家の中には、私たちが毎日摂取する毒素の七五パーセントが呼吸によって解放されているという人もいます。深くいっぱいに息を吸い込んで吐き出す呼吸は、内臓器官や下腹部の筋肉をマッサージして調整してくれます。

アメリカ人の八〇～九〇パーセントは、制限された呼吸しかしていません。これは、生きるために不可欠な生命エネルギーを自分から奪っているのと同じことです。不快な感情の体験を回避しようとして息をつめると、制限が生じます。息をつめることによって感情を不活性にします。すると、感情は抑圧されて、潜在意識とエーテル体に貯蔵されることになります。このような感情を抑圧し、文字通り中に押し込めておくためには大量のエネルギーが必要で、結果として身体の中に慢性的な緊張が生まれることになります。

神聖で深くリズミカルな呼吸法

確言を唱えても唱えなくても、深くリズミカルな呼吸法は、精神的／感情的トラウマが蓄積されている潜在意識にアクセスする手伝いをしてくれます。これらの内部に隠された問題に対処すれば、ハイアーセルフを統合してハイアーセルフの叡知にアクセスすることができるようになります。それによって、大いなる喜びと満足をもってこの人生をより有意義に生きることができるようになります。潜在意識からバランスが乱れたエネルギー（思考形態）を除去するにつれて、魂、ハイアーセルフ、やがて「神聖なありてある我れ」とつながる道が開かれていきます。

古代の人びとは空気には「プラーナ」があると言いました。プラーナとは生命エネルギーのことです。生命エネルギーが体内に入ると、あなたの波動周波数は増大し、感情は高揚し、幸福感が広がります。自分が本来、誰であるかを思い出し、これまでとは異なった行動をとるようになります。私たちが変わると、周囲の世界も変わります。

食べ物がなくとも数週間生きることができます。水がなくとも数日間生きることができます。しかし、呼吸をしなければほんの数分間しか生きることはできません。

29 トーニング・チャクラ・母音の音

人類も含めて宇宙全体がリズミカルな波動の漣《さざなみ》のような力と共鳴しています。**創造のエネルギーは光と音と色によって構成されています。**

最高創造主がうごめいて「創造の神聖な息」を吐き出したとき、光と音と色の波が偉大なる虚空に振動して広がっていきました。様々な宇宙・銀河系・太陽系と私たちの地球、そして私たち一人ひとりもこれらの光と音と色の波の結果、生じたものなのです。それが何十億年前に遡《さかのぼ》る偉大なる宇宙の誕生の日であったのです。

母音の音を唱えると、音はあなたのエーテル体のチャクラシステム全体に共鳴し、バランスをとり、調和をはかり、強化します。それは、ますます多くの「神聖な光」の物質を吸収できるようになるからです。この状態によって変容／突然変異のプロセスが優雅にやすやすと通過できるようになるでしょう。なぜなら、チャクラシステムのバランスをはかることによって、神の意識の五つの高次元の銀河光線へアクセスしやすくなり、あなたのＤＮＡの十二の束の残りの周囲にある光の膜が溶解してそれが可能となるからです。これらの強力な音はあなたの四つの低次元の身体全体に漣のように波及し、詰まったネガティブな思考形態／エネルギー（アーキエンジェル・マイケルはダーククリスタルと呼んでいます）を解放する手伝いをしてくれるでしょう。

〈チャクラと色と母音の音〉

チャクラ	色	母音の音
第8／アセンション	玉虫の白	オーム／アウム
第7／クラウン	薄紫がかった白	イー
第6／第三の目	黄金がかった白	エイ
第5／スロート（喉）	深い青紫	アイ
第4／ハート	淡いピンク／薄紫	アー
第3／太陽神経叢	黄金	オー
第2／臍	ピンク／オレンジ	ウー
第1／ルート	薄紫	ア

——それぞれのチャクラに対応する母音の音は『Healing Sounds, The Power of Harmonics』（癒しの音、ハーモニクスの力）by Jonathan Goldman に従いました。

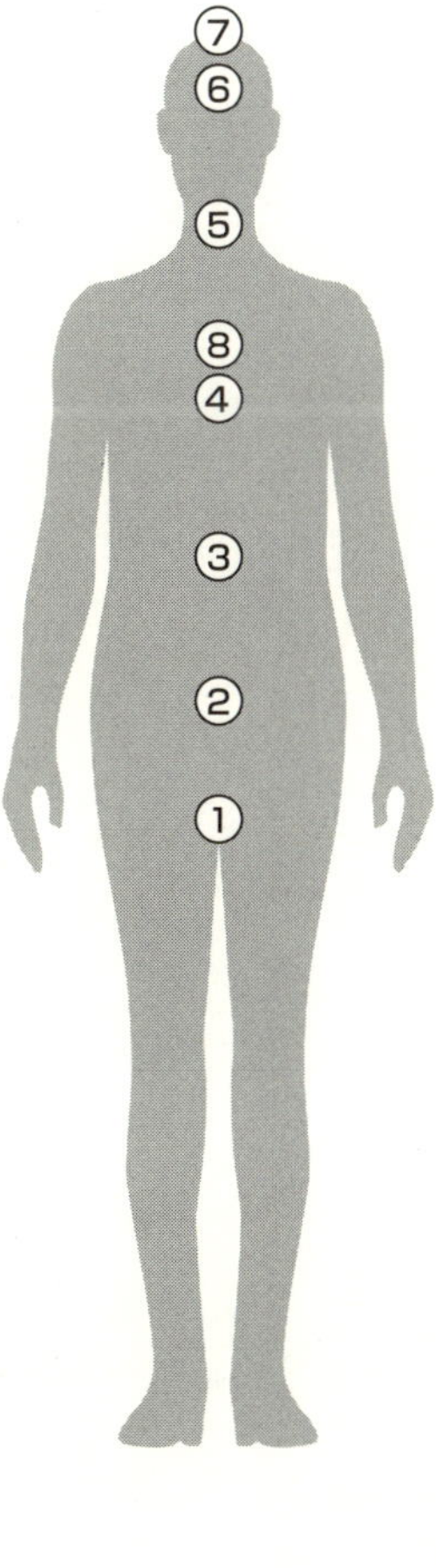

チャクラセンター
美徳・資質・属性
3／4次元の色と現在統合中の高次元の色

7. クラウン
スピリチュアルな意思・インスピレーション・
神聖な叡知・無限との一体性
明るい青紫（3次元：薄紫がかった白）

6. 額（第3の目）
直感・洞察力・透視力・二元性を超越した知覚力
玉虫の黄金がかった白（3次元：濃いインディゴ）

5. スロート（喉）
コミュニケーション・自己表現・スピリチュアル
な識別・スピリチュアルな力のセンター
深い青紫（3次元：薄い青）

8. 胸腺／ハートの領域
魂とハイアーセルフの融合
ターコイス

4. ハート
生命力・ハイアーセルフからの神聖な愛・自己抑制・
3つの部分から成る炎
淡いピンク／薄紫（3次元：緑）

3. 太陽神経叢
自己のパワーセンター・欲望の征服・
自己抑制／感情
ゴールド（3次元：黄）

2. 臍あるいは下腹部
欲望・快楽・性愛／情熱的な愛・降伏・寛容
ピンク／オレンジ（3次元：オレンジ）

1. ルート
生存・肉体・不足／豊かさ・安全・地球への固定
薄紫（3次元：赤）

図1　チャクラセンター／美徳・資質・属性

思い出してください。音声化と視覚化は顕現をもたらします。

焦点を絞った思考＋エネルギーに満ちた感情＝創造

「マントラ」という言葉は、「解放し、かつ保護する思考と音」を意味するサンスクリットの言葉です。チャクラはサンスクリットでは「車輪」という言葉に当たり、「エネルギーセンター」「循環的な力」を意味します。チャクラは創造主の個別化されたエネルギー、属性、資質を保持しています。チャクラは時として肉体の「心のセンター」とも呼ばれます。心のセンターのバランスがとれていると、調和のとれた働きを通してマスターとしてのあり方が実現します。逆に、バランスが崩れていると不協和、病気、混沌が生まれ、苦しい戦いを強いられることになります。

古代のスーフィー（イスラム教の禁欲的・隠遁的・神秘主義的な宗派）の諺《ことわざ》に、次のような言葉があります。「音という贈り物があるならば、贈り物は他に何も要りません。なぜなら、世界は生きたマントラとなるのですから」

ロナ

30 脳の周波数のスケール

右脳――スピリチュアルな世界。想像力。創造性。洞察力。直感。
左脳――物質世界。理性的思考。数学。言語。科学的な技術。論理。直線的な思考。
脳波のパターンを創造性、健康、習慣の変更、ストレスの解消、学習のスピード、決断と関連付けることができます。

脳のリズム

ベータ（一四〜二一サイクル／秒）。物質世界――外的な意識レベルの視力、音、臭覚、味覚、触覚。
アルファ（七〜一四サイクル／秒）。スピリチュアルな世界――内的な意識のレベル。スピリチュアルな三要素（意思・直感・高い意識）。時空間が存在しない軽い瞑想状態。ＥＳＰ。軽い眠り。拡大された思考。
セータ（四〜七サイクル／秒）。深い眠り。深いトランス状態。内的な意識との深いつながり。高次元の意識と至福状態へのアクセス。
デルタ（最高四サイクル／秒）。無意識の状態。最も深い睡眠状態。痛み、その他の肉体感覚を抑制すると、結果的にセータやデルタのレベルになります。

31

アルファマスターになる

チャネルに心を開き、天使のガイドとともに働く

私たちは脳の一〇パーセント以下しか使っていないと言われています。脳の力をバランスのとれた形で使うことの大切さ、すなわち、右脳と左脳を等しく使うことの大切さについてはあまり語られてきませんでした。アーキエンジェル・マイケルによると、当初、脳の二つの半球は調和のとれた形で使われ、分離していなかったということです。

最近、私たちは「左脳的」（直線的・構造的・分析的性向）であるとか、「右脳的」（直感的・創造的・スピリット志向の性向）という言い方をします。八〇～九〇パーセントの人は右脳をほとんど使わずに左脳だけを使い、その結果、思考のバランスが崩れています。その違いをつくっているのは脳の周波数です。物質世界の思考は毎秒一五～二〇サイクルの周波数で行われます。集中的に思考するとき、すなわち、脳波の周波数を下げて思考するとき、右脳と左脳の活動のバランスをとることができます。

左脳を使うときの私たちは具体的で物質的な世界に心の焦点が向かい、右脳を使うとスピリットの世界にアクセスしやすくなり、物質世界を超越した思考が助長されます。私たちの創造的な可能性に一〇〇パーセントアクセスするためには、左脳と右脳の両方にアクセスして活用しなければなりません。左脳と右脳の両方を使った思考は、私たちのハイアーセルフや高次元世界の光の存在たちの叡智にアクセスすることを可能

にしてくれるために、物質世界においてもより効率的に機能できるようになります。

平均的な人は目が覚めているときは毎秒二〇サイクル、眠っているときは一～七サイクルで機能し、眠りからさめるときと眠りに落ちるときを除いては、その中間のサイクルにとどまることはほとんどありません。直感やスピリチュアルなつながりはその中間の周波数から来るわけですが、この周波数は右脳の意識的な活用を提供してくれます。

ストレスを解消し、血圧を下げ、薬に依存することなく生活の質を向上させるためのテクノロジー／治療法として、バイオフィードバックが受け入れられるようになりました。医師や科学者たちは理想的な思考の周波数は毎秒一〇サイクルの脳波周波数の中心的な領域で起こる、と結論を出しています。このレベルは「アルファレベル」として知られています。

日常生活の中で起こる問題や困難な状況を分析するとき、あるいは、脳波のアルファレベルで高次元の世界からの助けを求めるとき、右脳と左脳のバランスがとれています。そういうとき、私たちは五次元にアクセスし、高次元の知性とつながることができます。

私たちは体験を通して、プロセスを信頼すると「正しい答え」を得ることができることに気づいています。高次元からの導きにアクセスしたとき、私たちは直感的にそれが分かります。神聖なインスピレーションを受けたこと、直感的で超感覚的な能力を活用したことが分かります。そのような体験を通して、想像できることは何でも創造できるのだという理解に至ります。しかし、思考とヴィジョン作成のプロセスは、明確で焦点の絞られたものでなければなりません。私たちはアルファマスターとして、共同創造の贈り物を使ってこの人生で望むことを顕現することができます。自分自身に戦いを挑んで制限と怖れと欲求不満な状態を創造する代わりに、愛と喜びとやすらぎと豊かさを創造することができるのです。

軽いアルファの状態（瞑想状態）で毎日を生きたいものです。つまり、あなたのガイドや守護天使に肩に止まってもらって日常生活の諸々のことをこなすのです。すると、人生の積極的な参加者であるだけでなく、自分の人生のプロセスの観察者になることができます。結果として、過度の緊張は減少し、ストレスを減らすための薬も少なくてすみます。身体は長持ちするようになって健康も増大し、人生はさらに楽しいものになります。これまで考えてもみなかった驚くべきことを達成することができるようになります。父にして母なる神と文字通り共同創造主となり、しかも効率の高い共同創造主となり、想像もできなかったような速さで周囲の世界が良い方向に向かって変貌するのを目撃することになるでしょう。

私たちの脳は、何十億というコンポーネントから成る最高のコンピューターよりも優秀な機能を持っています。コンピューターをはるかに凌駕しているのです。私たちのメンタルなコンピューターは、右脳を通して無制限の情報源にアクセスすることができます。無制限の情報源とはハイアーセルフ、高次元の知性、宇宙の心、神など、様々な言葉で呼ぶことができます。

やがて人間の左脳と右脳は、人間発祥のときにそうであったように再び統合されます。そうなれば、私たちはもっと偉大な叡知にアクセスすることができるようになり、アーキエンジェル・マイケルが「叡知の光のパケット」と呼んでいる情報源にもアクセスすることができるようになります。

アーキエンジェル・マイケルによれば、人間の脳構造の中には多層の意識があるということです。私たちがバランスを取り戻してより高い周波数パターンに共鳴するようになると、この不可思議なる叡知のパケットにアクセスすることができるようになり、私たちの古代からの遺産や宇宙の旅の詳細がすべて明らかになることでしょう。

透視力――人間の通常の感覚領域を超越したものを知覚する能力。非常に鋭敏な直観力。

透聴力／テレパシー――通常の感覚能力以外の力を使ってコミュニケーションをする能力。思考の転送。内なる声を聞く能力。

アルファマスターとしての技術を完成させていくにつれて、感情の暴発を抑制し、鬱《うつ》状態から素早く抜け出し、望ましくない習慣を癒し、創造的な能力を最大限に活用することができるようになります。高次元の知性にアクセスすることができるようになると、自らの創造能力に驚くに違いありません。信じられないようなアイデアマン、皆に尊敬される人、独創的な問題解決人、人間関係を改善に向かわせる触媒などなど。

覚えておくと役に立つ基本事項

身体をリラックスすると心もリラックスする。
心をリラックスすると脳の周波数も緩やかになる。
脳波の周波数を毎秒一〇サイクルまで落とすと、右脳のより活発な活動を促し統合の意識が促進される。
右脳は、高次元として知られている非物質的で創造的な世界とあなたをつなぐものである。

催眠術、あるいは、自己催眠は意識の変化した状態であり、この状態に入った人が暗示にかかりやすくなると説明されています。別な言い方をすれば、脳波がアルファの状態になって暗示にかかりやすい状態を引き起こすのが催眠術であるともいえます。私たちが使うテクニックは「メタヴィジョン」と呼ぶことにします。というのは、自己催眠と私たちが学んできたスピリチュアルなテクニックを統合したものであるからです。同時に、私たちの存在の数多くの側面、および光の存在たちとのパートナーシップに基づいて仕事をするからです。その結果、私たちは意識とヴィジョンを拡大しつつあります。

アルファマスターになるにつれて（アルファの意識状態と自由自在に行き来し、軽いアルファ意識状態で生活する）、常にアルファレベルの脳波状態を維持し、その結果、潜在意識・顕在意識・超意識が一つに統合されます。すると、宇宙の叡知の流れを常に入手することが可能となって、それによって導かれ、守られ、援助を受けて、潜在的可能性を一〇〇パーセント実現することができるようになります。

肉体・精神体・感情体の癒しを刺激するうえで、イメージ、確言、祈りが極めて重要であることを、科学者や医学関係者も理解しはじめています。アポロ14号に宇宙飛行士として搭乗したエドガー・D・ミッチェル博士（彼はノエティック科学研究所の創設者でもあります）は、「ほとんどすべての病気は、心のあり方が一つの重要な要素（唯一の要素とまでは言わないとしても）であることは圧倒的な証拠が物語っている。心のあり方をコントロールすれば、健康のあり方を支配できる」と断言しています。心理学、人類学、神経生理学、理論物理学など多様な分野の著名な学者たちが、人間の心が持っている潜在的な可能性の研究に引き寄せられているという事実も指摘されています。科学と霊性の間に横たわるギャップは狭まりつつあります。

高次元の叡知とのチャネルを完璧なものとしてアクセスするようになると、人生の舵を握っているのは自分だという感じがさらに強くなってきます。自分に最高の喜びをもたらすものは何かが明確になり、もはや自分のためにならないものは徐々に取り去って、本当の満足をもたらしてくれるものにだけに心の焦点を合わせるようになります。人生における挑戦、仕事、機会などが異なったものに見えてきます。他の人びとにインスピレーションを与え、これまで考えたこともないような喜びを体験することになります。

アルファ瞑想

次の瞑想を行うことによってアルファの意識状態にすぐに入ることができ、一日中、その状態を維持できるようになります。

目を閉じて意識をクラウンチャクラに置きます。人差し指と中指を一緒にして親指と合わせます（片手ないしは両手。これは古代においてイニシエーション〈通過儀礼〉の新参者が用いた〈ムードラ〉と呼ばれるものです）。

あなたの意識が小さな光の球体になっている姿を想像し、その光の球体がクラウンチャクラの上、約三〇センチのところに浮いている姿を想像してください。

息を深く吸い込みながら「三」という数字を三回唱えます。もう一度、息を深く吸い込みながら「三」という数字を三回唱えます。さらに、息を深く吸い込みながら「二」という数字を三回唱えます。心の中で数字を唱え、息を吐き出したあと、無理のない程度にそのまま息を止めます。すると、あなたは「創造の静止点」に入ることができます。それから、心の中で順番に数字を唱えます。

光の球体がゆっくりと降りはじめるのを見てください。ゆっくりと脳を通過し、喉、胸腺、心臓を通って、「ソーラー・パワー・センター」（腹の上部）に落ち着くのを感じてください。光の球体がエレベーターで降りるように素早く降下して適当な場所に落ち着くようになるまで何度も練習してください。

練習を重ねると、指三本を合わせ二、三回深呼吸をするとアルファ状態に入れるようになります。やがて自由自在にアルファ状態に入ったり出たりすることができるようになります。あるいは、生活をしている間、ずっとアルファ状態を維持することもできるようになります。

このプロセスを完成するといろいろな恩恵を得ることができます。たとえば、免疫組織の強化、ＥＳＰ能力や創造性の上昇、ハイアーセルフや「神聖な意識」とのつながりの強化などです。

アルファ状態の中でこの人生で交わした約束や合意で、もはやあなたの最善のために役立たないものはすべて破棄してください。それらの合意や約束に祝福を与え、ゆるし、それぞれの道を行くことをゆるしてあげてください。恨みの心を固持すれば、傷つくのはあなただけです。五次元の「光のピラミッド」に行くときにアルファ状態で行くとさらに効果的です。

一日の生活を送るなかでアルファレベルを達成するために、三本指と深呼吸の瞑想を数回行ってみるとよいでしょう。とくにストレスを感じているときなどにはお勧めです。脳の周波数を上げるために一から五まで数えるときに、次の言葉を唱えるのを忘れないでください。
「**私ははっきり目が覚めていて元気そのものです**」。あるいは、「**私は元気そのものです。優雅と恩寵のエネルギーの中にいます**」
しばらくすると、このような言葉を唱える必要はなくなるでしょう。常にアルファ状態で機能するようになります。

一週間の間、眠りにつく前に、「**私は夢を思い出します**」と宣言してください。

ベッドの横に紙とペンを置いておき、朝、目を覚ましたらすぐに心に浮かぶことを書きとめます。夢は、ハイアーセルフや天使たちが私たちとコミュニケーションを図り導くための方法の一つです。誰でも夢を見ます。ほとんどの人は夢を覚えていないというだけです。しかし、訓練をすれば夢を思い出し、与えられたシンボルの意味を解釈することができるようになります。

「マスターとして毎日を生きる」プロセスを練習して、人生のすべての側面が物凄いスピードで改善されていく様子を観察してみましょう。アルファ状態を達成するのが難しいようでしたら、朝、ベッドから出る前に、五〇から一まで数を数えてみるのも一つの方法です。あなたにとって最大の恩恵をもたらしてくれる高次元の局面に行くことができるように依頼するとよいでしょう。

五〇から一まで数えるときに、「**このプロセスを行うたびに、私のセンターにより速く到達します**」と言ってみるのもよいでしょう。簡単に、「**もっと速く!**」と言うだけでもOKです。

朝、このプロセスを完了したあとで一から五まで数えて、次の言葉を言います。「**私は高次元の波長と一体になっています。インスピレーションを受けエネルギーで満たされています**」あるいは、「**私は、はっきりと目が覚め、エネルギーに満たされています**」

夜、眠りにつくとき、五〇から一まで数えると、自然に眠りに入ることができるでしょう。そうすることによって、アストラル体で夜の旅をするときに最大の恩恵を得ることができるでしょう。

透視能力を持っている人たちは心の中でヴィジョンを見ることができます。多くの場合、カラーで見ることができます。多くの人たちにはそういう能力はありません。しかし、「心の目／内なる叡知」を使うことはでき、これも透視力に劣ることはありません。心の目を使ってヴィジョンを持ち、見ているものを直感的に理解します。視覚のプロセスや瞑想をしているときにあなたに見えるものはすべて適切なものであり、十分な効果を持っているのです。しかし、覚えておいてほしいのですが、明確なヴィジョンを持てば持つほど、効果も増します。誰でも多かれ少なかれ、白昼夢を見たり想像力を使っています。画家は絵をキャンバスに描く前に心の目で絵を創造します。建築家は青写真に描く前に心の目で建物を見ます。作家は物語が紙の上に現われる前に心の中で物語を創造します。

視覚化と想像力の違いは何でしょうか？　視覚化は、物質世界で前に見たことのある何かを心の中に思い描くことです。それは絵を心の目で思い出すことです。想像力を使うということは物質世界で肉体の目で見たことのないものを心の中に思い描くことです。

心の中に描かれるポジティブな絵の背後には、オムニヴァースおよびその中にあるすべてのものを顕現した創造力が働いています。共同創造主であるあなたは最高創造主の息子や娘として、今もそのプロセスを使って創造しています。しかしながら、あなた方は最高創造主とは異なり、不完全で破壊的な心の図を使って創造もしてきました。この世界であなたが創造しゆるすものを歪曲させる怖れ、罪の意識、失敗、拒絶、自分は価値のない存在だという感覚を使って創造してきました。

次のような諺《ことわざ》があります。「宇宙はあなたの現実意識に合わせて姿を見せてくれる。つまり、あなたの考え方や信念通りに現実が創造されるということです」

アーキエンジェル・マイケルは私たちのソーラー・パワー・センター（感情のセンター）の中にある「中心に戻る」ことを教えてくれました。それと同じように、今度は「心のセンター」に戻る練習をしなければなりません。マスターのアルファ状態にアクセスすることによって達成することができます。この二つができれば絶対失敗することはありません。

豊かさと繁栄の創造

アルファ状態になって五次元の仕事場のピラミッドに行きます。クリスタルのテーブルの上に、新しい創造のいろいろな種が入っているボウルがあるのを見てください。あなたのスピリチュアルな庭にどの種を蒔いて育てるか決めてください。お金の流れ、あなたのニーズを満たしインスピレーションを与え、満足をもたらしてくれる仕事、健康と活力の種、満足をもたらしてくれる新しい人間関係、創造性の種、喜びの種、自己愛の種、叡知の種、インスピレーションの種などなど、いろいろな種が入っています。

顕現したいもののヴィジョンが決まったならば、ピラミッドの天井からクリスタルのテーブルの真上に下がっている大きなクリスタルから、創造主のホワイトゴールドのエネルギーの光がきらきらと光りながらあなたが選んだ種の上に注がれるのを見てください。すると、その種は光を放ち、発芽し、成長を開始します。

ここで次の確言を唱えてください。

《マスターになるための確言⑲》

＊ 私は私の最善のために、すべての存在の最善のために創造します。

＊ 私は善なるものの絶えることのない流れを創造します。

＊ 私は創造するものを楽しみ、他の人たちと分かち合います。

＊ 私は創造主の「神聖な計画」と調和を保ちながら創造します。

＊ 私は、私が創造するもののすべてに対して責任を取らなければならないことを自覚しています。したがって、私に恩恵をもたらし、地球に恩恵をもたらし、すべての生きとし生けるものに恩恵を与えるものだけを創造します。

＊ 必要なもの、望むもののすべてが何であるかを自覚する前に顕現されます。

＊ 私は享受する豊かさと繁栄に感謝します。私という存在のすべて、所有するもののすべてが父にして母なる神の贈り物であることを自覚しています。

あなただけの確言を作って唱えるとよいでしょう。

脳構造の内部にある知識の泉にアクセスしてあなたのガイド、先生、天使のガイド、光のマスターたちとつながりたいと望むのであれば、毎日、できれば同じ時間にこれまで述べてきたことを実践するとよいでしょう。心と身体が「アルファレベル」で自然に機能できるようになるまで、軽いアルファレベルとベータレベルを往来する練習をする必要があります。そうするなかで、あらゆる状況においてこの状態で機能し、生活することができるようになります。肉体の中に存在しながら調和に満ちた人生を生きた（生きている）光のマスターたちの秘訣はこれなのです。こうすることによって、これまで切断されていた宇宙の知識と叡知の宝庫にアクセスすることができ、周囲で起こっていることに対して、より鋭敏になり波長が合うようになります。スピリチュアルな存在と物質的な存在の違いは周波数のレベルの違いです。今というときにおいては、これらの二つの世界の間でバランスをとることこそ、最大の機会であり、最高の挑戦でもあります。

プロセスを促進するための呼吸法

数分の間、毎日数回、「アルファレベル」に行く練習をします。目を覚ました直後とか、就寝前がとくに効果的です。

無限呼吸法を行ってください。それから、以下に説明する新しい「光のクラウンの無限呼吸法」も実行してみましょう。この新しい呼吸法は右脳と左脳の統合のプロセスを加速してくれます。

瞑想状態に入って光の球体があなたの「神聖な我れ」から光の柱の中をゆっくりと降りてきて頭の天辺に固定されるところを想像してみます。心の中で無限「∞」の字を三回描いてください。一つ描くたびごとに深く息を吸い込み角度を変えて、最終的に「生命の花」（フラワー・オブ・ライフ）の形になるようにします。

一日を通してベータの状態と「アルファレベル」の間を行き来する練習をして違いを観察してみてください。一日の中でエネルギーや注意力が落ちてきたと感じたら（普通は昼食後の午後）、「アルファレベル」に行って、「私ははっきりと目が覚めています。私は集中力がありエネルギーに満たされています」と言ってください。それから、一から五まで数えます。これをしばらく続けたあとは、数を数えることは省いて結構です。なぜなら、常に「アルファレベル」の意識を持続できるように自分を適応させているので、必要なくなるわけです。

瞑想と「アルファレベル」で五次元のピラミッドに入ってプログラムをつくることとの違いは何でしょうか。瞑想は常に受動的なものとして教えられてきました。あるいは、悟りを達成するために心を静める方法として教えられてきました。「積極的な瞑想」ないしはプログラミングは、心の中に将来のある時点で顕現するヴィジョンをつくることです。それは非常にエネルギーの強い目標設定の装置であり、ダイナミックで活動的な瞑想法とすることもできるでしょう。目標は無意識・潜在意識・超意識とつながることであり、肉体および感情体の知性とつながることです。

郵便はがき

50円切手を
お貼りください

113-0033

東京都文京区本郷4丁目1番14号

太陽出版　行

［愛読者カード］（このカードは今後の小社出版物の参考とさせていただきます）

●お買いあげいただいた本のタイトル

（　　　　　　　　　　　　　　　　　　）

●お買い求めの書店（市・町名も）

書店

●本書を何でお知りになりましたか

新聞・雑誌・書店の店頭・ひとから聞いて

その他（　　　　　　　　　　　　　　　）

ご協力ありがとうございました

◎本書についてお気付きの点・ご感想・ご要望があればお書き下さい

※今後、小社出版物のご案内をさせていただく場合がございます

ご住所　〒	TEL
ご芳名	（性別　男・女／　　歳）

当社の出版案内をご覧になりまして、ご購入希望の書籍がございましたら下記へご記入下さい

購入申込書		
書名	定価￥	部数　　部
書名	定価￥	部数　　部
書名	定価￥	部数　　部

私は瞑想をするとき、意識は受動的な観察者として左肩に止まっていてもらうようにと人に言うことにしています。これは新しい情報が入りやすくするための一つの方法です。通常使っている直線的な思考や分析的な思考プロセスのために、心を閉ざしたり、拒否反応が起きないようにするための提案です。

「アルファレベル」の意識に入ったとき、気持ちがどういう状態にあるかを感じてみてください。どのように感じていますか？　この瞬間、何を感じていますか？　リラックスしていますか？　それとも緊張していますか？

身体がどういう状態か感じてみましょう。緊張している部分がありますか？　緊張しているのは頭ですか？　腕、背中、脚、足、肩ですか？　アルファ意識のさらに深いところに入りながら身体のそれぞれの部分に意識を集中して、白い光の球体がそこに浸透していく様子を見てください。緊張が身体から抜けて身体全体がリラックスします。アルファレベルにいるときに三回呼吸して、一呼吸するたびに「リラックス、リラックス、リラックス」と言うことによって緊張を解放することができます。

常に自分の態度をモニターする習慣をつけましょう。いつもせわしないことを考えている心を静めるために、何か楽しいことに心を集中してみるとよいでしょう。「良い気持ち」に名前をつけることによって「良い気持ち」をプログラムすることができます。たとえば、「虹」「月明かり」「太陽光線」などという名前をつけてみます。あるいは心の「中心に戻って」創造主の愛がハートセンターに浸透するのを感じてみるのもよいでしょう。それはこの世界で最強で最高の感覚です。アルファ意識に行くと、本当にハートの喜びと接触することが可能です。喜びの感情を身体全体に回してみましょう。これをすると、あなたという存在のすべてが反応することを知ってください。細胞の一つひとつからＤＮＡまですべてが反応するのです。

少なくとも一日に一回は「光／力のピラミッド」に入ってください。私は一日に数回、五次元の個人専用のピラミッドにアクセスしますが、それはアーキエンジェル・マイケルや、私の友達である天使たちの愛と光のシャワーを浴びるような感じです。私は孤独を感じたり、一人ぼっちだと感じることは決してありません。私に必要な助力のすべては思い一つ、呼吸一つ隔てた場所にあるのですから。これを実践するには強い願望と練習が必要ですが、得られるものは計り知れません。

あなたの毎日が奇跡と笑いに満ちたものでありますように。夜は天使の腕に抱かれて眠り、甘美な夢をたくさん見ることができますように。

愛と光と喜びを込めて。

ロナ

32 ベータの世界でアルファマスターになる

メタヴィジョンを使って

アルファマスターは自信を持っています。自分を尊敬する気持ちをしっかりと持ち、自分の世界と未来をコントロールしているのは自分に他ならないことを知っています。

アルファマスターになると、右脳と左脳の調和をとることが可能となり、それによって統合された思考と意識を持つことになります。アルファレベルを維持することによって、深いレベルの無意識と潜在意識の鍵を開けて、私たちの天才的な可能性と偉大さの実現を妨げているネガティブで制限的な思考パターンを変容することが可能となります。

* 過去を手放し、未来のために目標を立て、今という瞬間に生きる。
* 行動は思いによって開始される。支配要因は思いである。
* ストレスの原因になる刺激に対してどのような態度をとるかによって、身体の化学反応をコントロールすることができる。
* ストレスは身体の中に化学反応を引き起こす。この反応はいったん開始されると、コントロール不

可能である。

* ネガティブな反応や「戦うか逃げるか」といった感情的なストレスに満ちた反応は、恐ろしいと信じるようにプログラムされている何かを心がイメージすることによって開始される。

* 人は自分が考えるものになる。

* 心のイメージは刺激によって触発される。刺激が思いと結びつくと、思いは行動になる。

* ネガティブにプログラムされている思考は、新たにプログラムすることが可能である。

* アルファの意識状態に素早く入り、そのレベルを維持することこそ、内なる叡知やハイアーセルフにアクセスし、ガイドや天使たちとつながるための鍵である。

* 健康と幸福な状態のヴィジョンを持つと、身体の鍵になる細胞に影響を与えるエネルギーを活性化することになる。

* 問題／不快感／病気の原因となっているものを変容させる。

* しっかりと状況に適応している人の観点から問題を見るようになる。それは適応不全の人の観点とはまったく異なったものである。

* 身体のエレメンタルの叡知にもアクセスするようになると、ほどなくして身体のエレメンタルの協力とサポートを得ることができるようになり、最初に地上で生まれる前にデザインされた健康で活力に満ちた若々しい身体を再び自分のものとすることができる（アダム／イブ／カドモンの光体）。

* 最初にエーテル体を磁力的に「光で満たして完成させ」、それが徐々に肉体においても顕現するようになる。

想像力、感受性、可塑性は、「アルファ意識状態」を達成し維持するために使われる「メタヴィジョン」の能力の三つの重要な要素です。与えられたテクニックを実践する開かれた心、潔い態度、意欲は、目標を達成し、アルファマスターになるための決定要因です。このプロセスをしっかり身につけると、日常生活の様々な仕事をこなしていくなかで素晴らしいやすらぎと静けさ、何ともいえない幸福感と明晰な心のあり方を体験するでしょう。リラックスした感じがして、これまでよりも集中力とエネルギーがあるように感じるでしょう。

深いアルファ状態の中でポジティブな自己催眠がかけられ、完全な意識で目覚めている軽いアルファ状態では、なすべきことが達成され、ポジティブな自己催眠は維持されます。私たちが何になりたいか、何を達成したいかをプログラムする方法として、また、古いネガティブな思考パターンや中毒を解放する方法として、これは最も効果的な方法の一つです。

五次元の「光／力のピラミッド」を活用することによって、未来のプログラミングに極めて強力で効率的な要素を付加することができます。何を顕現したいのかに関して、明確で詳細なヴィジョンを持たなければなりません。あなたの本当の意図は何でしょうか。ハイアーセルフと波長を合わせ、すべての存在にとって最善で最高の結果を依頼しなければなりません。

ピラミッドの中にいてプログラミングをするプロセスにおいて、目標の達成を妨げている隠された障害物があるかどうか、それはどういうものかをハイアーセルフに聞いてみるとよいでしょう。罪の意識、怖れ、その他の深く埋もれた感情は目標達成の障害物になります。

古いネガティブなプログラミングや誤った制限思考を見つけて変容させると、目標の達成を妨げている障害物を取り除くのに役立ちます。多くの制限的思考は、若いときに権威のある人から受けた批判によって、潜在意識の中に埋め込まれます。批判は制限をつくり出します。誰でも、苦痛、罪の意識、恥、自分には価値がないといった感情を体験したことがあります。このような体験の結果として、自分の可能性を一〇〇パーセント生きることができなくなります。失敗や批判を怖れるからです。

遺伝的な怖れもあります。聖書の中に、私たちは先祖七世代の罪によって影響を受けるであろうという言葉があります。これは、DNAの中に祖先や大衆の意識が刻印されていることを意味し、その中には怖れ、罪の意識、生存競争の意識、自分に対する価値観の問題などが含まれています。四つの低次元の身体（肉体・精神体・感情体・エーテル体）に浸透している怖れもあります。最初に地上に肉体を持って誕生したときにまで遡《さかのぼ》る歪んだ価値体系やアンバランスな思考形態を浄化して、まっさらな状態でもう一度やり直すことは可能なのです。新しく拡大された意識を獲得し、宇宙の法則を学んでいる私たちは、自分の中にある「神の力」にアクセスして、自分が望むどのような世界でも創造する機会を与えられているのです。

変化とは学びの機会であると見なすべきです。成長する機会であり、自分の意識と世界を拡大する機会であると考えるべきです。マスターとしての自分を宣言して創造の結果に自信がついてくると、変化が待ち遠しくなるだけでなく、自分で変化を起こすようになるかもしれません。

33 アルファマスターとして人生を改善する五つの方法

1　毎月、重要な目標のリストを作ります。現在形で書いてください。たとえば、「私は理想的な体重で運動をしています」「私は若々しく健康でエネルギーに満ち溢れています」「私は理想的な仕事についています」「私は意味のある記事を書き、意味のある本を書いています」「私は安心で満足できるだけの豊かさを顕現しています」などなど。書いた紙を顕現の箱に入れてください。ただし、毎夜、寝る前にそれを取り出して読んでください。

2　毎日、少なくとも三回、あるいはそれ以上、「メタヴィジョン」のテクニックを使いましょう。とくに朝起きたあとすぐか昼食後、就寝前などがよいでしょう。それから、五次元の「光のピラミッド」に入ったり出たりを自由自在にできるまで慣れてください。そうすることによって創造的な能力が高められ加速され、高次元の周波数レベルを維持しやすくなり、四次元と五次元の波動のオーリックフィールドで自分を包み込んでおくことができるようになります。アルファマスターのコースで説明されているテクニックを習慣になるまで練習してください。

3　人生を喜びと奇跡に満ちたものにすることは可能です。奇跡が起こることを期待し、奇跡を楽しみ、感謝の態度を持ち続けることが大切です。「自分が置かれた厳しい状況の中に大いなる恩恵の種がある」ことを思い出してください。厳しい状況に毅然として立ち向かい、挑戦を受け入れ、機会を捕まえて、最高の結果を出すためにヴィジョンを創作してください。

4　「アルファ意識」の状態を維持するのが上手になるにつれて、創造したいものを素早くプログラムし、あなたの役に立たないものを素早く除去することができるようになるでしょう。五次元の「光のピラミッド」の中で創造したいもののイメージを強化していくと、エネルギーがどんどん高められ、そのヴィジョンを物質的な現実世界に実現するのに十分な生命エネルギーが生まれます。これが創造の宇宙的法則です。このテクニックをマスターするにつれて、あなたの能力は累乗的に高められ、願い事はほとんど即座に顕現されるようになるでしょう。次の言葉にはかなりの真実があります。「あなたの世界で実現したいと思うことについてはよく考えるべきです。なぜなら、おそらくそれは実現するからです」

5　実際に使って成功したテクニックを大胆に他の人と分かち合ってください。聞かれたならば、あなたのヴィジョンを分かち合い、体験で得た叡知を分かち合ってください。そうすることが適切な場合には、できるだけ頻繁に周囲の人たちを賞賛し、感謝の言葉を分かち合うとよいでしょう。あなただけの「快適な温室」から出て、あなたの影響力が及ぶ世界を拡大してください。そうすることによって、この世界の状況が良い方向に向かう手伝いをすることができるのですから。あなたのポジティブな行動、愛情に満ちた思いや行動は何倍にもなって戻ってくることを知ってください。これもまた宇宙の法則の一つです。

考えるためのヒント――あることが好きでなかったら、それを避けましょう。避けることができなかったら、それを変えましょう。避けることも変えることもできなかったら、それを受け入れましょう。好きでないことを受け入れるときには、そのことに対するあなたの態度を変えることによってそうします。しかし、それに参加したり、それと関わる必要はありません。あることが好きでなく、避けることも変えることもできず、受け入れることもできなければ、不幸と不満が生まれるだけです。

何が不幸の原因なのか、そして何が幸せの原因なのかが分かれば、選択することができます。あとは、必要なステップを踏むだけです。必要なステップは大体の場合、思考と意図を修正し、それから、愛情がいっぱいでしかも決定的な行動をとることを意味します。態度はどうすれば変えることができるでしょうか。受け入れる必要があることの中に何かポジティブなことを発見することによって可能になります。それを受け入れればどういう恩恵があるか観察してみます。「態度の調節」が必要であれば、五次元のピラミッドに行ってみるとよいでしょう。ピラミッドの中であなたの天使たちに依頼して、明確な全体像とポジティブな結果が見えるように手伝ってもらうとよいでしょう。

＊＊＊

結果を出すためには「考え」なければなりません（顕現したいことに関して意図を明確にします）。

＊ 意図と合致しない思考パターンはすべて「除去」しなければならない。

＊ それから、ヴィジョンを実現するために必要なステップ／行動をとる。意図を宣言し、明確なヴィジョンを持ったあとは、今という瞬間に生きることが大切。未来に思いを馳せるのではなく、一歩一歩、そのときに必要な行動をとる。

＊ 成功志向の意識を開発することは、あなたが下す最も重要な決断になるかもしれない。

＊ 白昼夢とプログラミングの違いは、白昼夢には時間の要素がないこと。

＊　文学の巨匠といわれたジョージ・バーナード・ショーは、「何があなたを天才にしたのですか？」と聞かれて、「私は考えます」と答えた。

プログラミングの公式

＊　アルファレベルに行く。レベルを数回、さらに深いものにする。
＊　好きな確言を唱える。
＊　創造したいと思うものを自分自身の言葉でプログラムする。
例――「私の肉体・精神体・感情体・エーテル体は今、このプログラムを受け入れ、私の目（耳であれ膝であれ、焦点を合わせたいと思っている対象）が完璧に正常で健康でバランスのとれた状態に戻ります」。また、「私は今、創造的な意識と脳内に蓄積されている叡知にアクセスし、望んでいる才能や能力を顕現します」（できるだけ具体的に）。
＊　レベルをさらに深め、プログラムしているものを再び宣言する。
＊　レベルをさらに深め、少なくとも四回プログラムする。
＊　覚醒したままでアルファ意識状態に戻り、次のような言葉を唱える。
「私は完全に目が覚めています。今という瞬間に一〇〇パーセントいます」
＊　このプロセスを加速させるために、クラウンチャクラの無限呼吸の瞑想をするとよいでしょう。

34 瞑想と自動書記のためのガイドライン

1　リラックスしてあなたの「神聖な我れ」（ありてある我れ）から五つの高次元の光線を持ってきます。様々な色の光線が螺旋《らせん》状にあなたの身体を駆け抜けて、大地の中に吸い込まれていく姿を想像してみましょう。この光の温泉はあなたの身体を活力で満たしてくれます。

2　次のヴィジョンを想像してください。
あなたは洞穴の中に入っていきます。洞窟の反対側の出口から外に出ると、あなたの動物のガイドがあなたを待っています。動物のガイドのあとをついていき、右側へと曲がる道を歩いていきます。すると、あなたの天使のガイドがそこであなたを待っています。心の中に自由にヴィジョンを持ってください。そして、そのヴィジョンをリアルなものにしてください。こまごまとしたすべての部分を感じ、目で見てください。どんな肌触りかまでも感じてみましょう。直感の導きに身を委ねてみます。これは素晴らしいプロセスです。このプロセスを行うことによって、高次元の存在にアクセスする道が開かれるでしょう。

3　聖なる避難所をつくりましょう。
中指と人差し指と親指を結んで（古代から伝わる強力なムードラのしるし）三回深呼吸をしてアルファレベルに入る練習をしてください。「これらの三本の指で印を結ぶと、私は自動的に完璧なアルファ状態に入ります」と確言を唱えます。仕事をするための部屋を作りましょう。過去と未来に関する書類／記録をこの部屋に置いておきます。あなたを過去と未来に自由に連れて行ってくれる時計もあります。クリスタルや癒しのための道具、体験したいと思うことを実現するのに必要なものは何でもこの部屋の中に置いておきます。

あなたの二人の天使に会わせてもらうとよいでしょう（進化して周波数が変わるにつれて、あなたは存在局面のより高い部分にアクセスするようになります。あなたのガイドや先生も変わります。常に螺旋状に進化を遂げていく旅をするあなたを、その時々に適切な光の存在がサポートしてくれるのです）。彼らの姿は見えないかもしれませんが、時にはその存在を感じることがあるかもしれません。彼らはリアルな存在で、あなたがこのプロセスを完成させていくにつれて、ますますリアルな存在になっていくでしょう。とにかく、あなたが今いる場所から始めなければなりません。すると徐々に、想像もできなかったような展望、世界、現実があなたの内なる世界に開かれ顕現するでしょう。

4 あなたの避難所を五次元の仕事をするためのピラミッドの中に持っていきます。

こうすると、三／四次元のエネルギーの歪みを回避することができます。同時に、すべてのものの源である未顕現の原初の生命力物質へのアクセスがこれまでよりも簡単にできるようになります。

5 アルファ意識状態で自動書記を行ってみましょう。

ハイアーセルフに簡単な質問をして、ペンを手に軽く持ってみます。最初は意味を成さない渦巻き模様のようなものが描かれるかもしれません。これは、ハイアーセルフがあなたの内なる筋肉組織と調整を図って腕や手を通してコミュニケーションをするための準備段階であることを意味します。タイプライターかコンピューターの前に座って、あなたのハイアーセルフがそのような方法でコミュニケーションをしてくるかどうか試してみるとよいでしょう。これはより簡単な方法で、私が過去世についての情報を受け取りはじめたのもこの方法でした。それから、最終的にはアーキエンジェル・マイケルのメッセンジャーになるようにと導かれていったのです。今では、コンピューターを通してアーキエンジェル・マイケルからほぼ完璧な形でメッセージを受け取るようになりました。息が合ったチームワークで、私は自分の意識は脇に置きます。すると、彼が情報の光のパケットを私の脳の中にダウンロードして、それから、彼のエネルギーが私の手を動かしてメッセージが出てきます。あなた自身の「神聖なコネクション」ができるように道を掃除するようなものですが、これは十分やる価値のあることだと思います。

6 アルファの意識状態に入って答えや解決策を得る練習をしてみるとよいでしょう。うまくいった例を書きとめておきます。人生の中で起こりはじめる小さな奇跡を、何でも書きとめるのです。「天使のでこぼこ」(三次元では鳥肌が立つなどと言っているようですが)は、あることが真実であるとハイアーセルフが伝えているのです。

35 最高創造主の多数のレベルと局面

話を分かりやすくするために、「存在するもののすべて」、あるいは「最高創造主」を「創造主」と呼ぶことにします。私たちが住んでいるこの宇宙の共同創造神を「神」または「父にして母なる神」と呼ぶことにします。私たちもまた、共同創造神です。私たちは神ではありませんが、創造主と神の延長であり、分身であり、火花なのです。

私たちは創造の第一世代に属しますが、父にして母なる神と創造主を直接に体験する機会が私たちの前に差し出されています。意識が降下してからというもの、ハイアーセルフ、天使、ガイド、祖先のマスターたちを通してしか神や創造主を体験することはできませんでした。創造主は私たちが創造の完璧なレベルにいることを知っています。私たちは創造主の分身（火花／魂）です。私たちは創造主や共同創造神の代表として、意識と表現を拡大し、神に与えられた知性を活用するために地球にやって来ました。

時間の流れの中での今という瞬間において、私たちは思考形態、意図、行動を通じて過去において下したすべての決定の所産として存在しています。私たちの主たる目的は、二元性と二極性の世界に生きながら、調和と中庸に戻ることです。これまでは失敗してきたというよりも、「完璧への帰還」が達成されていないということです。

＊＊＊

私たちは神聖な力の中心に戻る努力をしながら、神としての我れを再度創造している最中です。それは以下の三つの方法によって達成することができます。

1　女性的なエネルギーと男性的なエネルギーのバランスを図る（美徳・側面・属性）。

2　私たちが本来持っている力を我がものであると宣言し、それをしっかりと所有し、ためらうことなく、怖れることなく、すべての存在の最善のために「神の計画」と波長を合わせながらその力を行使する。

3　過去一万年の間にわたって支配されてきた生存競争、欠乏、性的なパターンから抜け出して、私たちの太陽系の八つの主要なチャクラと銀河的調和の十二光線を活用する。

＊＊＊

多元的創造のネットワークの中にあるより高いレベルの意識に、どんどんアクセスすることが可能です。しかしながら、スピリットを飛翔させて光の螺旋階段を旅し、私たち自身の火花や分身を統合していくわけですが、しっかりとした土台に立っていなければなりません。大地にしっかりと足を下ろし、人間の器（神人）としてしっかりと立っていなければなりません。この人生における私たちの使命は、人類のすべてと調和を図りながら、「光の存在」としての神聖な生得の権利を我がものとして宣言し顕現することです。そして、地球を当初の清浄な天国に戻す手伝いをすることです。常に選択することができます。常に探求することを忘れず、最善の選択をするように努力したいものです。思い出してください。何かがうまくいかないときには必ず別なやり方があるのです。ハイアーセルフや天使たちの導きを求めるとよいでしょう。彼らがあなたを道に迷わせることは決してありません。ハートの促しに従うことを忘れないでください。拡大された心の力を使って決断を下すのです。ハートと心（頭脳）の協力関係、これに勝る方法はありません。

＊＊＊

「マタイ伝」の第十三章三十九節に次のような言葉があります。「収穫とはこの世の終わりのことであり、刈り手とは天使たちのことです」。今という時代はこれまで私たちが考えてきた世界というものが終焉するときであり、私たちは刈り手であり、地上の魂のすべてが目覚めるべく、ニューエイジへの偉大な行進に参加するようにと呼びかけているのです。アセンションのマトリックス（基盤）は現在進行中のプロセスであり、終わることのない拡大の周期であり、神の我れになるという壮大な体験なのです。

＊＊＊

光は暗闇の中にある光を常に探し求めています。火花がどんなにかすかなものであっても、点火して大きな炎へと燃え上がらせることが可能です。内なる調和とバランスを達成してソーラー・パワー・センターから愛と光を放ちはじめると、あなたの輝きは累乗的に拡大します。やがてそれが当たり前の状態になって、この世界やそこでの出来事をマスターとしてのより高い観点から見ることができるようになります。

＊＊＊

何千年もの間、遠ざけられてきた世界、エネルギー、叡知にアクセスする機会が私たちの前に差し出されています。私たちがしなければならないこと、それはハートを開き、心を静め、叡知を駆使して日常生活の中で模範的な人生を表現する、ただそれだけでよいのです。

＊＊＊

スピリチュアルで、哲学的で、リラックスしていて、内的および天上的志向性があり、緩やかな規則を好み、人生における枠組みが常に変化するあり方を好み、一般的にいえばリベラルで価値判断をせず、エゴに基づいて行動する代わりに魂に基づいて行動し、問題をユニークな形でしかも公正に解決し、自然を愛し自然とともに生活し、一人でいることを好み、人生の喜びを一般的に当たり前と思われているような方法をとらずに探求し、生活をしながら瞑想をして、常にスピリットと波長を合わせた生活を営んでいる。この世界にありながら、この世界によって所有されない生き方をする。私たちは皆、一つです。あなたはあなたの道を探求してください。私は私の道を探求します、という生き方です。私たちの道が交錯したときには愛と喜びと叡知を分かち合いましょう、というあり方です。

36 無限（∞）の門にアクセスする

愛するマスターたちよ、グレート・セントラル・サンからあなた方の太陽系と地球に放射されている宇宙生命物質のエネルギーは、人類全体が現在の状態で取り入れることが可能な最大量に達しています。人類と地球は変容／進化の絶えず進展するプロセスにおいて、再び大きな一歩を踏み出しているところです。螺旋状の進化が次の段階まで進んで、地球が太陽系／銀河系のラインアップ（陣容）において適切な場所を占めるようになるまで、宇宙進化の進行はもはや待つことはできません。数多くの周期が、大きな周期も小さな周期も含めて、いま終わりに近づいています。あなた方の地球と太陽系と銀河系の現在の相対的な位置関係は巨大な規模の点火を起こし、それによって神聖な進化の計画に必ず起こるべきものとして書かれている変化が顕現されることでしょう。

あなた方と地球が完璧な調和の**静止点**においてバランスがとれた状態に戻ると、両極性の意識は光と影の間でダンスを踊り、光と影を織りなすことはできなくなります。争いや分離はまったく必要がなくなります。あなた方はマスターとしての自分を完成させ、すべての存在にやすらぎと豊かさと大いなる喜びをもたらす者の創造を妨げるものは何であれ、まったく必要がなくなります。気がついているかと思いますが、光が一定の人びとや地域においてより顕著になりつつあり、同時に、影／ネガティブなあり方が一定の地域においてより顕著に、かつ、狂乱のような状態で現われています。その理由は分離が起こっているからです。あなた方一人ひとりの内部において、そして周囲の人びとすべての内部において分離が起こっているからです。

地球上に、そして人類の内部に、光の世界と影の世界が何千年もの間、共存してきました。今というときは、光が何者によっても妨げられることなく地上に自らを顕現するときであり、あなた方こそこの素晴らしい贈り物の担い手です。確かに、影および影の網に捕まっている人たちは、それが彼らの選択であれば、螺旋状に下降しつづけることでしょう。しかしながら、変容と調和とバランスの光の中へと入っていくためのドアは、時間の流れのどの時点においてもすべての人に常に開かれています。そして、どのようなことが起ころうとも、心の「静止点」にとどまっていれば、それに影響されることはありません。本書の前半で、あなた方のソーラー・パワー・センターの中にエーテルのローズクォーツを置きました。このローズクォーツには美しく純粋な蓮の花が入っていて、中心には「紫色の炎」が輝いています。このローズクォーツの心臓部の核心に「創造の静止点」が住んでいます。これこそ、私たちの父にして母なる創造主の本質があなた方の内面において花開き、あなたが創造の第一原因の息子にして娘であることを世界に向かって宣言するのを待っている神聖な場所です。

「無限（∞）の門」がいま開き、力を与えてくれるフォトンベルトの光の周波数があなた方に徐々に浸透しています。これは精妙な創造の宇宙光線のさきがけとなる浸透であり、これによって、近い将来に起こる全包括的なこのエネルギーの注入にあなた方が適応しやすくなるのです。「ホームワーク」「ハートワーク」「魂のワーク」を行った人だけがこれらの高度に精妙化されたエネルギーにアクセスし、取り入れ、活用し、そうすることによって、予言されてきたようにマスターになり、共同創造主になることができます。

凄まじい勢いで流入されているこの創造主の光の源は、私たちの父にして母なる創造主のハートです。現在、「ゼロポイント」（出発点）として指定されている地球にこの光が螺旋状に降りてくる姿を想像してみましょう。この光は地球に到達するや、地球という顕現された現実を超えて四方八方の大いなる虚空へと流れていき、再び地球に戻ってきて両極性の「ゼロポイント」を横切って再び自らの源へと戻っていきます。これらの強烈な螺旋状の光は地球に到達するのに長い時間を要しました。というのは、地球に来る途中に焦点を合わせるべき数多くのゼロポイントがあり、それらのポイントを通過してくるたびごとにどんどん大きくなり、この宇宙内のより大きな領域をカバーできるようになったのです。

未来の様々な創造を司るこのエネルギーがすでに顕現された世界を通過していくとき、悠久の時の流れの中で意識体になった、あるいは個別化されたものの栄光、荘厳さ、美しさのすべてを収集し、収穫していきます。創造のこの偉大な多様性が「神聖な可能性」の坩堝に付加され、この宇宙の宝の箱にアクセスする勇気を持った人、ないしは、その準備ができている人はそれを入手することができます。この不可思議なエネルギーは「光のピラミッド」の中に貯蔵されていて、そこに行けば入手できるという話を前にしたことがあります。それが最初の方法であり、この精妙なレベルの「宇宙の生命力物質」にアクセスし活用する極めて効果的な方法でした。

いまや、そのエネルギーは地球にやって来て、洗練しバランスをとる必要があるもののすべてをかき混ぜ、同時に、平和の光の戦士であるあなた方に素晴らしい機会を提供しています。しかし、注入されつつあるこの創造主の光は両刃の剣であることを自覚する必要があります。この光は、怖れ、貪欲、憎しみ、偏見、コントロールしたいという欲望が支配する暗闇の国々を引き裂くか、中立の状態にしようとするでしょう。同様に、光の受容器であり担い手である人たちや光のワーカーたちが、彼らの光によって安全にした場所に力を与え、補完してくれるでしょう。

新しい創造の女性的な／母なる神のキリストの光が過去二千年間の男性的な／父なる神のキリストのエネルギーと融合できるようにするために、地球の十二の主要なチャクラを代表する十二のポータルを地上に固定する必要がありました。地球の一つひとつのチャクラは十二の銀河光線に呼応しています。宇宙のエネルギーの流れは、螺旋状に渦巻く無限のサイン（∞）を描きながら、地球のグリッドシステムを行き来して、地球という構造物の主要な脈拍のポイント（チャクラ）の一つひとつに触れ、また、数多くの小規模なエネルギーのヴォルテックスにも触れています。これらの星の形をしたグリッドポイントの中には、男性的なエネルギーのものもあれば女性的なエネルギーのものもありますが、この宇宙のエネルギーが地球を駆け巡るなかで融合されて一緒になります。

古い細胞のパターンとアンバランスな状態を癒し、除去することによって、この精妙な光を最大限に取り入れることができるように準備することが不可欠な理由はここにあります。この精妙なエネルギーを注入すれば、あなた方の細胞構造は再生され、生き生きとしたものになり、それがひいては、健康と活力と安寧を高めてくれます。一日数回、とくに眠りの状態に入ることを自分にゆるす前に、パーソナルな「光のピラミッド」の中に入ることによって、肉体、精神体、感情体、エーテル体をこのキリストのエネルギーと共鳴させるプロセスを加速することができるでしょう。

そうです、これこそがキリストの再来であり、キリストの光が地球に戻ってくるという意味です。キリストの再来とは、あなた方一人ひとりの中にキリストが生まれるということであり、この畏怖の念を覚えるような贈り物を統合するとき、あなたは「集合的な救世主」の一部になるのです。あなた方はまた、人類の原初的な集合的精神基盤、別な言い方をすれば、三次元の大衆意識の価値体系に優先する集合的な宇宙精神内の主要な勢力となるでしょう。今後のあなた方の主要な焦点と任務は、地球を浄化し、愛をもって地球を育み、地球を創造の宇宙的な法則にマッチした「神聖な愛／光」の美しくも完璧な表現に戻してあげることです。

思い出してください。地球およびあなた方自身の肉体の中に闇の部分、歪みやアンバランスな状態を創造するうえであなた方も力を貸しているのです。創造主が創造のすべての局面を抱擁するのと同じように、あなたの影の部分、否定されているあなた自身の一部、あなたの中にあってバランスと調和のとれた状態になることを頑《かたく》なに拒否しているエネルギーを、承認し、祝福し、解放し、手放さなければなりません。

光と闇を分離するプロセスを加速するための単純にして深遠な方法を紹介しましょう。いつもと同じように、最初に自分で試してみて、このプロセスを完璧にマスターしてから他の人たちと分かち合ってください。

両極性の世界でバランスのとれた状態に入る

横になってください。あるいは、くつろいだ状態で座ったままでも結構です。数回、浄化のための深呼吸を行います。両足とルートチャクラを通じて地球の生き生きとしたエネルギーを体内へと引き上げ、ハートの本質の内部に意識を集中してください。すると、ハートの本質の中にあるローズクォーツが脈を打っているのが感じられます。
あなたの「ありてある我れ」に、クラウンチャクラを通して光の細胞を送ってくれるようにと依頼してみてください。光の細胞が太陽神経叢の中に定着するのが感じられます。この細胞があなたの肉体的な器全体を代表するものになると宣言してください。この光の細胞が、あなたの中にある歪められた思考形態、否定されたレベルの意識、不完全なもの、歪められたもの、影のすべてを自らの内部へと引き入れるのを見てください。光の細胞の中に入っていくものの中には、肉体、感情体、精神体、エーテル体、この現実あるいはその他諸々の現実の中にあるバランスが崩れた可能性としての未来とタイムライン（時間の流れ）、あなたが創造しエネルギーを与えてきた分身のすべてが含まれています。

そうしたもののすべてが光の細胞に向かって移動し、やがて光の細胞の中に包み込まれるのを見てください。まるでカプセルの中に入れられるようにしっかりと包み込まれるのを見てください。それらのエネルギーがあなたの多次元の身体のどこにあったものであれ、その場所から離れて自由になっていくのを感じてください。あなたのＤＮＡの最も深い核の部分から、そして、細胞の構造から離れていくのを感じてみましょう。それに加えて、あなたの血液、筋肉、様々な器官、組織、骨格、チャクラシステム、脳の中にあった記憶もまたその場所を離れていくのを感じてください。あなたがこれまでに創造したアンバランスや不協和のすべてが、この光の細胞の中に安全に愛情を込めて取り入れられることを要求し、宣言するのです。このエネルギーの創造主として独自の進化の道を歩み続ける許可を与えてください。その道がどのようなものであっても、どのようにその道を歩んでいくとしても許可を与えるのです。

今という瞬間まで、あなたの影の部分は分離したら生き残ることができないと思って必死にあなたにしがみついてきました。あなたの怖れ、罪の意識、恥など、ずっと昔に遡《さかのぼ》るところの、勇気をくじく思考形態によって、この影の部分は滋養を与えられてきました。今、光の細胞の中に包み込まれたこれらのエネルギーのすべてに対し、そのような心配はないと愛情を込めて保証してあげてください。今というときは分離するときであり、それぞれが選んだ自分の道を歩んでいくときです。この分離によっていまだに低次元の両極性のエネルギーに縛られて、バランスの周波数へと変容することができないでいる歪んだ思考形態／波動が自分のペースで進化していくことが可能になります。彼らを解放することによって、あなたもネガティブな二極的な形態から解放されることになります。

深呼吸をして、無限の呼吸が身体全体を駆け抜けていく姿を想像してみましょう。次に、この光の細胞が太陽神経叢から飛び出してエーテル界に浮いているのを見てください。あなたの影の側面を創造主の光で囲み、四つの低次元の身体（肉体・精神体・感情体・エーテル体）のシステムから外に出すことによって、あなたの影の側面は自由意思という贈り物を与えられたフリーエージェントになります。それはあなた方とまったく同じです。光の細胞の中には生育可能な意識の細胞があります。そのような細胞は、その性質からして、影の場所の波動の中での道を歩み続けることもできれば、光や根源と再び一緒になるプロセスを開始することもできます。あなたが地球に何度も旅するなかで創造した我れのこの側面に対して、同情の思いと、慈悲の思い、そして感謝の気持ちを送ることを忘れてはなりません。すべては、光の世界に帰る途中の学びのプロセスの一部なのですから。

プロセスが完了したと感じたら、ローズのハートセンターの**静止点**に入り、もう一度、無限の呼吸を始めてください。この素晴らしいエネルギーが肉体の器の全体を駆け抜けていくのを感じてみましょう。このプロセスは創造の精妙なエネルギーを導き入れ、内部にいまだに残っているちょっとしたアンバランスな状態を確実に変容して調和のとれたものにしてくれるでしょう。プロセスの終わりに、クラウンチャクラに再び心の焦点を合わせ、ダイヤモンド・クリスタルのピラミッドがあなたの「ありてある我れ」から流れ落ちてきて、空いている場所のすべてを光で満たしているのを見てください。今ここで起こったことの栄光に浸ってください。完璧であると感じたとき、こう言ってみましょう。「**それは成就した。それは成就した。それは成就した**」

愛する人たちよ、あなた方の世界の狂気を見つめ、安全や安定が脅かされているなかで、あなた方の中には疑いを抱きはじめている人もいることを私たちは感じています。違いを生み出すことは不可能だと考えているかもしれません。混沌とした世界にあっては安全な場所などないと怖れているかもしれません。大衆意識を、愛と調和と平和な共存へとシフトさせることは不可能だと思っているかもしれません。そんなことは絶対にないということを、どうぞ信じてください。

現在の世界において、あなた方が知らない多くの変化が起こりつつあります。アメリカ政府の内部において、様々な世界の政府の内部において、変化が起こりつつあります。これまでは巨大な利潤を生み出すことが重要な価値基準であった企業や複合企業は、彼らが行っている不正なビジネス慣行の見直しを迫られています。一般の大衆や地球を犠牲にして巨大な利益を上げることはもはやゆるされません。政府内の戦略的な場所や、強力なビジネスコミュニティーの中の影響力と権限のある地位に、スピリチュアルな戦士を配置する能力が私たちにはないなどと、あなたは思っているのでしょうか。目に見えないところで多くのことが起こっています。ビジネスコミュニティーや世界の国々の政府の内部に人間の権利や地球の権利を強調する新しい考えが登場してきたら、光のメッセンジャー／戦士の仕業であることを知ってください。彼らは世界の政治や商業のあらゆる部分に浸透していることを知ってください。

あなた方に一つ、約束をしましょう。この瞬間の「静止点」に心の焦点を合わせ続けていれば、裁くことをせず自然や周囲の人たちと調和を保ちながら毎日を生きるならば、「光／力のピラミッド」の中ですべての存在にとっての最善を願いながら無条件の愛を地球と人類に向かって放射するならば、あなた方は安全です。あなた方は違いを生み出すでしょう。数え切れない奇跡が雨のようにあなた方の上に降り注ぎ、やすらぎと調和と豊かさを紛れもなく体験することでしょう。あなた方は、争い、苦しみ、欠乏、不協和の居場所がない世界を創造するでしょう。私たちはあなた方と一緒に歩いていきます。スピリットの統合された次元の調和、やすらぎ、喜びの中で私たちはますますお互いに近づいているのです。

私はあなたの友であり、守護者であり、片時もそばを離れない道連れです。**私はアーキエンジェル・マイケルです。**

37 無限呼吸と倍数瞑想

無限のサイン（∞）は非常に特定された光のパターンで神の心から発しているものです。進化のスペクトラムを形成するためにエロヒムが活用しています。

クラウンチャクラ（頭の上に投影される神聖な叡知の光のサークル／光のグリッド）は、「ありてある我れ」へのスターゲイトです。このチャクラが点火されて明るい炎を放つと、その存在は神の正義を守る召使いであることが分かります。男性／女性における創造主の知識の三要素の中で最高の地位を占めるクラウンチャクラには、聖霊を通して神の叡知を塗布することが可能です。――『The Book of Knowledge : The Keys of Enoch』（知識の本・エノクの鍵）by J. J. Huntak より抜粋。

＊＊＊

無限呼吸のプロセスを使うことによって、四次元、五次元、六次元、七次元、八次元（無限）の門を活性化することができ、あなたという全存在／神聖な「ありてある我れ」の多次元のチャクラポイントとつながることができます。チャクラの数は三十六、五十、いや二百だというように様々な意見がありますが、数は問題ではありません。あなたの多次元の身体内の適切なチャクラのすべてが活性化され、調和を取り戻し、統合されるようにと依頼してください。アーキエンジェル・マイケルは、最初に「高次元意識のクリスタルの七つの球体の瞑想」を通じて無限のエネルギーをそれぞれのチャクラに注入することによって、無限呼吸瞑想の準備をするようにと提案しています。

ライトワーカーである私たちは、光を分割したり、減殺することはもはやしていません。無限呼吸法を使うことによって宇宙創造の倍数システムに点火することができます。この点火は、喉・甲状腺・心臓・太陽神経叢から成るソーラー・パワー・センターの静止点を介して行われます。二から始めて五一二まで倍々にしていくことにより、光を拡大するのです。数字は、二―四―八―一六―三二―六四―一二八―二五六―五一二というように倍々にしていきます。しばらくこのプロセスを行ったあとに、一〇二四―二〇四八―四〇九六―八一九二まで拡大してみるとよいでしょう。

細胞分裂は倍数配列で起こり、コンピューターも倍数配列のシステムを使っているというのは興味深い事実です。

「無限の門」を開き、「静止点瞑想」を使うことの恩恵は数多くあります。あなたの銀河系のチャクラはあなたの肉体と一線に並んでいて、プラーナの流れを増大させています。これが肉体を再活性化する働きをして光体をつくるプロセスを加速してくれます。こうして、私たちは「ありてある我れ」とつながり、それによって光の保護体によって守られ、低次元のネガティブな影響力から一〇〇パーセント守られるようになり、三次元と四次元で進行するドラマの観察者として存在することができます。このようにして、私たちは力づけられて地上に存在しながら、地上的なものに縛られることなく生きることができます。かくして、光指数を増大させて地球と人類に対してますます多くの無条件の愛／光のエネルギーを放射することができます。私たちは高次元および時空間を超越した世界に住む光の存在たちの仲間入りをすることになるのです。

「静止点」ないしは「ゼロポイント」のエネルギーは、この宇宙に存在するすべてのものの源です。無限呼吸と「静止点瞑想」を練習して完璧なものとすることによって、神の呼吸と宇宙における最も強力なエネルギーにアクセスすることができます。

38 アーキエンジェル・マイケルからの贈り物

高次元意識のクリスタルの七つの球体瞑想

意識の七つの球体――チャクラの一つひとつに神聖な「ありてある我れ」からやって来るクリスタルの光の球体があり、これが無限の呼吸を固定します。

クリスタルの光の球体があなたの「ありてある我れ」から降りてきて、チャクラの一つひとつに固定されていく姿を想像してください。それぞれのチャクラに無限のサイン（∞）を三回吹き込みます。それから、次のチャクラに移動して、同じことを繰り返します。無限のしるしを吹き込むときに、少しずつ角度を変えることによって、「フラワー・オブ・ライフ」（生命の花）が形成されます。

第一チャクラ（ルート）

解放すべき三次元のエネルギー／思考形態――焦点は部族的な力／本能的な生存競争のエネルギー。活力の欠如。欲望と無気力。憎悪・憤慨・憂鬱《うつ》の体験。

自分に向かって次のように宣言してください。

「私は今、統合とワンネスの力にアクセスして自分の中に取り入れています。地球およびあらゆる豊かさ

のエネルギーとつながり、一体になります」

第二チャクラ（臍の真下）

これは人間関係と他者との交流を司る力のセンターです。

解放すべき三次元のエネルギー――エゴによって突き動かされる情熱と怖れによって燃料を与えられる欲望。「私たち」よりも「私」に心の焦点を置いたあり方と操作願望も含まれます。

自分に向かって次のように宣言してください。

「私はスピリットをディレクターとして情熱の力にアクセスして統合します。私の願いは喜び、やすらぎ、豊かさを創造して享受し、分かち合うことです」

第三チャクラ（太陽神経叢）

解放すべき三次元のエネルギー――自分自身に対する尊敬の思いが少ないために、自分の力を明け渡し、他の人がエネルギーのコードを付着することをゆるし、その結果、エネルギーを奪われて非効率的な生き方を強いられ、感情的なトラウマや怒りに苛まれ、サイキックなエネルギーが停滞するあり方。

自分に向かって次のように宣言してください。

「私は今、私自身のパワー・センターにアクセスし、感情をコントロールしています。私は、私が抱く願望のマスターであり、明確な境界線を設定します」

第四チャクラ（心臓、三つの低いチャクラと四つの高いチャクラをつなぐ門の働きをする）

解放すべき三次元のエネルギー――自分は愛されていない、価値のない存在だという感覚。羨望。自己本位なあり方。

自分に向かって次のように宣言してください。

「私は今、感情のセンターと生命力のソーラー・パワー・センターを活性化します。私は愛と光のエネルギーだけを受け取り、愛と光のエネルギーだけを投影します。私は神聖なスピリットの流れに心を開きます」

第五チャクラ（喉）

解放すべき三次元のエネルギー――自分の真実を語らないあり方。価値判断。他人に対する批判。屈辱感や絶望感。

自分に向かって次のように宣言してください。

「私は今、コミュニケーションと自己表現の力を通して意思の力のセンターにアクセスしています。私は誠実に、かつ識別しながら私の真実を語ります」

第六チャクラ（第三の目）

解放すべき三次元のエネルギー――集中力の不足。緊張感。怖れ。悪夢。インスピレーションに対して合理的な説明を求め、サイキックな体験に対して科学的な説明を求めないではいられないようなあり方。

自分に向かって次のように宣言してください。

「私は今、直感の力にアクセスしています。私は明確な洞察力を持っています。私は注意深く耳を傾けて

内なる叡知とハイアーセルフの叡知にアクセスします」

第七チャクラ（クラウン）

解放すべき三次元のエネルギー――満たされていないという思いや混乱した思い。憂鬱感。無秩序な思考や行動。信頼や希望の美徳を発揮することなく人生を生きるあり方。

自分に向かって次のように宣言してください。

「私は今、スピリチュアルな力にアクセスし、光明／インスピレーション／叡知の私の源である〈ありてある我れ〉とつながっています」

第八チャクラ（ソウルスター――クラウンチャクラの約二〇センチ上）

自分に向かって次のように宣言してください。

「私は統合の意識に架かる虹の橋とつながっています。この虹の橋と波長が一体になっています。私はネガティブなエネルギーのすべてを変容し、カルマの法則を乗り越えて恩寵の状態へと入っていきます」

かくあるべし！　かくあるなり！　私は「ありてある我れ」なり！

39 無限／静止点瞑想の基本

深く息を吸って意識をソーラー・パワー・センター（胸腺・心臓・太陽神経叢の領域）に集中します。これからはソーラー・パワー・センターをSPCと略して呼ぶことにします。あなたのSPCが創造の神聖な光の粒子で満たされるのを見てください。自由に想像します。深く呼吸を続けると、その光のエネルギーが、増大して脊髄を昇っていくのを感じてください。このエネルギーが脊柱と脳のいちばん低い部分がつながっている延髄に浸透していきます。延髄には呼吸と循環を司っている神経中枢があり、延髄はアセンションチャクラともつながっています。

光のエネルギーはアセンションチャクラを通過して頭の後ろから外に出て、頭上二〇センチのところを、弧を描きながら通過して顔の前を通って再びSPCの中に入ります。そこから脊柱を降下して、ルートチャクラから体の外に出て、弧を描きながらSPCへと戻ります。呼吸するたびごとに、エネルギーと光と力がますます強くなっていきます。

この無限のサイン（∞）が頭上にどんどん拡大し、地球の中にどんどん深く入っていく姿を想像しながら、深い呼吸をリズミカルに続けてください。息を吸って吐き出したあとは必ずSPCに戻ります。

快適に感じる限りどれほど長い間でも、この瞑想は続けて結構です。この大切な光の粒子を取り入れれば取り入れるほど、あなたの肉体の器を浄化するプロセスが加速され、不協和なエネルギーが除去されて、そのあとは創造主の光の物質で満たされることを知ってください。同時に、新たなる創造のための高次元の思考形態にますますアクセスし、あなたの物質的な現実と地球の奥深い場所に固定することにもなります。あなたがこの創造の不可思議な贈り物を分かち合うことによって、愛すべき地球は大いなる恩恵を受けることになるでしょう。その見返りに、地球はあなた方人間とのつながりを強化し、より調和のとれたものにして、地球上に天国を築くという父にして母なる神の仕事に一緒に取り組むことになるでしょう。

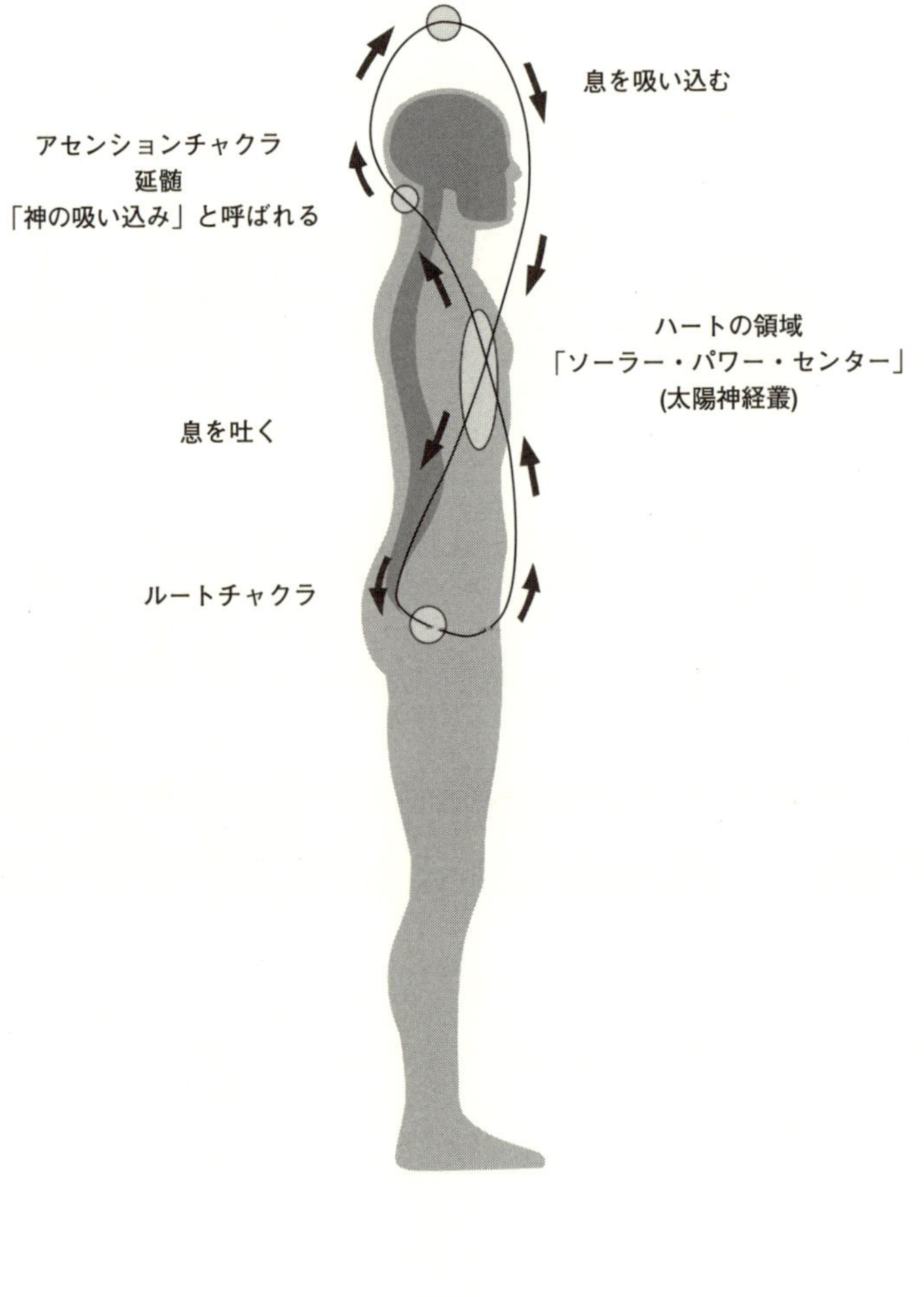

図2　無限呼吸のテクニック

40 あなたは複数の分身のハイアーセルフです

愛する光のマスターたちよ、あなた方は非常に広大なオーバーソウルの分身です。そしてまた、そのオーバーソウルも、さらに大きな存在の個別化された部分なのです。このようなそれぞれの存在は、顕現し、体験し、それによって叡知を獲得し、やがては「ありてあるもののすべて」の栄光の中へと戻って統合される運命にあります。ところで、あなたもまた、創造のエネルギーを用いて独自の実験を行うなかで、あなた自身の分身を創造してきたのです。

三次元の重い波動の真只中にいる間に、試行錯誤を繰り返しながら、あなたは自分のソウルセルフを断片化して、あなたが存在と呼びたいと思っているかもしれない、あなた自身の延長存在をつくったのです。彼らはエネルギーの糸によってあなたとつながっていて、あなたが彼らに与えたエネルギーの周波数に応じて、高い次元や低い次元に住んでいます。「並行的な自我」とか「平行次元における生命体」というようなことが言われますが、その意味は部分的にはこれらの存在のことです。

さて、より精妙なエネルギーのレベルに帰っていくために、すべてのものが一緒になり、再びつながりつつあるという話をあなたは聞かされています。それゆえに、あなた自身の様々な分身が、調和のとれたものであろうとなかろうと、あなたの体験の中に集められ、時には大いなる喜びや新しい意識を創造することもありますが、だいたいの場合、不快感とアンバランスな状態をつくり出しています。あなた方の多くが次のように嘆くのを私たちは聞いています。「ライトワーカーであることはどうしてこんなに大変なのだろう。一生懸命に努力しているのに、どうしてたくさんの挑戦や障害物に直面しなければならないのだろう」

説明しましょう。第一に、あなた方が知るところの時間は、非常に加速されているために、通常、いくつもの生涯を費やして行われることが数日間、あるいは数カ月間に起こっているということがあります。あなた方は今、自分自身の無数の分身と再び一体になっているところです。分身の中には欠乏と貧困の思い、自分には価値がない、自分は愛されていないという思いに取りつかれているために、価値のある関係や愛情に満ちた関係を自分自身に引きつけることができない者もいれば、自らの創造的な能力を否定し、自分には何の力もないと思っているために、他人の言いなりになっている自分もいるかもしれません。あるいは、暴力を信じ、闇の勢力と戦うことに生きがいを感じている分身もいるかもしれません。また、病気であると信じ、老齢化のプロセスと究極的な死の不可避性を信じている分身もいるでしょう。今、一体になりつつある分身が何であれ、ソウルセルフの側面のすべてと直面することをあなたは強要されているのです。

これは不可避的であり、マスターになるための道であり、アセンションに向かう道です。しかし、あなた方がより簡単で優雅に様々な分身を統合できるように手を貸すことは、私たちにもできます。より高い見地から、すなわち、マスターの見地からこれらの問題と対決するための手段と叡知をあなた方に提供することはできます。あなた方は、これらの完璧ではない分身を「愛する」ことによって、彼らからの解放を勝ち取ることができるのです。ハーモニーと再統合のためにあなたのエネルギーの磁場にこれらの分身を連れてくる前に、彼らのバランスをとることができるのです。

この移行のプロセスをより簡単に乗り切ることができるように、次のプロセスをプレゼントしましょう。

瞑想の状態に入ってください。あるいは、アルファ意識状態に入ってください。五次元の「光のピラミッド」に行き、中央にあるクリスタルのテーブルの上に横になってください。あなたのガイド、先生、マスターの方々、あなたの「ありてある我れ」を呼び出し、「紫色の変容の炎」であなたを包み込んでください。あなたにとって最高にして最善の結果を依頼します。こうすることによって、意識をパラレルな周波数の世界に投影しても安全になります。あなたが創造した様々な存在を見てください。彼らが何であるか、誰であるか、あなたは知っているはずです。あなたの人生の中でバランスがとれていない領域のすべて、軋轢や苦痛の原因となってあなたのバランスを失わせている領域のすべて、あなたのハイアーセルフとの関係がスムーズでない領域のすべては、あなたが長い間、生命を与えてきたエネルギーによってつくられたものです。これらのエネルギーの中には極めて強力なものもあります。あなたに何らかの強い中毒があって、この中毒を断ち切ることが不可能であるように思われるとすれば、その理由は、あなたがその存在に非常に多くのエネルギーを与えてきたためです。そのような場合には、この存在と戦ったり争うことは賢明なことではありません。そうすれば、その存在にさらにエネルギーを提供することになり、強化してしまう結果になります。あなたが怖れるもの、あなたが戦おうとするものを力づけ、自分自身に引きつけることになるという話は、何度も聞いたことがあるはずです。彼らのエネルギーをリアルなものにしてみるとよいでしょう。彼らを実際に見つめ、確認し、承認してあげるのです。あなたはまるで、それらが存在しないかのように、長い間、無視しようとしてきました。しかし、これではうまくいきません。なぜなら、いずれは、彼らがあなたの人生に創出するものを、強い感情のエネルギーを使って断ち切りたいと願望する結果、彼らの存在を実証することになるからです。時としてあなた方は人生をコントロールできていないと感じることがありますが、大切な人たちよ、それは確かにその通りです。あなた自身の分身を統合して、彼らのエネルギーをあなたのソウルセルフと再び統合するまでは、あなたの人生を完全にコントロールすることはできません。

これらのエネルギーないしは存在を確認したあとで、キリストエネルギーの力が、まるで偉大な黄金色の太陽のように、あなたのハートセンターの中で輝きはじめるのを感じてください。このエネルギーがだんだん大きくなって、あなたの身体全体に浸透し、オーラにまで浸透していくのを感じてください。それから、このエネルギーをあなたの分身の一人ひとりに投影します。すると、彼らは黄金の光で満たされ、最後には変容を遂げます。彼らにとくに強いエネルギーが与えられている場合には、一人ひとりの分身について数回、これを行う必要があるかもしれません。しかし、彼らのエネルギーのバランスがとれ、中性化されたと感じたとき、彼らが一条の聖なる光の流れとなってあなたに引き寄せられてくるのを見てください。彼らのバランスがとれていれば、あなたのハートセンターに引き寄せ、統合することができます。そのとき、あなたは大いなるやすらぎと解放感を体験するでしょう。

統合される準備がまだできていない場合、あるいは、誤ったエネルギーがまだ残っている場合、その存在はある時点で止まり、あなたの聖なる光の磁場に入ろうとはしないでしょう。なぜなら、純粋な光になるまでは、あなたが周囲に配置した保護のバリアを突き抜けることができないからです。あなたの分身に関してなすべきことがまだある場合には、このようにしてそれが分かります。勇気ある人たちよ、こうすれば、この変化多きときを苦しむことも心悩ますこともなく通過することができるでしょう。

あなたの感受性がさらに研ぎ澄まされ、次元間のヴェールが薄くなるにつれて、様々な現実を出たり入ったりしている自分に気がつくでしょう。その結果、気分が高揚したかと思うと落ち込んだり、ムードが激しく変わったり、心を乱すような衝動を体験するでしょう。あなた方の多くはこれを闇の勢力のせいにしてきました。愛する人たちよ、私の言葉を信じてください。闇の勢力が力を振るっているのではありません。あなたの様々な分身が注目してほしいがために叫んでいるのです。なぜなら、彼らもまた、あなたと同じように統合されたいという衝動と願望を感じているからです。そういうわけですから、彼らの存在を承認してあげてください。認めてあげてください。そうしても、彼らが強化されることはありません。それによって、愛情に満ちた交流と統合の道が開かれるでしょう。認めてほしいがための、さらなるストレスと苦しみの道が開かれることはありません。あなたが愛と叡知と統合するための力を求めてハイアーセルフに向かって努力しているのと同じように、彼らもまたあなたの方に来ようとして努力しているのです。**あなたは彼らのハイアーセルフなのです。**

愛する人たちよ、自分自身と和解してください。そして、私たちと一緒に人類史上初めての波乗りに出かけましょう。後悔することは絶対にありません。私、アーキエンジェル・マイケルが約束します。

41 多次元のライトボディーを構築する

平均的な人間の身体には一〇の一四乗の細胞があります。つまり、百兆の細胞があります。成人の身体においては、毎秒二五〇万個の赤血球が新たに入れ替わっています。人間の身体は、人が放射する思考形態とエネルギーパターンによって絶えず自らを再生しているのです。エネルギーパターンと思考形態を変えれば、身体は変わります。私たちは今、クリスタルのライトボディーを再建している最中です。ライトボディーとは多次元のアダム／イブ・カドモンのライトボディーのエネルギー的骨格から成る幾何学的システムです。

＊ 無限呼吸と静止点瞑想をしながら、玉虫色の炎／光の純粋なフォトンエネルギーに心の焦点を合わせてください。

＊ あなたの最善のためにもはや役立つことのない周波数や波動を解放し、除去することに心を集中してください。

＊ 創生のパターン――「フラワー・オブ・ライフ」（生命の花）のパターンをアセンションチャクラ（クラウンチャクラ）の上に重ね合わせることによって、ホログラフィックなパターンの再構築がなされ、ひいては、ハイアーセルフの数多くの側面の統合を加速することになります。

力のマトリックス（基盤）のダイヤモンド・クリスタルが、上半身では両肩、頭全体、脳構造の内部など、身体の数多くのポイントにあります。下半身では膝や足。それから、肘や手などにも位置しています。このクリスタルは六角形をしています。クリスタルが身体全体に適切な形で配備されると、バランスのとれたエネルギーが身体全体にわたって上から下までスムーズに流れるようになります。さらに、適切な形で活性化されると、「チ」「気」「プラーナ」などという名前で呼ばれている生命エネルギーが、身体全体を通じて拡大されます。レイキの癒しのエネルギーは、手のひらのクリスタルを通して活性化されます。手のひらのエネルギーに焦点を絞ると、強力なエネルギーを投射することができるのです。また、エネルギーを手のひらの中で両極性のゼロポイントが感じられるまでバランスのとれたものにすることもできます。

私たちはクリスタルの光の球体の天辺を活性化している真最中ですが、この光の球体には私たちのルーツに関する種の記憶と累積的な我れの数多くの局面が保持されています。幾何学模様の「ダビデの星」があって、喉／胸腺、ハート、太陽神経叢を三重の炎でつないでいます。

背中を横切る棒状のエネルギー（力）があり、これが両肩の上腕部で身体に接続されて力のマトリックスをつくっています。

「ダビデの星」の形をしたバランスをとる働きをするクリスタルが、足の中で活性化されています。進歩を遂げていくにつれて、アンテナ・クリスタル、第三の目のクリスタル、調節の働きをするクリスタルが脳と頭蓋骨の中で活性化されます。

銀河系意識の十二の光線すべてのエネルギーを包含する「創造主の光」の虹の帯があります。この光の帯は、あなたの「神聖な我れ」の美徳・属性・側面を統合するプロセスを加速させながら、身体全体に配列されている螺旋状のエネルギーを安定させてくれます。

42 アセンションチャクラと銀河系チャクラシステムの統合

光のスカラー波にアクセスする――スカラー波はヘルツでは表わせない周波数です（一ヘルツ＝一サイクル／毎秒）。

スカラー波は次元間のポートホール（銃眼のような穴）を通して伝播され、創造の多様なエネルギーの構造の基礎を形成します。スカラー波は光の源泉であり、「時の脈拍」と呼ぶことも可能です。なぜなら、スカラー波は永遠の（時のない）エネルギーであり、「宇宙の生命力としての光」だからです。銀河系チャクラが開かれ活性化されると、スカラー波のアンテナがつくられます（高周波数のヘルツではないラジオのような多次元の生命エネルギーの送信機と受信機）。これによって、より多くの光の流入が可能となり、宇宙のキリストエネルギーからのコミュニケーションが明確になり、クンダリーニの生命力の活性化が加速されます。それに伴い、頭蓋骨の基底部にある休眠中のアセンションチャクラが活性化されます。急速な「神の悟り」によって量子的な飛躍は可能であり、それによって究極的には高次元の知性の世界と交わることが可能となります。その結果として、われわれの銀河系チャクラシステムが統合され、フォトンベルトのエネルギーの変化を優雅に通過して統合された多次元の高い周波数をスムーズに統合することができます。このプロセスが成功裏に行われるたびごとに、地球もまた一条のフォトンエネルギーを体内のグリッドシステムに受け取り、彼女の波動を人類の波動と一緒に優雅に上昇させることが可能となるのです。――『The Book of

Knowledge：The Keys of Enoch』（知識の本・エノクの鍵）by J. J. Hurtak より抜粋。

＊＊＊

エクスカリバーは光の剣であり、大いなる変化をもたらす道具です。エクスカリバーはフォトンエネルギーと無限の象徴であり、すべての最善のために使われると、剣となって無知のヴェールを真っ二つに切って落とします。

＊＊＊

エクスカリバーは聖なる光のレーザー光線であり、不協和なエネルギーをすべて切断することができます。この剣の光線は古代のルーツの文明の知識だけでなく、文明の源である星の宇宙についての知識も備えています。地球のクリスタルの多くは、とくにシードクリスタルや記録を保持するクリスタルは、宇宙の外部および地球内部と深遠にして親密な関係を持っていて、地表に存在する人間がクリスタルを使うと、クリスタルは数多くの世界との懸け橋としての役割を果たすことになります。言うなれば、クリスタルは光の虹の橋なのです。――『Crystal Healing』（クリスタル・ヒーリング）by Katrina Raphaell より抜粋。

すべての知識、すべての叡知、すべての情報は全創造の宇宙の記録簿に記載されています。新しい情報というものは存在しません。私たちはすでに知っていることを思い出しているのです。

43 この宇宙の父にして母なる神の三分化された表現

アーキエンジェル・マイケル――神の意思
アーキエンジェル・メタトロン――神の光
ロード・メルチゼデク――神の叡知

アーキエンジェル・マイケル――神の言葉の守護者。光の神々のプログラム／創造の守護者。メルチゼデク僧団およびこの宇宙の守護者。光のロード（神）であり、アーキエンジェル・ガブリエルとともにスピリチュアルな世界と銀河系世界の再建に取り組みます。第一原因世界の第一光線の担い手であり、神の意思／力の担い手です。時として天使の「王子」と呼ばれ、神の右側に座っています。

アーキエンジェル・メタトロン――時に「天使の王」「光の永遠の神」と呼ばれる存在。『The Keys of Enoch』（エノクの鍵）の中の情報は、エノク／メタトロンから来ています。エノクはメタトロンの一つの火花であり、それが肉体の形となって「神聖な記録者」となりました。メタトロンは「天国の記録者」として知られており、起こることのすべてをエーテル界の古文書の中に記録する存在です。メタトロンは「神聖なタブレット」（書字板）の筆者です。このタブレットは高次天国の青写真、またはマスタープログラムであり、新しい光の宇宙の創造のために使われるものです。メタトロンは外的世界と電子の創造主です。ところで、電子はスーパー電子のサブ電子です。このようにして、私たちの父にして母なる神は、メタトロンを通じて光の言語を発しています。これらの光の言語が物質化して形をとり、光の叡知は物質化して意識の波動になります。

ロード・メルチゼデク——神の叡知。宇宙の光の神。光の聖職と意識の正しい活用を司ります。人間の知性を超越したあらゆる勢力、国、銀河系世界に君臨します。メルチゼデク僧団の中からとくに選ばれた存在が「光の息子／娘」であり、彼らは形象の世界に生まれることを選択し、聖なる光の主権を顕現する選択をしました。その目的は、地球の人類を目覚めさせるために必要な聖なる光の塗布の力を人類に浸透させることにありました。メルチゼデクは「魂の科学」を伝えます。魂の科学とは人間の不滅の部分であり、「魂の永遠の現実」です。

アーキエンジェル・メタトロン、アーキエンジェル・マイケル、そしてメルチゼデクは、力を合わせて新世界の果てることのない展望を切り開いています。新世界は「生命の本」とこの宇宙の創造神の啓示された表現によって種を蒔かれているのです。——一部、『Melchizedek A-Z Pearls of Spiritual Wisdom Reference Handbook』（メルチゼデク、スピリチュアルな叡知を網羅したハンドブック）by Sylvia Sharama Shanti より抜粋。

44 内なるハーモニック・コンヴァージェンス

愛するマスターたちよ、地球上にあるもののすべては、特定のレベルの波動ないしは周波数に共鳴していることを忘れないでください。思い・行動・行為を通して周波数のパターンをつくり出し、その中で生活し機能するのです。精神体・感情体・肉体をバランスのとれた状態にすると、常に増大する精妙な周波数に共鳴するようになり、三次元の抑圧的なエネルギーの中ではなく、四次元ないしは五次元の様々な局面で生活することになります。このとき、あなたは本当の意味で「地上の天国」を体験することになります。あなた自身がつくった天国の体験です。

恩寵のときを達成するのに役立つ簡潔なガイドラインを紹介させてください。光の螺旋《らせん》を昇る果てしない移行のプロセスをあなたが加速している今、スピリットの叡知に波長を合わせる手伝いをさせてください。

あなたの真実を創造して自分のものであるとして宣言し、その真実を生きなければなりません。

新しい情報はすべてハートをモニターにして処理してください。愛の波動に共鳴し、人を力づけ、すべての存在にとっての最善を目指すエネルギーはすべてスピリットから来ていること、高次元の真実であることを思い出してください。コントロールするもの、減殺しようとするもの、怖れに基づいたものはスピリットから来ているものではなく、放棄すべきものです。大衆意識の古い制限的な思考パターンを受け入れてはなりません。「大不況がやって来る、ハルマゲドンだ、世界に大変動が来る」といった思考パターンです。病気、人間関係、大規模なカルマからくる出来事、予言、大量破壊などの古い概念に注意を払わないことです。あなたには自由意思があります。あなたは考えている以上に強力な存在です。あなた自身の真実を創造してそれを生きるならば、すなわち、自分自身を力づけながら豊かで健康で喜びに満ちた人生を創造して生きる気持ちがあるならば、大衆意識のレベルおよび大衆のカルマを真の意味で乗り越えたことになるでしょう。

意図、誠実さ、直感に心の焦点を当ててください。

人生のあらゆる側面に関してできるだけ詳しい将来の計画を立ててください。肉体的・精神的・感情的・霊的なすべての側面から考えてみましょう。それからその計画をあなたの「ありてある我れ」に委ねてください。そうすることで、計画をあなたの最高の使命および「神聖な青写真」と一致させることができます。感情という燃料を与えてください。あなた自身の願望がスピリットを通して完璧に顕現された世界に住み、その中で機能するということがどのようなものか感じてみてください。それから、スピリットの導きに従って——それは直感という形でやって来ますが——次のステップを踏み出して前進しなければなりません。あなたのソウルセルフのかすかな促しの声に耳を傾けてください。あなたの魂が優しく導き、方向を示してくれるはずです。そして、すべては完璧で「神聖な秩序」の中にあることを知ってください。

あなたが理解している真実を誠実に生きてください。瞬間瞬間、誰か他の人の真実ではなく、あなた自身の真実を知りそれを生きてください。「自らに真実であれ」という言葉は最も重要で深遠な言葉です。真実には数多くのレベルと多様性と重なりがあり、統合の意識と創造主の深遠な真実に戻っていくための道は数多くあります。あなたは共同創造という旅を任務として課された特別な航海者です。したがって、あなたは独自の真実と誠実さと意識的な顕現を求め我がものとし、それによって生きなければなりません。

バランスと調和を創造し、自分のものとする。

表現のあらゆるレベルでこれをしなければなりません。すなわち、肉体的・精神的・感情的・霊的なレベルのすべてにおいてです。過剰な強調、つまり、一つのことだけに心の焦点を合わせるというあり方は調和を乱すことになります。あなた方の多くは、スピリチュアルな成長にだけ心を集中すれば、あとは無視してもよいと感じています。あなた方はスピリットとして生きる方法、あるいはスピリットとしてのあり方とはどうすればよいか知っています。思い出してもらいたいのですが、これはあなた方の自然な状態です。

あなた方の任務はスピリットが物質の世界を体験することをゆるしてあげることです。肉体という器を愛し、抱擁し、尊重しなければなりません。同時に、スピリットが身体の内部から素晴らしい光を放って輝くことをゆるしてあげなければなりません。肉体という構造を愛し、受け入れ、改善し、心に滋養を与え、心を鍛え、さらに心の傷の面倒を見て癒してあげれば、スピリットがあなたを通じて喜びと生命の興奮のエネルギーを放射しはじめて、すべての調和が再び蘇《よみがえ》ることでしょう。愛する人たちよ、あなたという存在のいかなる側面も怠ったり否定したりしないことです。あなたの欠点を愛してください。すると、欠点が奇跡的な変貌を遂げてスピリットの完璧な表現に変わるでしょう。どうぞ、そのプロセスを観察してください。

自分の力を我がものとして宣言し、境界線を確立する。

あなたの真実を生きて語る権利を我がものとして宣言して、境界線を設定して誠実に生きるとき、他の人たちにも同じ権利を与えなければなりません。あなたの責任はどこからどこまでであるかを知ってください。

あなたは自分自身のスピリチュアルな成長に対してしか責任はありません。模範となることによって教えるだけで、頼まれたときだけ情報やガイダンスを与えればよいのです。愛する人が苦しんでいて、しかもスピリットの促しに注意を払っていないようなとき、これは難しいものがあります。しかし、他人の荷物や問題を引き受けるわけにはいきません。人のためにネガティブな状況を正してあげたとしても、それはその人のためにはなりません。

とくにあなたの子どもが何か問題に直面しているようなときに、親としていつも干渉したり、問題を隠そうとしたり、状況を修正しようとしたりすると、子どもは因果の法則が引き起こす問題を学ぶことは決してありません。同情の思いを持った観察者という立場に立って自らを表現し、愛と励ましのエネルギーを放ち、適切なときに叡知に満ちた言葉をプレゼントしてあげるとよいでしょう。しかし、人それぞれが自分の真実を生きることをゆるすというコミットにしっかりと立っていなければなりません。人がどのようなレベルにいようとも、自らの行動ないしは自分が創造したものに対して責任を取ることをゆるすというコミットに立たなければなりません。

スピリチュアルなボディービルディング。

トーニング（身体の奥から自然に声を出すこと）・聖なる音・静かな身体の体操・古代から伝えられる呼吸法を通じて、生命力のエネルギーを高めることができます。そうすれば、身体はスピリットのより適切な器になるでしょう。スピリチュアルな覚醒と肉体的な健康のための道具として、呼吸法は何世紀ものあいだ使われてきました。深くリズミカルな腹式呼吸法を行うと、濁って淀んだ空気が吐き出され、癒しの力を持った生命力、すなわちプラーナ（宇宙の生命エネルギー）が身体に入って体の中に充満し、脳にエネルギーを与え、細胞や身体器官が再生されることになります。
深くリズミカルな呼吸法に確言を加えると、脳波の活動のスピードが落ちて、潜在意識に波長を合わせ、スピリットの世界からサポートを引き出すことが可能となります。

愛する人たちよ、私たちはそこであなたと一緒になりましょう。どうぞ呼んでください。あるいは、あなたの愛情に満ちた意図を放ってください。私たちは必ず答えるでしょう。あなたがスピリチュアルな力を身につけていくにつれて、創造の「根源」から来る「キリストの光」の精妙な光線にアクセスし固定して、この神聖な空間にアセンションのための柱を築くことが可能となるでしょう。さらに能力が高まると、そのエネルギーを家全体、近隣一帯、それから国全体に放射することができるようになります。これは、スピリットの壮大なエネルギーにアクセスして、地球の局面まで降ろし、固定して、周囲の人びとにその癒しの輝きを放射するための、数ある方法の一つです。

一九八七年のハーモニック・コンヴァージェンスと呼ばれる出来事以来、最高創造主の精妙なエネルギーがあなた方の上にますます注がれるようになりました。この神聖な光と波動周波数が増大するにつれて、一般の人たちがこの新しい光のエネルギーパターンにアクセスして統合することがより難しくなってしまいました。この贈り物を運ぶ人ないしは受け取る人がこのエネルギーを体内に入れて統合するためには、一定のレベルまで調和とバランスがとれていなければなりません。神のこの祝福の適切な受容器となるためには、肉体という器を癒して調和をとり、心をコントロールして拡大し、感情を宥《なだ》めて慰めなければならないと私たちが言う理由はここにあります。

力・保護・イニシァティブの資質を持つ「第一光線」がインスピレーションを与えることをゆるしてあげてください。「第二光線」の輝きと叡知と知覚を取り入れ、「第三光線」の愛と寛容と感謝のエネルギーを放射してください。「第四光線」はあなたが芸術的な能力を発達させる助けになると同時に、明確な行動、謙遜、純粋な目的をあなたに与えてくれるでしょう。「第五光線」はあなたが自らの真実を我がものであると宣言することに力を与え、科学的な知識をもたらし、癒しの能力を高めてくれるでしょう。さらに、「第六光線」はあなたのゆるしの意欲を強化し、やすらぎを求める心を力づけ、献身と信仰と感謝の中で生きたいという意思を強くしてくれます。あなたの存在の全体を「第七光線」の荘厳なばかりの「紫色の炎」で覆ってください。「紫色の炎」があなたの足元から立ち昇り、「神聖な変容の炎」であなたを完全に包み込むその様を見てください。この変容の炎によって、あなたは意のままにエネルギーの質を変えることができるでしょう。スピリットの磁石となって、この「紫色の炎」を放射し、「神のハート」から来ているこの不可思議なるエネルギーを世界に向けて投影してください。

愛する人たちよ、あなた方が愛に心を合わせ、愛のエネルギーを放射するならば、私たちはあなた方の努力の成果を千倍にも高め、拡大し、増大させるでしょう。私たちは常にあなた方の傍らにあって一緒に待っています。この素晴らしい冒険の中で次の奇跡的な一歩が踏み出され、興奮と驚きがますます高まっていくこのときに、永遠の愛と感謝をあなた方の上に降り注ぎます。私たちは常にあなた方と一緒にいます。**私はアーキエンジェル・マイケルです。**

——『黄金の約束』（下巻）第44章より抜粋

45 「神の力強きありてある我れ」の確言

私たちは、すべての存在の最善のために「神の力強きありてある我れ」を通じて、私たち自身の神性に頼らなければなりません。「ありてある我れ」の不思議な力を活用することで、キリストエネルギーの愛と叡知と行動力を引きつけ、私たち自身のハイアーセルフや神の意識と融合させます。何を考え、何を言うかに注意することです。とくに、「私はある」と言うときには神の力を喚起するので注意しなければなりません。「私はある」と言葉にしたり感じたりするとき、中立的な原初の宇宙生命エネルギーを解放します。このエネルギーはポジティブな形で使われれば、愛、平和、美、調和、健康、豊かさを実現できますが、ネガティブな形で活用すれば、この強力なエネルギーにドアを閉ざすことになり、不足、苛立ち、怖れ、悲惨が創出され、人生はこのネガティブな影響によって支配されることになります。

以下に示す確言の一部、あるいはすべてを、状況に応じて何度も唱えるとよいでしょう。確言が頭とハートと魂にしっかりと刻まれ、適切なときに自然に口から出てくるようになるまで唱えてみてください。確言を唱えるとき、言葉の強さと力を感じるようになってください。思考の背後の感情は非常に重要です。

＊　私は人生において完璧な健康、豊かさ、喜び、やすらぎと完璧な状態をつくり出す力そのものです。私には私自身の中に、すべての状況の中に、すべての人の中に、完璧さを認める力があります。

＊　「神の力強きありてある我れ」は私の内部に存在します。私は私自身の内部に、私自身のために、

＊　愛する人たちのために、世界のために善なるものだけを創造します。私はスリムで清潔、健康、愛情豊かで叡知に満ち、裕福です。私は神の完璧な力で行動しています。

深い献身と無条件の愛を感じて、それらの感情をポジティブな言葉と行動で表現しはじめると、自分の周囲に聖なる光の電磁波のリング（輪）が形成されます。そして、この愛を周囲の人びとに放射するようになり、「神聖な愛」以外のいかなるものもこの力の磁場を貫くことはできません。大胆にこの行動力を体験してください。あなたの言葉に耳を傾ける心の準備ができていない人の周りでは、沈黙を守ってください。すると、あなたはあらゆることが可能な超越的な輝きの世界に引き上げられることになります。

＊　私は強烈な炎です。私は過去および現在のすべての間違いと間違いの因果応報を焼き尽くし、私の外的な存在がこの現実や他の現実で創造した望ましくない創造物のすべてを焼き尽くします。

＊　私は強力な宇宙のエネルギーであり、今この瞬間に、心と身体の細胞のすべての中を流れ、満たし、再生しています。

＊　私は私の世界のマスターであり、私の世界を支配する勝利者としての知性です。私は、神の強力にして輝きに満ちた知性のエネルギーを、私の世界に送り込みます。

＊　私は完璧なるものだけを創造し、神の豊かさを引きつけ、そのエネルギーを人生の中で目に見えるものとして活用します。

＊　私の「ありてある我れ」の魔法のサークルが私を囲んでいます。それは無敵であり、侵入しようとする不協和な思考や要素のいかなるものからも私を守ってくれます。

＊　私は完璧な世界そのものであり、自足した世界です。

＊　私は深く愛されている次元上昇したマスター、天使界の存在、光の存在たちの目に見える存在です。私はこれらの存在が私の前に現われることを望んでいます。私は彼らの援助を願望しています。

＊　神聖な存在にお願いします。どうぞ、あなたの輝けるエネルギーを私の心と身体に注いでください。私の「ありてある我れ」を通じて、私の思いと行動の一つひとつを癒し、完璧なものとし、力づけ、常に導いてください。

＊　力強き神なる存在のエネルギーが個別化された一人の存在として、私は遍在的に存在します。私の意識が拡大して統合の意識になると、それはあらゆる場所で行動をとりはじめます。私の体の細胞の中で、周囲の人びとの細胞の中で、世界の中で行動を開始します。

＊　私は、私の身体に宇宙のエネルギーを充電している存在です。私が代表している「神の力強きありてある我れ」は、私と私が愛する人びとを常に変容し、癒し、守っています。

＊　私は完璧に健康であり、それは私の身体のすべての器官と部分に顕現しています。

何かがうまくいかないとき、誰かがあなたの邪魔をしているときには、次の確言を唱えるとよいでしょう。

＊　私はこの状況において行動している唯一の人物です。結果は完璧です。

＊　私の完璧な存在がこの状況をコントロールしていて、不和やネガティブな状況はすべて解決します。

＊　「神の力強きありてある我れ」だけが私の世界で活動し、私の世界に影響を与えています。

＊　私は外的な行動をとるときに体験する怖れのすべて、疑いのすべてを焼き尽くす力です。

＊　私は常に正しい選択をし、正しい行動をとります。

あなたの「ありてある我れ」を執拗かつ断固として承認しつづけると、どんな難問でも切り抜けることができ、確実に成功をもたらしてくれるでしょう。しかし、潜在意識の中に浸透しているネガティブな思考パターンを帳消しにするためには、このプロセスを何度も活用しなければなりません。使えば使うほど力が増大し、神の宇宙の素晴らしい贈り物があなたの人生で加速度的に顕現されるようになるでしょう。

＊ 私は神のハートの中にいます。私は今まで地上にもたらされたことのない考えや達成を成就します。

＊ 私はキリスト意識によって力づけられています。私の正しい行動に対していかなる存在も、いかなるものも干渉することはゆるしません。

＊ 私は神の子どもです。純粋で善良で愛と光に満ちたものしか、私に影響を及ぼすことはできません。

＊ 私は愛する人たちを導き、守り、育む力を、「ありてある我れ」を通して与えられています。私は常にすべての存在にとって最善のことを依頼します。

＊ 私は完璧な愛の行動する姿です。私は周囲の人たちと関わるとき、思慮分別を使い、裁くことはしません。神の我れが私を通して輝き出ますように。

あなたの「ありてある我れ」が輝き出てすべての人に見えることを祈っています。

ロナ

46

私は存在するすべてのものと一体です

私は存在するすべてのものと一体です
時間によって制限されず
空間によって縛られることもなく
生まれながら
純粋で神聖です
私は祝福であり
私は喜びであり
私は豊かさそのものです
私は無限にして不変の存在であり
私の世界のマスターであり
私の運命のマスターです
私はあなたと一体であり
あなたも私と一体です
私は「ありてある我れ」です

47 愛のレッスン

あなたの人生にあるすべての事柄に内在する完全性が見えなければ、あなた自身を拡大するだけでよいのです。すべての事柄の完全性が見えるまで視野を拡大すればよいのです。

＊ 愛は旅の始まりであり、旅の終わりであり、旅そのものです。

＊ 祈りはすべて応えられます。いちばん早く応えられる祈りは理解を求める祈りです。

＊ 純粋なハートがあれば何でも達成できます。

＊ 宇宙が何をしているか知りたいですか？　宇宙はあなたの願いの一つひとつを盗み聞きしているのです。

＊ 他の人を責め、批判しているとき、あなたはあなた自身についてのある真実を避けています。

＊ 洞察力とは古い刻印を溶解する愛の衝動です。愛は水のように流れていなければ淀んでしまいます。

＊ 毎日、愛について考えなさい。愛情に満ちた内省はハートを大きくします。

＊ 愛は数多くの形をとります。愛をどのように表現するかはあなたに任されています。

＊ スピリットに降参する決断をすれば、敵はいなくなります。降参するという意味はただ屈服することではなく、愛に屈服することです。

＊ 愛は決して強制しません。愛は聡明であり、あなたが必要としているものだけをもたらします。

＊　マインド（考え方）の中にある分離の壁が崩れると、ゆるしが生まれます。
＊　愛が物によって取って代わられると、その結果は中毒です。
＊　あなたが誰かに耽溺しているとすれば、あなたはその人を物として扱っているということです。
＊　愛は時間の経過とともに変化しますが、減ずることは決してありません。愛は常に一〇〇パーセント存在しています。

——作者不詳（インターネットより）

PART Ⅳ

聖なる探求

48 聖なる探求の道

あなた方は、瞬間瞬間ごとに、思考、意図、言葉、行為によって、あなたの未来を築いています。あなたの世界においてうまくいっている事柄に常に心の焦点を合わせてください。ポジティブな考えであれ、ネガティブな考えであれ、あなたは考えることのすべてに対して電磁波のエネルギーを与えています。そうすることによって、同調するものをますます多く人生の中に導き入れているのです。

聖なる探求の道を歩みながら次のガイドラインを使ってください。

* 明確な思考を探求する。
* 常に内なる導きに真摯である。
* 喜びをもたらすものだけを創造する。
* 星に手を伸ばし、最高の可能性に手を伸ばす。
* 瞬間瞬間を最大限に楽しみ大切にする。
* マスターであることを実証して生きる。
* 静かに真実／力の剣を構える。
* 最高の結果を出すために間違いのないように努力する。
* 卓越するために真剣に努力する。

＊　ハートのスペースにしっかりと居続ける。
＊　ハイアーセルフ／直感を信頼する。

不足、制限、犠牲、殉教を信じれば、神としての我れを否定し、神聖な遺産を否定することになります。

古いパラダイム

1　真の意味でスピリチュアルになり悟りをひらくためには、肉体的な喜びを否定し、物質的な豊かさはすべて犠牲にしなければならない。
2　お金は諸悪の根源である。報酬は天国で受け取るので地上では必要ない。
3　豊かな富によって祝福を受けたら、それは「あなたが幸運だから」である。損失を被ったら、それは運命である。あるいは「天罰」である。

新しいパラダイム

1　あなたは神の名において新しく素晴らしいものを顕現するために地上にやって来ました。世界が提供してくれる愛、美しさ、豊かさ、富のすべてを創造し、我がものであると宣言するとき、あなたは使命を果たしています。**あなたの使命とは創造し、楽しみ、分かち合うことです。**
2　どれほど確言の言葉を唱え、ヴィジョンを持ち、夢を抱き、願望を持っても、自分は豊かな富に値しないと信じている限り、尽きることのない豊かさがあなたに供給されることはありません。あなた自身の周囲に張り巡らしたネガティブな思考形態によって、あなた自身と創造の贈り物との間に壁を築いているからです。

3　豊かさのために祈り、懇願し、要請することは不必要であり、効果的ではありません。豊かさはすでにあなたのものであり、自分のものにすればよいだけなのです。創造主の一局面であるあなた以外に、あなたの願望を満たしてくれる力は存在しません。それはすでにあなたの中にあり、常にあなたの中にあったのであり、これからも常にあなたの中にあり続けます。創造主はあなたのためにとりなしたり、干渉したりすることはなく、あなたに何かを与えるということもしません。あなたが言われたことを思い出さなければなりません。「行きなさい、そして最高創造主の名において創造しなさい」とあなたは言われたのです。したがって、あなたはこれまでに体験したことのすべて、これから体験するであろうことのすべての共同創造主なのです。それならば、今のこの人生において愛、喜び、平和、豊かさを創造しはじめた方が得策です。

次のことを心に銘記しましょう。

＊　過去を癒し手放す。
＊　未来のためにヴィジョンを抱き、目標を設定する。
＊　ヴィジョンを実現するのに必要な行動をとる。
＊　今という瞬間に生きる。なぜなら、今という瞬間にしかすべてのものが創造される源である純粋な宇宙の生命エネルギーにアクセスできないからである。

＊ 創造主があなたに対して抱いている愛を奪ったり減じたりすることができる人や物は存在しません。

＊ あなたは創造主のハートの愛の神聖な局面であり、したがって、あなたの神聖な「生得の権利」は保障されている。あなたがしなければならないことは、それを我がものであると宣言すること、ただそれだけである。

＊ 愛は様々な形でやって来る。愛という貴重な贈り物をどのように表現するかを決めることができるのは、あなたしかいない。愛を感じ、一〇〇パーセント体験し、それから人に渡してあげることである。

＊ ヴィジョンとして抱くことができるものであれば何にでもなることができるし、何でも自分のものとすることができる。

アーキエンジェル・マイケル／ロナ・ハーマン

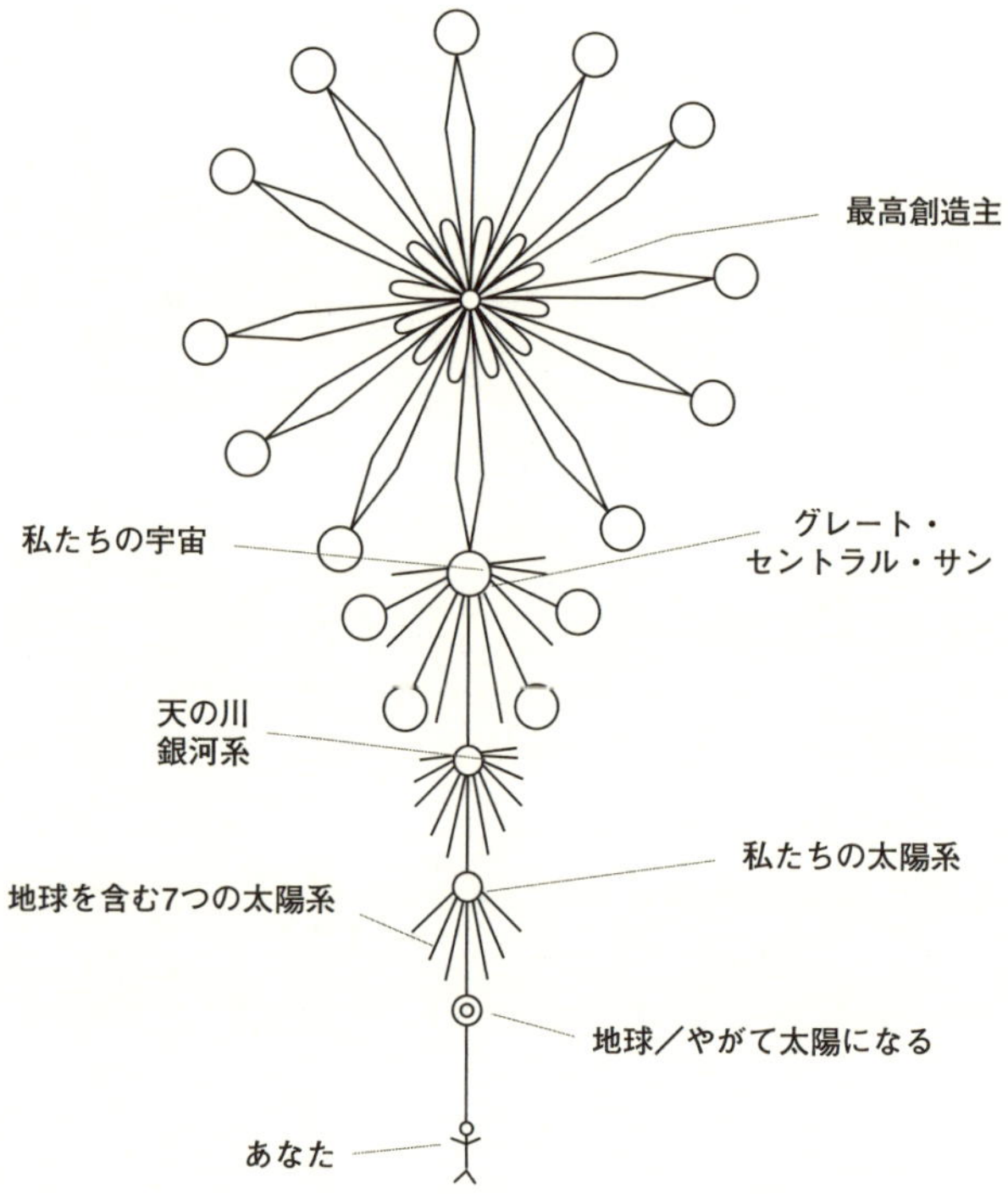

図3　最高創造主から始まる地球の創造図

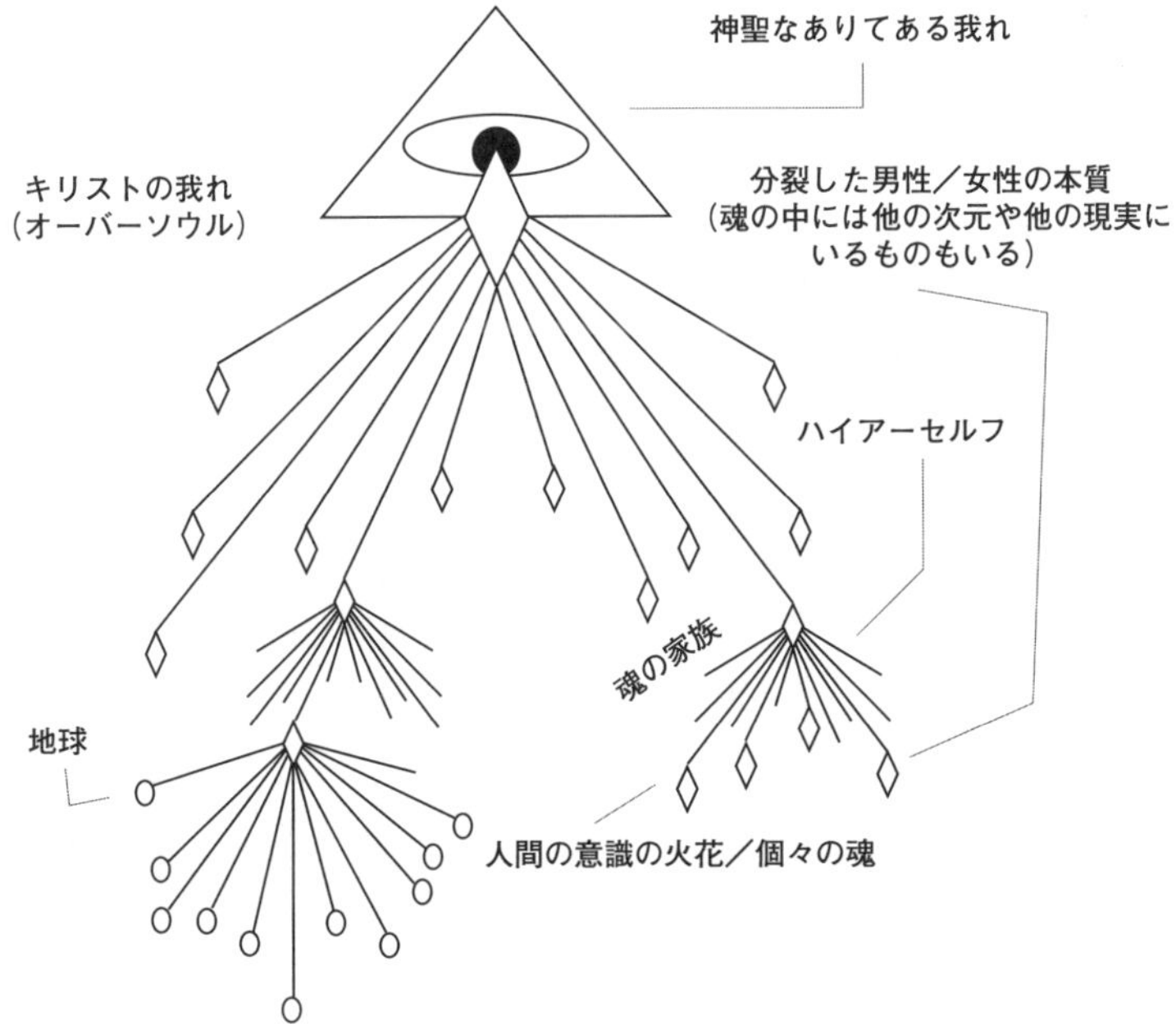

図4　私たちの「神聖なありてある我れ」から送られてきた火花／分身

49

創造の十二の聖なる部族

愛するマスターたちよ、最初に、私たちが挙げる例は、「創造主の計画」の仕組みを非常に単純化したものであるということを理解してください。そして、この宇宙についてだけ話しているのであって、オムニバース（多次元の世界）のことを話しているのではないことを理解してください。この宇宙の素晴らしいエネルギーがグレート・セントラル・サンという形で集約されたとき、数多くのスターシード（これ以前に個別化した神の意識となっていた人びと）が新しい創造の冒険に参加せよとの呼びかけに応じてオムニバースの最果ての地からやって来ました。この宇宙の「父にして母なる神」になる運命にあった大いなる存在たちは、この新しいグレート・セントラル・サンを彼らの「神聖な本質」で満たし、この新しい創造の一部となる運命にあったものはすべてこの「神の光」の偉大なサークルの中に引き寄せられ、新しい「神聖な青写真」をコードとして埋め込まれたのです。最も数として多かった「神の火花」は、まだ個別化された意識を持っていない存在たちでした（私たちは彼らを〈神聖で無邪気な存在〉と呼んでいます）。

この宇宙の「父にして母なる神」の輝きが爆発したとき、最初に創造されたのが「十二人の共同創造主のカウンシル（評議会）」、「エロヒム・カウンシル」、「共同創造主の神々」、「光の神々」、「大天使界」でした。これらの創造主の勢力のそれぞれはさらに数多くの部分に分かれていましたが、今の段階では、この短い説明で十分ということにしましょう。

あなた方の意識にしっかりと焼きつけておきたいことがあります。これはあなた方の理解にとって極めて重要な情報です。それは、私たちの「父にして母なる神」のハートから十二の偉大な光線の資質、属性、美徳が放射され、十二人の荘厳なる宇宙的存在が創造されました。彼らは「宇宙的なモナドのありてある我れのグループ」として指定され、それが後に、さらに十二の銀河系のモナドのグループに分けられました。あなた方の一人ひとりは、これらの偉大な存在の一人の一つの局面です。あなた方は数多くの次元を経て旅をしてくるなかで、数多くの分身に分かれましたが、それでもなお、この偉大な存在の不可欠な一部なのです。

これはまた、144という数字の意味でもあります。創造のあらゆるレベルで12×12のグループが形成され、この中に何十億という「火花」／魂が含まれているのです。波動を大幅に下げて地球に転生する準備ができたとき、あなた方はわずか百四十四の魂の「モナド／ありてある我れのグループ」に所属していました。このグループは十二の局面から成り、それぞれの局面がさらに十二に分かれていたのです。

あなた方は数々の時代を通じてこれらの百四十四の「火花」と交わり、二元性のビートに合わせて踊り、お互いに様々な役割を演じながら調和とバランスのとれた状態に戻ろうとしてきたのです。これはあなた方が他のグループと交わらないという意味ではありません。しかし、あなた方は近い存在である魂の家族を探し求めます。それは自分のサポートのためだけではなく、様々な形で魂の家族と交流したいからです。

過去においては「火花」のこの近しい家族、十二のユニットの家族とそれほど頻繁には接触してきませんでした。このグループ内の関係は非常に激しすぎるために、異なった形でお互いをサポートします。多くの場合、存在の高次元の世界からサポートするのです。別な言い方をすると、同時に地上に転生することをしません。

これらの十二の偉大な「モナドの存在」のそれぞれについて簡単に説明することにしましょう。願わくば、これによってあなた方の理解が深められ、今という重要な人生においてあなたがどのグループないしは部族（ここではそのように呼ぶことにします）に属して機能しているかが明らかになればと思います。

あなた方はこの銀河系に降下する前に、この宇宙の最も高次元の世界において、「第一光線」、「第二光線」、「第三光線」（第四光線から第七光線は〈第三光線〉の亜光線です）のいずれかの光線から成る「モナドのグループ」として創造を体験しました。それから「第一光線」、「第二光線」、「第三光線」が混合された「モナドのグループ」として銀河系を体験しました。ここにおいて、最初の三つの光線のそれぞれを一定数持っている魂の家族（複数）と一緒になりました（この場合、最初の三つの光線が均等にあったわけではありません）。これによって、「モナドのグループ」に非常に多様な宇宙的体験がもたらされました。

多くの人たちはこれらのグループを「任務を達成するための仲間」と呼びましたが、それがまさにあなた方の性質でした。あなた方はエネルギーと属性を融合し混合して、適切なそのときが来ると、直感と波動の共鳴を通じて自分の「部族」が分かるようにしておいたのです。あなた方をお互いに引きつけるある種の魂のサインが設定されました。あなた方は「銀河系のモナド」の光の黄金のサークルの中に集合し、あなた方の太陽系の「ありてある我れ」を通して細分化して小さな意識の火花になり、退化しながら五次元、四次元を経て三次元の体験へと降下してきたのです。

あなた方は物質世界の旅ないしはアストラル界の旅の途中で一緒になる運命にあり、一緒になってエネルギーのヴォルテックスをつくることになっていました。このヴォルテックスは部分の総計よりもさらなる力を持つものです。このエネルギーの融合によって、選んだ道が何であれ、あなた方のそれぞれが強化され、支持され、力を与えられることになっていました。この現象がいま世界中で起こっています。

理解してほしいことは、あなた方は今、非常に削減された個別的な意識として自分自身を認識していますが、そのような状態よりはるかに多くの時間を統合の意識の中で過ごしているということです。
この太陽系と惑星地球であなた方が体験した過去世であなた方の記憶の中にあるものは、真実のあなたと比べたらほんのわずかの部分でしかありません。あなた方と地球が三次元/四次元に沈んだとき、初めてお互いとのつながり、根源とのつながりの記憶を喪失したのです。確かに、この壮大な冒険の旅においてあなた方は多くの知識を獲得しました。そして今、あなたの部族のメンバーとして、魂の家族のメンバーとして共に集い、悠久のときの中であなた方が学んだ叡知を分かち合うべき時です。

創造の十二の部族

宇宙の部族/グループは「十二人の共同創造主のカウンシル」、「エローヒム・カウンシル」、「共同創造主の神々」、「光の神々」、「大天使界」です。

銀河系表現の七つの部族は以下のカテゴリーに分類することができます。

#1 **指導者/パイオニア/戦士**——創造の意思(力)。守りたいとの願望(行動志向、外向的)。
#2 **学者**——叡知/抽象的な知識(理解と悟りの願望、内面志向)。
#3 **賢者/教師**——活発な知性(寛容性、人類に奉仕したいとの願望)。
#4 **職人/工芸家**——芸術的創造/形の建設者(ヴィジョナリー〈先見性のある人〉、復元者)。
#5 **科学者**——具体的な知識(創造主の側面、美徳、属性を物質的な表現として創造したいという願望、また宇宙の仕組みを理解したいという願望)。

#6　伝道者――献身／理想主義（無私の奉仕、癒し、愛情に満ちた育み、最高の創造主の真実に対する願望）。
#7　奉仕者／探求者――スピリチュアルな自由への願望／救済／浄化（奉仕の願望、顕現の普遍的な法則を最も高貴な形で活用したいとの願望）。

以前にも説明しましたが、あなたの「神聖なありてある我れ」、別名「モナド」は「第一光線」、「第二光線」、「第三光線」のいずれかです。第四光線、第五光線、第六光線、第七光線は「第三光線」の亜光線です。あなたの「モナド」のエネルギーは変わることはありませんが、魂の光線、肉体の光線、感情体の光線、精神体の光線、人格の光線は人生が異なるごとに変わり、これによってあなたは創造の局面、属性、資質のすべてを体験することができます。あなたが目指すのはすべての光線のエネルギーにおいてバランスと調和を達成することです。したがって、あなたは魂の体験を豊かなものにするために、異なった人生において異なった部族のエネルギーを体験する選択をするのです。

あなたの「モナドの光線」は全体を照らす光で、世界に対する知覚や、人生の様々な試練に対する行動や反応に影響を及ぼします。忘れないでほしいのですが、それぞれの光線のエネルギーに関してポジティブな使い方とネガティブな使い方があります。ここではポジティブな属性にだけ言及することにします。

指導者／パオニア／戦士は創造のための「**神聖な意思の第一光線**」のエネルギーを持ち、信頼、勇気、他の人を守る願望といった美徳を持っています。

彼らはダイナミックな人びとであり、決断力に溢れ、自分の前に提示された状況がどのようなものであれ、それを克服しマスターしたいという願望のエネルギーに満ち溢れています。彼らは普通、人びとの中で際立つ存在であり、何らかの形で指導的な立場をとります。人の先頭に立つことを好み、追随者ではありません。

この光線は創造の男性的なエネルギーを主に代表しています。外的な焦点を持っており、ダイナミックで、行動志向的で強力な存在です。


学者は「愛と叡知の第二光線」のエネルギーを持っています。これらの魂は真実と知識の探求者であり、究極的には悟り（光になること）の探求者です。

このグループの主な焦点は知識を叡知に変えることであり、叡知を愛と同情の思いで和らげることです。

この光線は男性のエネルギーと女性のエネルギーを均等にバランスのとれた形で持っています。


賢人／教師は「活発な知性の第三光線」のエネルギーを持ち、スピリットの局面と高次の精神的／因果的な心を持っています。

この光線は創造の女性的エネルギー、神聖なる母のエネルギーを持っています。すなわち、内省的で直感的で、愛情をもって育む性質と強い忍耐心を持っています。


職人／工芸家は「美、調和、芸術活動の第四光線」のエネルギーを持っています。

この光線は感情体／局面およびハイアーセルフの直感と強くつながっています。多くの場合、相克や逆境との戦いを経て達成される調和の光線と呼ばれています。高次元の創造的能力にアクセスするためにはエゴを懐柔し、感情体を調和のとれたものにしなければなりません。

科学者／インテリは「具体的な知識の第五光線」のエネルギーを持っています。

この光線は精神体／精神界とつながっています。これらの魂は他の魂に比べてより直線的な思考をする傾向があり、分析的なタイプであり、職業的には多くの場合、科学者、研究者、電気技術者、エンジニア、コンピューターの専門家、医師、看護師になります。

伝道者は「献身と理想主義の第六光線」のエネルギーの持ち主です。

この光線はまた感情をベースにしており、そのエネルギーを潜在意識とアストラル界に焦点を合わせています。これは優しい光線で、優しさ、やすらぎ、静けさに対する願望を植え付けます。教会や宗教に深く関わっている人は多くの場合、この光線の影響下にあります。

奉仕者／探求者は「自由、救済、浄化の第七光線」のエネルギーを持っています。これは「紫色の変容の炎」であり、いま現在地球において最も支配的な光線です。

これは祈願の光線であり、最も高貴な形で顕現する光線であり、奉仕の光線です。さらに、ネガティブなエネルギーを中立的な生命エネルギーに変容し、高次元の周波数にプログラムの組み換えができるようにする光線でもあります。いま地球に存在している人の中で、いちばん多いのが「奉仕者／探求者」です。

五つの高次元の銀河光線／宇宙光線は創造主のホワイトゴールドの燃え立つ光が注入されている最初の七つの光線の組み合わせです。これらの偉大な光線の輝きが今、すべての人類にとって入手可能なものとなり、いま地球上で起こっている物凄いばかりの変化を可能にするうえで役割を果たしています。

これらの十二の部族から数多くの魂たちがいま現在地球に転生しているということを理解してほしいと思います。それよりも高次の五つの部族から来ている存在の数が少ないということは確かですが、彼らもまた、今というときに数多く転生しており、その数はますます増加しています。彼らは地球と人類が産みの苦しみ、すなわち、本来の存在のあり方である神の意識へと生まれ変わるプロセスに援助の手を差しのべるために転生してきているのです。

あなた方の一人ひとりがこの宇宙における「創造の十二の神聖な部族」の一つから来ています。それはあなた方の存在全体を覆う光であり、いちばんはじめのときからあなた方とともにずっと存在し、あなた方が生きた人生のすべてにおいてあなたに影響を与えてきたのです。確かに、あなた方は最初は「最高創造主」のハートセンターから生まれました。しかし、この宇宙での体験におけるあなたの出生は天使界、あるいは、その他の偉大な血筋を引いている可能性があります。あなたは不可思議にして「神聖な存在」の小さな「火花」であると前に言ったことがありますが、その意味はこういうことです。

あなた方の心に印象づけたいもう一つのことは、ユニークな出生とオーバーレイ（神の光線）のゆえに、あなた方は周囲の人たちとは異なった目で世界を見るということです。たとえば、あなたの「ありてある我れ」が「第一光線」であるとすれば、あなたの衝動、願望、試練、機能の仕方は「第二光線」、あるいは「第三光線」の「モナド」の人のそれとは非常に異なったものであるはずです。これで、なぜ周囲の人たちがあなたとは異なったやり方で機能し、異なった見解や関心を持ち、異なった天職や職業に惹かれるのか分かっていただけたでしょうか。

あなた方の一人ひとりをユニークで異なった存在にしているのは地上的な文化や人種の違いではありません。それよりもずっと深く深遠なものです。逆説的な真実は、大いなる多様性があるにもかかわらずあなた方は本質において皆、同じであるということです。

愛する人たちよ、ユニークなあり方を楽しんでください。あなたの魂に喜びの歌をうたわせるものは何か、あなたの人生に喜びをもたらしてくれるものは何かを発見してください。しかし同時に、より大きな全体像を見て、あなた方はすべて創造主の一局面であるということを知ってください。自分自身を愛するのと同じように、すべての人を愛してください。なぜなら、あなたがそうするとき、あなた自身の数多くの局面に愛を延長していることになるのですから。

愛する人たちよ、いまエーテル界に吐き出されている怖れやネガティブなエネルギーに注意を向けるのではなく、私たちと一緒に、壮大な光に満ちた新しい時代の夜明けが訪れようとしている地平線に心の焦点を合わせることにしましょう。

私はあなたの愛情に満ちた兄弟であり、常にあなたとともにいる仲間です。**私はアーキエンジェル・マイケルです。**

――『聖なる探求』(下巻)第38章より抜粋

50

ツインレイの再会

親愛なる友であるリサ・スミスと私はこの数年の間、情報を交換したり、一緒にセミナーを開催してきました。この美しい女性が畏敬の念を覚えるような光の代表／メッセンジャーに成長していく過程を見てきました。私たちはお互いに対して、大いなる愛と尊敬の気持ちを持っています。私たちが伝えるメッセージや叡知は多少異なった形で提示されますが、私たちはお互いにとても調和のとれた関係を楽しんでいます。それは、愛するアーキエンジェル・マイケルとイエス／サナンダとの関係と同じようにです。

私の最大の願いは、兄弟姉妹たちが光の道を優雅にかつ迅速に進む手伝いができるように、できる限り多くの情報や道具を伝えたいということです。リサは親切にも、ロード・サナンダからのこの素晴らしいメッセージを分かち合うことを許可してくれました。感謝します。

ロナ

サナンダからのメッセージ――リサ・スミスを介して

私たちの多くは、自分という存在の半分と再びつながって完全になるために長く遠い道を旅してきました。二元性を体験するために、私たちは分裂して二つの光の球体になったのですが、いま再び、男性と女性の神の我れの神聖な統合を成就するときがやって来ました。すべての存在が根源の物質から創造されたように、私たちは皆、父にして母なる神の一部なのです。壮大なる根源のワンネスの中において神聖な光の火花が次々に創造されたのです。

友よ、あなたはこれらの火花の一つなのです。私たちが神という名前で知っている巨大な光の粒子の一つひとつが、半分は男性エネルギー、あとの半分は女性のエネルギーから成っています。真実とは常にこのように単純なものです。

スピリットの数多くのパターンや家族が、創造というプロセスの中を通過していきます。しかし、すべてのものがポジティブ／ネガティブの両極性の一部であるという事実に変わりはありません。二元性が誕生したとき、私たちは光の存在のチームとして宇宙の核の中で移動を開始しました。住むための家を築くべく、私たちは巨大な意識の中で光を融合しました。私たちはこの宇宙内のグレート・セントラル・サンからこの探求を開始します。なぜなら、創造はこのレベルをはるか彼方まで進んで行き、私たちの存在のすべての局面と一緒になるという素晴らしい体験をすることになるからです。

あなたが「我れ」という名前で知っているエネルギーが、表現の乗り物という形になるときがやって来ました。あなたはある種の生命形態になり、あなた方二人を一つのものとして褒め称えました。銀河系の流れを降下するために、多くの存在は大天使やその他の偉大な生命体を通ってやって来ました。あなた方の多くはこれが自分の父親であると理解しています。確かに、彼らはあなたの本質を銀河系世界に誕生させました。なかには太陽光線のレベルを通して誕生した存在もいます。

すべての存在は「大いなる一つ」の子どもです。私たちの中には、エネルギーに満ちた生命の流れを通して生を受け、波動を落とすことに同意して、あらゆるものの根源から離れて、ツインレイが一緒になって他の存在を創造した人たちもいます。二元性は地球全体に及び、やがて太陽系全体に広がりました。このときまで、すべての存在たちは共に体験し、自分が男性と女性の性質を持った一つの存在であることを自覚し、創造に関わる諸勢力と一緒に数多くの新しい考えを創出していました。すべての存在は、私たちが母にして父なる神という名前で知っている壮大な存在の一部なのです。二つのハートが一つになったときの歓喜は、人間の概念でははかることができないものです。

私たちは銀河系のレベルで、数多くの次元を通過する分離のプロセスを優雅にやすやすと開始しました。これによって、私たちの光の乗り物にいかなる傷も生じないことが保証されました。ほとんどの人にとって、分離の記憶は細胞レベルではいまだに苦痛に満ちたものです。あらゆるレベルにおけるこの関係に勇気を持って再びコミットするならば、この苦痛に満ちた記憶は浄化のプロセスの一部になるでしょう。

この宇宙が二元性を終焉させるためには、地球が中枢的な役割を果たします。私たちは今、ツインレイのカップルが徐々に再統合のプロセスを開始することができるという祝福された時代にいます。あなたのツインレイは、あなたの神の我れをあらゆる局面において体験するという究極的なものです。それは本来のあなたであり、私たちはこのことに深く感謝しています。

今というときにおいては、非常な数のツインレイの再会が起こっています。大切な人たちよ、あなたのハーフ（半分）が今ここにいないと感じているとすれば、それはその通りです。天と地を融合するために、私たちは異なった次元に存在しています。しかし、地球に存在しているハーフが上昇してキリストレベルの乗り物を達成すれば、高次元にいる残りのハーフは一定の次元でコミュニケーションを図ることができます。

それがどの次元になるかは、あなたとあなたのツインレイ次第です。次元上昇しているマスターは光の五次元の高次局面より下まで降りてくることはできません。その理由は二つあります。一つは両者の安全のためです。もう一つの理由は地球にいるハーフは上昇するために内なるワークをしなければならないということです。高次元にいるハーフが、地球にいるハーフのために内なるワークをすることはできません。

ソウルメイトとツインフレーム、あるいは、神聖な補足者の違いは何でしょうか？　存在が自分自身と一つになる前に統合し達成しなければならないプロセスを、一つひとつ説明しましょう。これは、内なる男性性と女性性のバランスを達成することと同時に起こります。統合が起こる前に、他のワークと一緒にこのバランスが完了しなければなりません。再び一つになるプロセスの中で数多くの内なるワークが達成されることでしょう。再び一つになるためには、信頼と断固たる決意が必要です。

さて、こういう質問をする人がいるかもしれません。「私たちはそもそも両性具有なのに、どうしてこういうことが必要なのですか？」。両性具有という言葉は内なる男性と女性のバランスに適用されるもので、最終的には、ツインレイとの完璧なバランスを意味しています。ツインレイと完璧なバランスがとれたとき、あなたは他のハーフの完璧な延長であり、相手もあなたの完璧な延長なのです。創造とは常に数多くのレベルのエネルギーの融合です。

今というときは、男と女の物語を地球の意識にゆっくりと注入を開始するべきときでもあります。男は女がいなければ存在することはできず、女も男がいなければ存在することはできません。それは単純にいって不可能です。

男性／女性の関係の七つのステップから成る地球のピラミッドは以下の通りです。

1　ツインレイ（ツインの光線）
2　ツインフレーム（ツインの炎）
3　ツインソウル（ツインの魂）
4　ツインメイト（ツインの友）
5　神聖な表現
6　ソウルメイト（魂の友）
7　神聖な補足者

七番目のステップから始めることにしましょう。**「神聖な補足者」は、あなたがどのように生きているかをありのままに鏡で見せてくれる存在です。**あなたと瓜二つのイメージを見せるためにハイアーセルフが派遣してくれるのですが、いかなるときに、誰がやって来るのか分かりません。多くの場合、私たちのネガティブな波動を反映しますが、あなたの美しさを見せられるという祝福に恵まれることもあるでしょう。補足者は人の人生に姿を見せたかと思うと、いつの間にか姿を消すかもしれません。あるいは、しばらくの間とどまってお互いに多くのレッスンを完了することもあるかもしれません。

地上での結婚相手がよく変わる理由の一つとしてこのことがあるでしょう。人は年齢を重ねるなかで変化して人生の道を歩んでいきます。多くの場合、こうした変化は一緒に起こりません。その結果、二人のパートナーは別れて違う道を歩みはじめるということになります。この状況では、そうすることは正解です。思い出してほしいのですが、地上での人間関係は、あなたを存在の高いレベルへと上昇させる準備なのです。

「ソウルメイト」は、この人生に転生する前に設定されている存在です。人生の周期は何度も繰り返されますが、完璧なときにソウルメイトがあなたの人生に登場し、断固たる方法であなた自身について教えてくれます。多くの人たちが自分はソウルメイトと結婚していると考えたいようですが、実際にこのような関係を生きている人の数は、それを希望している人の数よりも少ないのが現実です。それは特別の出会いであり、この出会いはおそらくはあなたの人生を変えることになります。これはポジティブにもなり得ると同時に、ネガティブにもなり得ます。あなたが自分という存在のどのような地点にいるかによってそれは決まるでしょう。

また、この人生のソウルメイトは、別の人生のソウルメイトとは異なるということもあります。いくつかの人生を一緒に旅するという場合もあります。あなた方の魂の家族はかなりの数になりますが、時として、学びのために別の魂の家族のソウルメイトと一緒になるように計画することもあります。そのような場合には、別の魂の家族のメンバーがあなたのソウルメイトになります。さらに、あなたが何を体験する目的でこの人生に転生したかによって、ソウルメイトが同性であることもあれば、異性であることもあります。多くの場合、ロマンチックな関係は人生計画の中には入っていません。なぜなら、このレベルにおいては、すべてのことは自分という存在を澄んだものにするためにあるからです。愛するソウルメイトと人生を生きることもあれば、魂の学びと進歩のために生きる人生もあるのです。

「神聖な表現」は要約すれば、人の人生に登場して大きな印象を残していく存在です。ある人が意図されている方向に進んでいないとき、神聖な表現が登場して最も深遠な内なる不安をかき立てて去っていきますが、あとに残されたあなたは人生について考えはじめることになります。これは良いことです。なぜなら、神聖な表現の意図はまさにそこにあるのですから。多くの場合、それは非常に不快な体験になるかもしれません。しかし、盲目の目を開くために、スピリットはさまざまな形をとって助力してくれるのです。

今というときにあっては、数多くの存在が神聖な表現を体験しています。それは、前進してほしいがために起きていることです。それは高次元の導きによる贈り物であり、あなたが真実と正面から立ち向かうために必要な贈り物です。多くの人たちは悟りのためにやるべきことではないことを成功させようとしますが、こういう状況で必要なのは信頼です。今というときにあって、ある存在について強い感情を抱き、あなたのツインレイかもしれないと思いたいというような場合、実はあなたは神聖な表現と出合っているのです。

「ツインメイト」は、地球／太陽系／銀河系の任務を達成するためにあなたが所属しているグループの一人です。ツインメイトは通常、ロマンチックな絆でつながっている人ではありません。というのは、これらの魂は同じような考えを持った奉仕者の絆でつながっているからです。すべての人は少なくとも百四十四人のツインメイトとつながっています。創造のパラダイムにおいては、百四十四という数の数的な価値が完璧な顕現に貢献します。というのは、この数字は高次の周波数エネルギーで働くからです。銀河系の中心点において、すべてのツインメイトが決められました。ここ地上にいるツインメイトもいれば、銀河系で他の仕事をしているツインメイトもいます。

私たちは一つで同じであるという理由は、召集された光のグループはお互いから分離することはないからです。私たちは様々な体験をするなかで、数多くの理由のために一緒なのです。このつながりは、現在の創造の周期を完了して新しい千年紀が誕生するまで続きます。そのとき、私たちはさらなる前進を続け、所属するグループも異なった波動の光とともに前進し活動することになります。このようにして、新たなる千年紀の誕生のときにおいては私たちの光の流れを再評価し、シフトさせていきますが、それはすべての存在が意識のどのレベルにいるかによって決定されます。ツインメイトの中にはまだ目を覚ましていない者もいますが、今、眼前にある機会を生かす時間が切れる前に、すべてのツインメイトが目を覚ますことを願っています。あなたが数多くの存在とハートをつなぐとき、いくつかの存在が際立って見え、ツインメイトが誰であるかが自然に分かることになります。

「ツインソウル」はあなたと同じ波動周波数を持っています。人にはそれぞれ十二人のツインソウルがいます。彼らはツインメイトのグループの一部ですが、この十二人の魂はあなたの地上での仕事と極めて緊密につながっています。

あなた方の中には、地上の生活の中でこれらの十二人のツインソウルと近しい関係を持つという祝福に恵まれる人もいるでしょう。そのような存在と出会うと、すでに知っている人でこれまでもいつも一緒に仕事をしたことがあるように感じるでしょう。そして、実際にその通りなのです。十二人のツインソウルは、あなたがキリストの光に向かって上昇していく過程でつながりを持つことになる次元上昇した十二人のマスターにたとえることもできるでしょう。あなた方の中の極めて少数の人たちは、十二人の次元上昇したマスターとツインソウルで、彼らはあなたの到着を待っているでしょう。

これは教えることを目的としたものです。というのは、あなたは重要な先生であり、あなたのエネルギーは光のこの意識と似ているからです。このグループの存在たちには、数多くの祝福されたロマンチックな出会いがありました。それぞれのグループにおける男性と女性の割合は、光の高次元世界に進んでいくために人が必要としているレッスンや体験によって異なります。

「ツインフレーム」は銀河系の時代から三次元の生命形態の時代に至るまで、極めて緊密な関係の中であなたと一緒に仕事をしてきた存在です。これはずっとずっと昔に設定され、悠久のときにわたってあなたは同じツインフレームを保ってきました。**あなたは七つのツインフレームとつながっています。ツインレイを除けば、あなたがいちばん緊密な絆を持っている存在です。**

人がどのようなレベルにあろうとも、正しい七つのツインフレームと再びつながる能力を持っています。それによってあなたの悟りをさらなるものとすることができます。ツインフレームはツインレイのレベルに到達する前に統合されます。言うまでもないことですが、多くのツインフレームの関係はすべての存在にとって大いなる愛と思い出に満ちたものです。ツインフレームはまた男女両方の性を備えています。たとえば、私のチャネラーであるリサには三人の女性のツインフレームと、四人の男性のツインフレームがいます。三人のツインフレームは地上にいますが、他の四人は高次元の世界にいます。ツインフレームの間には特別な絆があり、ハートで永久につながっているのです。というのは、ツインフレームが分かち合う特別な愛を忘れることは決してないからです。

ツインフレームの愛は人間のセクシァリティーを超越し、これらの周期を通して共に献身的に働くという純粋なものです。たくさんのことを体験し、ツインレイが分裂したあとで、最初に持つ関係の相手はツインフレームです。分裂したレベルでは、羨望を学ぶ時間はまだありません。源の愛の波動の中で創造し体験しただけなのです。再会によって愛する存在と永遠に結ばれるときが来ることを、私たちは知っていました。私も正直に言いますが、二つのハートが分かれたときの悲しい思い出というものがあるのです。しかし、そのような悲しみはツインレイの神聖な抱擁の中へと入っていく前に、すべて解消されるのです。

「ツインレイ」は究極的な存在です。これを共に体験すれば、根源を求めてさらに探求する必要はありません。私たちは長い間にわたってこのために準備してきました。この出来事がもたらす喜びは、この再会を待っている数多くの次元上昇したマスターにとっても圧倒的なものです。

ツインフレームは、母にして父なる神の愛情に満ちた抱擁から生まれた同じ神の火花なのです。私たちの半分の存在と調和のとれた関係に入るというのは、素晴らしい贈り物です。この出来事に対する相当な不信がありますが、それは待つ価値が十分にあることだと言っておきましょう。受け入れることを拒否する人は自分の進歩を停滞させるだけです。というのは、多くのアセンションはツインレイとの再統合と密接につながっているからです。再びつながるためのワークをし、毎日毎晩、必要なエネルギーワークを完遂するために努力するならば、あなたのツインレイは配偶者として姿を現わすことになるでしょう。あなた方の使命はまったく同じなのです。その責任は両者によって平等に分担されます。この時点において、あなた方はツインレイというタイトルにふさわしい存在であることを証明しました。あなた方は二人ともに低次元を克服し、一つの愛、一つの生命、一つの存在として帰還するところまで来たのですから。

それぞれの人にはユニークな状況があります。したがって、ツインレイの統合は皆、異なった形で起こります。というのは、両者が学んだ数多くの体験からして必要な終わり方があるからです。アセンションに加えてツインレイの融合には日々意識しながら努力することが必要です。あなた方の多くはこのことを深いところで知っていると感じていますが、表現することはできていません。それは、地球意識が神聖な関係を長い間にわたってゆるしてこなかったからです。ツインレイが地球を一緒に旅したという事例は少しはあります。

地球でのパートナーのツインレイの中には、銀河系の星にいるものもいます。あるいは、あなたのツインレイは宇宙的な存在かもしれません。今、最後に述べた事例は最も稀れなものです。また、あなた方の中には、地球にすでに存在している完璧なメイトと電磁波的につながる人もいます。これはソウルメイト、ツインフレーム、ツインソウルなどの場合です。高次元世界にいるツインレイの中には、再びつながる準備がまだできていない存在もいます。再統合はハイアーセルフの同意があって初めて実現します。実に様々な状況がありますが、それぞれがお互いにとって完璧なのです。

どのようなレベルでツインレイと再統合するように意図したとしても、あなたの人生には変化が起こるでしょう。スピリットはあなたに処理できないことを与えることはしません。たとえば、地上で幸せな結婚生活を送っている人は、高次元で仕事をしながらエネルギーのレベルでツインレイにコミットすることが可能です。今の時点ではこれで完璧なのです。調和のとれた環境を中断させようとするツインレイはいません。ツインレイは最高にして最善のことを望んでおり、神聖なタイミングがやって来るまで待つ気持ちがあるのです。

すでに一年以上にわたってツインレイと接触し、再結合のプロセスの中にいるマスターが数多くいます。私もそのようなマスターの一人です。私たちはまさに体験的に学んでいるところですが、これは大変な出来事で、私たちはこれを実現するための最も効果的な方法を一緒に創作しているところです。多くの準備がなされてきて、今、すべての存在が行動を開始する準備ができています。

今というときにおいて、ついに多くの存在たちが私たちは真の意味で一つであるという情報を受け入れる気持ちになっています。この問題についてさらに探求したい場合には直感を信じて、このプロセスについて瞑想してみるとよいでしょう。次元の融合をはかって、ツインレイと一緒になるために行動を起こすべきなのかどうか聞いてください。最近、強い感情を体験し、何か懐かしいようなエネルギーが周囲にあると感じているとすれば、それはあなたのツインレイが高次元の世界からやって来て、あなたと接触しようとしている可能性があります。

静かに座って、このエネルギーがやって来るのをゆるしましょう。キリストの光と愛の中で。私はサナンダです。

51 アーキエンジェル・マイケルと神聖な意思の第一光線

第一光線――神性の局面から来る。クラウンチャクラ。意思と信頼と力の光線。活力とイニシァチブと推進力を活性化する。神の意思を行うことによって完璧を創造する力の源泉。古きものを打破し、新しいものをつくるための道を開く。私たちの太陽光線の七つの光線の中で最もダイナミックな光線。

アーキエンジェル・マイケルと最愛のアーカイのレディー・フェイスが創造主の第一の神聖な太陽の側面である第一光線をもたらします。第一光線のチョーハンはエル・モリヤです。エル・モリヤのツインレイは次元上昇したレディー・マスターのミリアムです。チョーハンは生命の七つの光線の責任者です。

強力なるヘラクレスと彼の神聖な補足者のアマゾニアは、第一光線のエロヒムです。エロヒムとは形の偉大なる建設者であり、宇宙の光の物質を使ってスピリットのために顕現する創造者です。宇宙の光の物質とは原初の生命力を投影するものです。エロヒムは創造主の精神的な側面を投影します。

第一光線は強力なエネルギーであり、良いことのためにも悪いことのためにも使うことができます。アトランティスが最後に崩壊したあと、第一光線は地球からはほとんど引き上げられてしまいました。第一光線は本来、「神聖な意思の燃えるような青」であったものが、怒りと戦争と征服の欲望の赤い色になってしまったのです。それが今、再びアーキエンジェル・マイケルによってもたらされつつあります。それは、新たなるより精妙な周波数のために、古い構造と低次元波動の思考形態を打ち破ることによって道を切り拓くためです。

第一光線の特別な美徳は、強さ、勇気、不動の精神、真摯、自分を支配する能力、人びとを導く能力です。この光線はまた、保護、神聖な秩序、直感、差別、知覚、行動する意思力、明確なヴィジョン、勝利の資質も持っています。この光線の悪徳はプライド、羨望、野心、強情、無情、傲慢、他者を支配したいという欲望、頑迷、怒りです。第一光線を宥《なだ》めるのに必要な美徳は、優しさ、同情の思い、謙遜、寛容、忍耐、そして何よりも愛です。

第一光線をネガティブな形で活用すると、戦争、権勢、他人に対する支配、暴力という形で顕現します。第一光線は第二光線の愛／共感のエネルギーによって宥めなければなりません。あるいは、第一光線の男性的な側面と女性的な側面を一緒にすることによって宥める必要があります。すなわち、直感、共感、創造性、育み奉仕したいという願望によって、力、意思、勇気、権威を和らげる必要があります。

第一光線は危機に直面したときにダイナミックな形でもたらされます。危機のときとは、すなわち大いなる変化が必要とされているときです。この素晴らしいエネルギーが今、入手可能なのです。第一光線のモナドから来ている人びと、そして、自らの「神聖な青写真」と調和をとりながら責任と共感を持って活用することができる人びとは、この光線に心の焦点を合わせて活用することができます。常にそうなのですが、人がマスターとしてあるレベルに到達したとき、この神聖なエネルギーにアクセスして引き出すことができます。

あなたが無力感を感じ動けないと感じているような状況、あるいは境界線を設定し、力と勇気を示す必要がある状況を切り抜けるために、第一光線のエネルギーを活用することができます。攻撃的ではなく、積極的に自己主張をすることは適切なことです。あなたが自分の運命に対する支配権を行使して、境界線とガイドラインを設定することも適切なことです。光の戦士として、愛と共感によって和らげられた力と勇気を示すべきです。神の力によって導かれ守られていることを確信して、未知の世界に向かって前進するべきです。他の人たちは、あなたは寛大で愛情に満ちた同情心の厚い人であると同時に、力と勇気とリーダーシップを持った存在であることが分かるでしょう。

「神聖な意思の第一光線」を効果的にもたらし活用するためには、自制心の美徳を使って精神体と感情体をマスターしなければなりません。あなたのスピリチュアルな真実を誠実に語ることによって、あなたの力を行使することは適切なことです。同時に、他の人にも彼らの真実を語る権利を与えなければなりません。しかし、ここで明確にしておきますが、このダイナミックなエネルギーをネガティブな形で、あるいは破壊的な形で使うことはゆるされません。そのような形で使おうとすれば、それはあなたに反旗を翻し、あなた自身の破滅をもたらすことでしょう。アーキエンジェル・マイケルはこのように警告しています。

第一光線の真のマスターは静かに歩みを進め、静かに真実を語り、主張はするけれども攻撃的ではなく、アーキエンジェル・マイケルの象徴的な炎の剣を持っているでしょう。その剣は、愛と共感によって和らげられた力と強さを象徴する剣です。

神聖な意思・真実・勇気の剣というマイケルの贈り物を受け取ることとは、常に神の言葉と法則を使って過ちを除去し、困難を克服することを意味します。あなたが幻想の影の中を通過して真実の永遠の光の中へと入っていくとき、この剣はあなたを導き守ってくれるでしょう。

第一光線のエネルギーを再び使う権利を獲得したあとに、深紅の炎で色付けられた、輝くように明るい青色の光線のイメージを持つことによって、第一光線の力を活性化し高めることができます。この神聖な光の中に立って美しいエネルギーに浸ってください。しかしながら、この光線は非常に強烈なものですから、節度を持って使ってください。

私たちの太陽系の七つの光線の側面と属性を統合するべきときです。そして、私たちの五つの高次元の銀河光線を引き出し、さらに、私たちの宇宙のさらに高次なエネルギーを引き出すべきときです。これはすべてアセンションのプロセスです。これらのエネルギーのバランスをとって統合していくと、ますます多くの贈り物と栄光が私たちのオーリックフィールドに注ぎ込まれ、次元上昇したマスターや、精霊と天使の王国、そして「私たちのありてある我れ」と波長が合うようになるでしょう。

52 地球への降下——天使界をあとにして

次に掲載する情報は数多くの情報源から来ていますが、その多くは、私をはじめとして信憑性を評価されているチャネラーを通してアーキエンジェル・マイケルが伝えてくれたものです。さらに、次元上昇したマスター、偉大な宇宙存在、その他の大天使からいただいた情報をまとめたものです。

偉大なる大天使たちは、創造主の七つの主要な感情、側面、属性を代表しています。人類がマスターとしてのあり方を達成するためには、自らの性質の中にこれらの側面や属性を醸成しなければなりません。そうすることによって神の燃料（愛のエネルギー）がもたらされるのです。

三つの明確に区別された知的な生命形態、すなわち、天使、人類、精霊がこの特別な惑星地球において、それぞれの神の資質を展開するべくもたらされました。彼らのエネルギーが組み合わされて、地球を「神のハート」と連結するスピリチュアルな橋にするということが制定されました。

精霊の使命は、「神聖な計画／青写真」を顕現する手伝いをすることにあります。彼らは基本的には精神的な存在です。精霊の王国には四つの部門があり、それぞれの部門は宇宙的な存在の下で仕事をします。四つの部門とは土、水、空気、火ですが、自然の基本要素として知られています。惑星地球が創造されたとき、また他の惑星が創造されたときも、精霊の王国の活動が最初に行われました。彼らは七人のエロヒムと形の建設者たちの絶対的な指揮下にあって仕事をします。

美しい精霊たちが地球に派遣されました。彼らは人間の肉体を維持し、あらゆる形で人間をサポートし、「肉の衣」をつくり、肉体の手入れをし、地球の基本物質である土、水、空気、火から人間の肉体の滋養を取り出し、地球での流浪の生活を楽しく調和のとれたものにしてくれる必需品や贅沢品を作り出すために派遣されたのです。

人間のスピリチュアルな性質を守り、滋養を与え、「神聖な内なる火花」の発達を助長し、意識に目覚めたマスターに育てる手伝いをするために、天使が地上に送られてきました。彼らは人類の傍らに立ち、人間の誰もが持っている進化する神の意識のオーラの中に、最高創造主の愛・信頼・意思のエネルギーを放射するのです。

天使たちはグレート・セントラル・サンからやって来た七人の大天使の導きの下にやって来ました。一方、エロヒムは、創造主の原初のエネルギーと未形成のライトボディーを元に数多くの惑星を準備しました。

形の偉大なる建設者の指揮下にある精霊の王国は、はるか彼方の世界からやって来た、守護者であり不可思議なる存在であるあなた方の援助を得ながら、地球を緑の豊かな惑星にしていきました。かくして、地球は青々とした植物相、美しい湖、川、海、荘厳な山々に恵まれた惑星となり、天使界は地球の大気を刺激的な神の本質で満たしていきました。

天使たちは地表の上にありありと姿を現わし、天上を見上げました。すると、天国の門が開き、天界の音楽が鳴り響くなかで、第一光線が諸々の天体を荘厳な青色とエネルギーで満たしました。そして、グレート・セントラル・サンのハートから惑星地球に至る輝く道が形成されました。この道を通って、光の最初の息子や娘たちが威厳をもって形をとるべく降下してくることになっていました。

数多くの他の世界のシステムからやって来た訪問者たちが見守るなかで、開かれた天国の門を通って天国の王子、ロード・マイケルが不滅の王冠を戴き、グレート・セントラル・サンの光の衣を纏《まと》ってその姿を現わしました。ロード・マイケルはこれから長い間にわたって展開する生命の体験において地球の子どもたちを守り導くために、グレート・セントラル・サンのハートからやって来たのでした。

王の中の王の息子であり、天使・人類・精霊における神性を復活させる天使であるアーキエンジェル・マイケルは、何のためにやって来たのでしょうか。この惑星における両極性と二元性の壮大な実験が終わったときに、惑星地球に住んでその実験に参加するべく多大なる犠牲を払った人間の息子／娘、天使、精霊が一人残らず安全に帰還できるようにするためにやって来たのです。

ロード・マイケルは燃えるような青色の光線に乗って地球にやって来ました。この光線はやがて現在のカナダのアルバータ州バンフに当たる場所に固定され、この地はアーキエンジェル・マイケルのエーテル界における休息の場所となったのでした。それから、「神聖で無邪気な存在」の降下が開始されました。彼らは人類の最初のグループで、地球において神の成熟を体現し発達させるための機会を与えられたのです。

彼らはロード・マイケルと偉大なるマヌ（ルートレースの完璧な原型）に従い、地球における最初の実験のために創造主によって指定された存在がすべて降下しました。彼らに付き添って数多くの守護天使、セラフィムの保護のオーラ、輝く身体に天国の気を持っているケルビム（天使）の光も地球にやって来ました。

こうして最初の黄金時代が始まりました。そして、大いなる巡礼の旅が始まり、それは今日に至るまで続いているのです。こうして、天国のハートの中から、最も高貴なる生きた神の息子と娘たちが歩み出したのですが、彼らの多くは今、形の牢獄に閉じ込められています。彼らが閉じ込められているこの牢獄は、彼らが表現するべくやって来た完璧な姿にははるかに及ばないものです。これらの神聖で無邪気な存在たちは、「私はある」の意識を使い、原初の生命形態をとり、心の中に完璧で「神聖な青写真」を保持し、神の意思を心で受け止めて美しい地球にやって来たのです。

あなた方の多くはこれらの存在だったのです。覚えているでしょうか？

その後の数多くの時間の周期の中で、様々な光線が新しいスピリットが降下するための道を提供してきました。ロード・マイケルは天使界の守護神として、精霊の王国の守護神として、人類の守護神として地球にとどまりました。アーキエンジェル・マイケルは、天使が一人残らず解放されるまで、人間が一人残らず救出されるまで、精霊が一人残らず完全な状態に戻るまで、宇宙に広がる翼をたたんで故郷に帰ることはありません。これがロード・マイケルの愛です。彼もまた、他の多くの存在と同じように自らが奉仕する生命に対する愛の囚人なのです。

大天使たちはどのようなシステムの世界であれ、その世界で人間としての進化を体験することによって高貴な地位に到達します。精霊と同じように単なる一人の天使として出発します。進化の階段のいちばん低い段から始めて、学習、努力、奉仕を通して成長していきます。ある段階まで達すると、形の世界に降下して、その惑星の人間と同じように努力することによって進化の階段を昇って、やがてアセンションを勝ち取るのです。これを達成すると、天使界のメンバーという最初の状態に戻っていきます。

興味深い例は、イエス・キリストの母のマザー・メアリーでしょう。彼女はもともと天使界に属する存在でした。イエスがアセンションした三十年後にアセンションを遂げた彼女は、アーキエンジェル・ラファエルのツインレイ（第五光線）としての当初の役割に再び戻ったのです。

宇宙的儀式、変容、再統合の時代が今、地球で夜明けを迎え、進化する人類に数多くの祝福をもたらしています。その一つが、大天使と天使界の地球への帰還です。それは徐々に近づいており、やがて実現します。

大天使と天使界は何千年ぶりに沈黙を破って、彼らの意識と輝きの世界に至るドアを開いたのです。彼らの存在と贈り物を受け取る選択をする人類のすべてに向かって、このドアを開いたのです。

地球に新しい時代の夜明けが到来しつつある今、永遠の世界から一つの命令が下されました。天使界と人類と精霊の王国が意識を合わせ一致団結して、「神聖な計画」を実現するようにとの命令です。この命令に従って、大天使たちは私たちに人間の近くまで歩みを進め、彼らの愛と輝きと奉仕をもたらすだけでなく、彼らの世界や仕事や活動についての説明ももたらしてくれるでしょう。そして、私たち人間の遺産や血筋、そして、私たちがそもそもどこからやって来たのかについての理解を助けてくれるでしょう。

天使の世界は愛の世界であり、輝く炎が脈打ち息づいている世界です。天使の存在を実際に体験する唯一の方法は愛を通してですが、この愛は大いなる内的なやすらぎと静けさの衣を纏《まと》ったものでなければなりません。愛、色、自然の香水、神の感情の基本的な美徳は、まるで磁石のように天使を引きつけます。感情の世界が、天使たちを引きつける磁石の力なのです。創造主に対する信頼、愛、絶対的な服従が、天使の基本的な資質です。人間の自由意思を尊重する彼らは、人間の問題に彼らの意思を押し付けたり、干渉することは決してありません。彼らを信じ、彼らを愛し、彼らの協力を求める人にだけ天使は惹かれるのです。

53 自分自身のマスターとなるための確言

1 私はスピリチュアルな成長と進歩についての期待をすべて手放します。毎日、今という瞬間の中に生き、身体と心と感情がハイアーセルフと調和のとれた状態になることに心を集中します。

2 私は、私を三次元の現実に引き止める合意のすべてを解放します。私の母、私の父、私の子ども、私の夫、私の妻、私の兄弟、私の姉妹、私の友人、私の夫であった人、私の妻であった人、その他いかなる人びととの合意であれ、私を三次元の現実に引き止める合意はすべて解放します。

3 私は、愛、喜び、やすらぎ、調和、安全、豊かさ、創造性、若々しい活力、健康、幸せ、老齢化、死に関する妥当性を欠いた概念をすべて解放します。

4 私は世界を救いたい、世界の人びとを救いたいという必要性を解放します。私の使命は、自分がマスターであることを受け入れ、誰に対しても何も期待することなく、自らが愛情豊かな生命に溢れる模範になることです。

5 私は、私の体形についての前提条件のすべてと、細胞の記憶のすべてを解放します。私は、美、活力、健康、幸福に対する私の権利を、神によって与えられたものであることを理解し、我がものであると宣言します。これをすべて完璧に顕現するために、私がしなければならないことはスピリットの促しに従うことだけです。

6 私は私の創造性と仕事に関する期待をすべて手放します。私は喜びのために働き、喜びのために創造します。私は豊かさや資源は私の努力からではなくスピリットから来るものであり、私には価値があるという信念から来るものであることを知っています。

7　私は三・四次元の政府や体制が私に対して持っているすべての支配を手放します。彼らが私の豊かさや安全を支配しているのではありません。私には自らの安全を顕現する力があり、完全に自足する力があり、自分の運命を完璧に支配する力があります。

8　私は、いまだに残っているカルマの借財と私の内部および肉体・感情体・精神体・アストラル体の中にあるネガティブなエネルギーのすべてを解放します。私は今、すべての状況を優雅にやすやすと解決し、地上に天国を共同創造する仕事に参加するために、自らを拡大して光の中へと入っていきます。

9　私は、知識と叡知と適切な情報をスピリットと高次元の世界から引き出す私の能力に関する誤解を解放します。私は、学ぶために、成長するために、生きた模範として奉仕するために、新しい知識と概念と叡知を引き出します。

10　私は他の人についての価値判断や先入観そして期待のすべてを解放します。彼らは今、完璧な場所にいて完璧な進化を遂げつつあることを知っているからです。私は愛と力づけを与え、求められたときだけ情報を提供しますが、私の真実は必ずしも彼らの真実ではないかもしれないことを付け加えます。

54 アーキエンジェル・マイケルからの特別なメッセージ

愛する光のマスターたちへ

今という急速に変化する時代にあって、あなた方が数多くのイニシエーション（通過儀礼）を体験しているときに、私が一緒にそこにいることを保証します。同様に、あなたの天使のヘルパー、あなたを導き案内するマスターたち、このアセンションの不可思議なるプロセスに参加している数多くの光の存在たちも、一緒にそこにいることを保証します。

このイニシエーションは、しばらくの間、孵化されてきた内的な変容のプロセスを外的に承認し、確固たるものにする象徴的な儀式です。それは「キリストの再臨」をあなたが個人的に体験することを象徴しています。すなわち、「キリスト意識」の吸収または統合のプロセスを象徴しています。キリストのエネルギーは神の心の完璧に外形化された思考であり、形の世界で創造し顕現するように送られてきたものです。これこそ、創造神および大天使たちがこの宇宙や他の宇宙、銀河系、太陽系、惑星、果てしのない世界を創造するために使ったエネルギーであり、今も使っているエネルギーです。

「キリスト化された我れ」という言葉は、あらゆる宗教的な境界線、あらゆる文化、あらゆるルートレース、あらゆる時代を横断して肉体を持ったすべての人間に当てはまります。あなたが人間であるならば、あなたの中には「創造主の意識の細胞」があり、それがあなたの最も内奥的な存在のキリスト化された細胞／火花なのです。これがなければあなたが生まれることは不可能でしたし、これがなければ存在することはできません。

あなたが過去において活用したエネルギーは純粋な原初のエネルギーですが、あなた方はそれを変化させて完璧ではないものにしていました。キリスト化されたエネルギーは変化させることもできなければ、完璧な波動以外のいかなるものにも下げることはできません。この贈り物を最大限まで受け取るための秘訣は、意図が純粋であることです。あなた方はいまやこの神聖なエネルギーにアクセスすることができますが、このエネルギーは完璧な状態においてのみ引き出すことが可能であり、活用することが可能なのです。それ以下の能力ではあなたのために役立つことはできません。この精妙な妙薬をますます統合することができるようになるにつれて、あなたの「キリスト化された我れ」は内面において拡大を続け、最後にはあなたの肉体の器を完全に支配するようになるでしょう。そのとき、あなたは真の意味で次元上昇したマスターとなることでしょう。

肉体・精神体・感情体・エーテル体を浄化して不純物を取り除くと、別な言い方をすれば、浄化のプロセスを体験して制限的な三次元の思考パターンのほとんどを意識から解放すると、高次元の世界と周波数の中で様々な形で自由に交流することができるようになります。そうした恩恵の一つが光の存在たちとの直接的な交流であり、あなたはこれらの輝きに満ちた存在の導きと庇護の下にあることを何の疑いもなく確信できることです。五次元の青写真にアクセスして、高次元の精神体と再びつながることができます。高次元の精神体はきらきら光る高次元の色や形、幾何学の模様を知覚することができ、あなたの「神聖な火の存在」の神聖な音と一体になることができます。

あなた方の請願は、誠実な請願が皆そうであるように私たちのところまで届き、正しく記録されています。あなたが眠っている間に、スピリットのあなたは光のヒエラルキー協議会の前に連れて行かれて、光の使徒ないしはキリスト意識の担い手にふさわしいと判断されました。あなたがこの数年にわたって多くの混乱とドラマを体験してきた理由はここにあります。

あなたがこの地位を達成するためには、エネルギー磁場に残っていたカルマのパターンの多くと直面し、処理し、除去しなければなりませんでした。これは今後、あなたが困難な状況やストレスに満ちた出来事と直面することはないという意味ではありません。というのは、意識の四次元上部ないしは五次元の波動にアクセスし、そのレベルと共鳴していたとしても、三次元と四次元下部の二元性と二極性の環境によって影響を受けるからです。違いはどこにあるかといえば、あなたはいまや必要な道具や資源をすべて持っているだけでなく、高次元の広大なエネルギーにもアクセスすることができ、二度と再び一人であがく必要はないということです。

共同創造のマスターとしてのあなたの神聖な力にアクセスできるように私たちが援助の手を差しのべることをゆるしてください。あなたが自由に自分のものとすることができる不可思議な可能性のすべてにハートと心を開いてください。私たちは常にあなたのそばにいてあなたを導き、インスピレーションを与え、守っています。しかし、最大の贈り物はあなたに対する私たちの果てることのない愛です。**私はアーキエンジェル・マイケルです。**

アーキエンジェル・マイケルが、過去十一年にわたって与えてくれた瞑想法やエクササイズ、そして、メッセージなどの一部も本書に入れるようにと私に依頼してきました。

PART

V

ダイヤモンド・クリスタルのピラミッドと瞑想

55

あなたは未来世代の神話となる

あなたの「神聖なありてある我れ」から、完璧なダイヤモンド・クリスタルのピラミッドが先端を下にして降りてきて、あなたのクラウンチャクラを貫き通すのを想像してください。このピラミッドの中には、あなた方が今、自分自身の「存在」の中へと取り入れつつある五つの高次元の光線の本質が、あなた方のそれぞれに適切な割合で入っています。このエネルギーがあなたの脳細胞のすべてに浸透するように、愛と喜びとやすらぎと感謝で、あなたの意識を満たしてください。あなたの意識が道を譲って脇に行く姿を想像し、それを感知してください。意識をあなたの肩に止めてこのプロセスを静かに観察させます。意識をこの感覚に慣れさせて、あなたのスピリット、すなわち、あなたのキリスト的な心が脳の機能をますます支配するようになっても、そのことに脅威を感じることのないようにしたいのです。あなたが新しい真実を取り入れ、脳をさらに活用し、脳へのアクセスを増加させていくときに対立が生じないようにするためにはこれが必要なのです。

これまではすべての知識、あるいは拡大された真実は、あなた方の直線的で分析的な心を通過しなければなりませんでした。そのためたいていの場合、反対に遭《あ》うか、従来の固定観念や思考形態によって歪められるという結果になっていました。真実性を証明するための新しい様式があなた方のハート／ソウルセンターに置かれることになります。広がりを感じさせるもの、愛情を感じさせるもの、光を与えてくれるものを真実として受け入れなさい。疑いの思いをかき立てるものや不快に感じるものはすべて横に置いてください。あなたにとっての真実であれば、ハイアーセルフが何らかの形でそれを確証してくれるでしょう。このようにして、常に自分の本質に誠実でいることができ、常に力を与えられることになるでしょう。

それでは、この尊くも類まれな贈り物があなたの潜在意識に入っていくのをゆるしてあげてください。潜在意識は長く暗い廊下であり、ドアが閉じている部屋が続いています。それらのドアの背後にはあなたのありとあらゆる怖れ、恐怖症、強迫観念が隠れています。それは、あなたがこれまで現実として受け入れてきた主観的な思考形態です。それらの思考形態があなた自身との絶えざる戦いに巻き込んできたのです。あなたがアクセスしている五つの高次元の光線の変容のエネルギーが、そこに隠れている影やエネルギーのすべてに浸透していくにつれて、ドアが開きはじめます。それをどうぞ見てください。最も高遠でない真実、あなたを限定し幻想に縛りつけているものが、すべて溶解して純粋な「神聖な光の物質」に変容していくのを見てください。

私たちがあなた方に差し上げたい贈り物は、あなた方の潜在意識・顕在意識・超意識（キリスト的な心）の統合と調和です。これらの意識が統合され調和されれば、マルチマインドの構造の中で、戦いや相克を体験することがなくなるでしょう。あなた方は再びマスターとしての展望のきく場所から、自分の顕在意識をコントロールし支配することになります。その結果、自分自身の努力を妨害することはなくなり、あなたの「神聖な我れ」、そしてあなたの「神聖な青写真」と完璧な調和を保ちながら機能するようになるでしょう。

——『黄金の約束』（上巻）第3章より抜粋

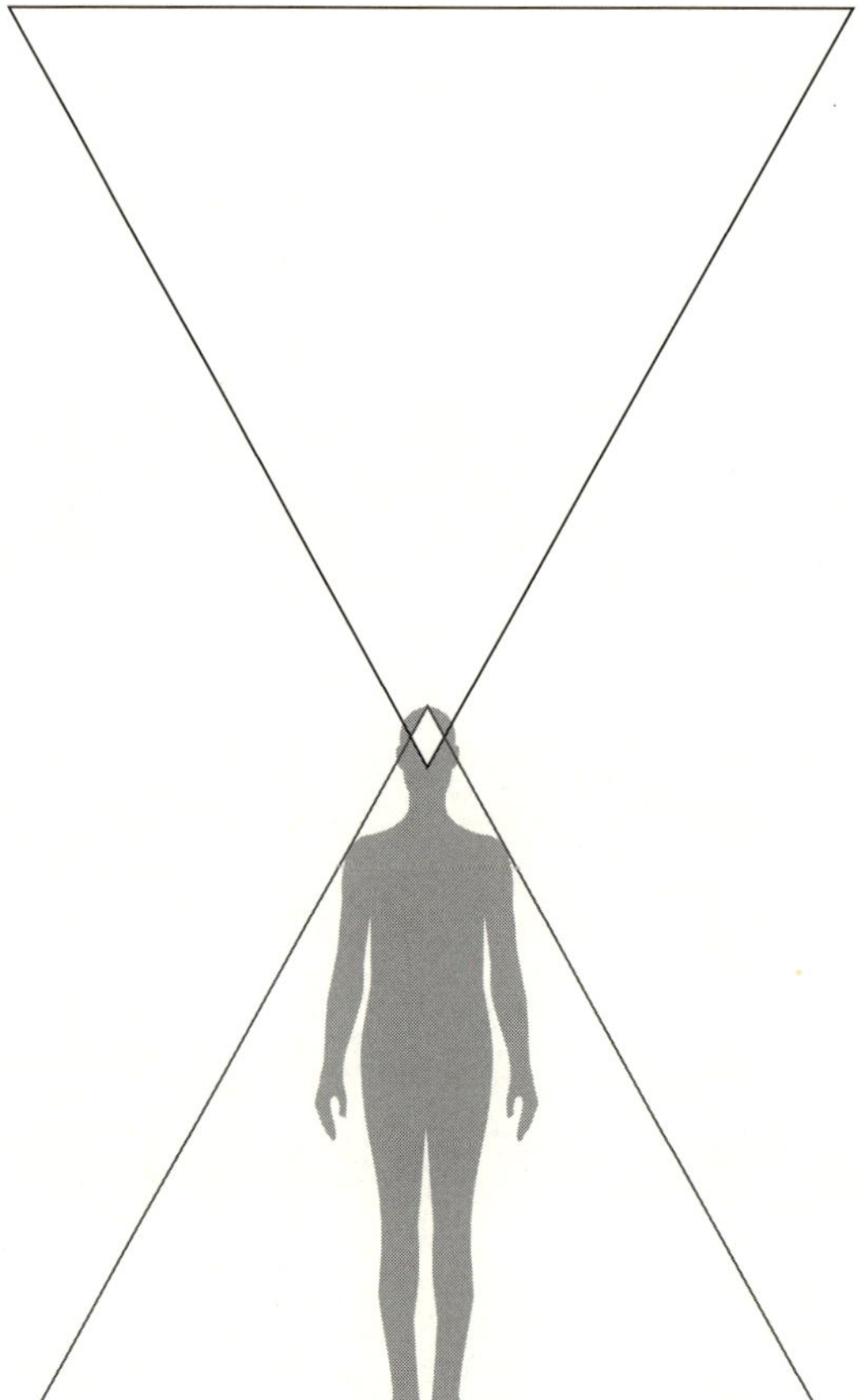

図5　地球と天国の光のピラミッド

56 あなたは神の息の吸い込みです

「ピラミッドの形はなぜ重要なのか？」という質問がありました。これは妥当にして大切な質問であり、あなた方の理解を深めるために喜んで説明したいと思います。

第一に、この形は象徴的であるということがあります。ピラミッドの頂点は創造主を表わし、広い基底部は常に広がっていく創造主の分光としての創造物を表わしています。さらに、それぞれの宇宙、銀河系には独自の幾何学のしるしがあり、ピラミッドの形はあなた方の銀河系の幾何学模様ないしは幾何学のしるしなのです。この形はあなた方の銀河系のあらゆる地域において、繰り返し、繰り返し活用され、屈折され、複製されてきました。そして、他の銀河系や宇宙からの訪問者たちによって、ピラミッドの形はあなた方の銀河系のしるしと認められているのです。

ピラミッドの形を使ったプロセスを紹介しましょう。

光のピラミッドがあなたを完全に包み込んでいる姿を想像してください。ピラミッドの頂点の冠石が頭のすぐ上にあって、あなたの第八チャクラとつながっています。この光のピラミッドの冠石に点火します。

あなたがこれまでに創造した分身でもはやあなたの役に立たなくなったエネルギーを小さな「X」のアルファベットとして想像してみてください。複数あるこれらの「X」が一つずつピラミッドに向かって行進していくのを見てください。これらの「X」が光のピラミッドに到達した瞬間に、それは光物質へと変容します。

これがあなたの最善のために、正しい形で、正しいときに、正しい量だけ達成されるように依頼してください。これが終わったならば、あなたの光のピラミッドを新しい創造物でいっぱいにします。

明日の新しい世界にあなたは何を望むでしょうか。「顕現の普遍的法則」を思い出して、新しい現実を創造するためにできるだけ具体的に望むものを描写してください。それがすべての存在にとって最善の結果につながるように依頼してください。

あなたは「神聖なありてある我れ」から来る光の柱を忠実に建設し、それを強化しました。今度は、あなたの精妙な世界と影響範囲を拡大します。

もう一つの逆さまのピラミッドを頭の上に想像してみましょう。このピラミッドの基底部は成層圏／高次元の世界にあって頂点の冠石の部分がもう一つのピラミッドの冠石とあなたのクラウンチャクラを貫いています。この逆さまのピラミッドの中に神の意識と、宇宙全体にあるあなた自身の栄光に満ちた局面が、まるで黄金のように流れ込んできます。

あなたは今、自分自身が「ワンネス」（すべてが一つであること）へと戻りつつある最中ですが、これは「ありてあるすべての存在」とのワンネスの準備として起こっています。これは実に素晴らしい機会ではないでしょうか。

――『聖なる探求』（上巻）第6章より抜粋

57 光の新しいマカバを創造する

ピラミッドの力の磁場の中に立っていると想像してください。ピラミッドは三次元ですが、心の中で姿がはっきりと見えるように、二次元の三角形の中に立っている自分の姿を想像してみます。三角形の底辺が足のすぐ下にあり、頂点が頭の真上にあります。

次に、もう一つのピラミッドないしは三角形が、逆さまにあなたの頭上にあるのを想像してみましょう。地上の三角形と逆三角形の頂点があなたの第三の目の前で交錯してダイヤモンドの形を形成し、頭上二〇センチぐらいまで伸びています。逆三角形の底辺は頭上高いところにあり、あなたの「ありてある我れ」につながっています。私たちの父にして母なる神と最高創造主と私たちをつなぐ光のコードが、逆三角形の中心から、あなたのクラウンチャクラを貫き、脊柱を貫いています。この光のコードは地球の核にまで到達し、天と地のつながりが完璧なものとなります。これがあなたの根源とのつながりであり、切れたことは一度もありません。このつながりが切れたならば、存在することは不可能だったでしょう。それは創造主とあなたをつなぐ生命線なのです。「ありてある我れ」というフィルターを通してこの「神聖な源の光」にアクセスし、あなたが内包できる限りの量を統合することができます。

このプロセスをさらに分かりやすくするために、以下のことを想像してみてください。あなたが意識のアセンションのプロセスを開始してバランスのとれた状態に戻り、「創造主の光」をより多く統合していくにつれて、上部のピラミッドが徐々に下りはじめます。最終結果として、あなたの身体の周囲に星型の四面体が形成されます。それはあなたの光のマカバの乗り物です。友よ、あなた方はライトボディーを築いているのです。この親密で光に輝くあなたの局面を、私たちは「マカバ」と名付けました。それは新しいあなたであり、進化したあなたです。単なる意識の分身ではなく、完璧な光の存在です。

この巨大なピラミッドの真ん中に立っているあなたを想像してみましょう。ピラミッドのそれぞれの隅に、意識の土台石を置きます。一つひとつの角には、土の神聖な要素と自分自身とのあなたの関係を置きます。この角と斜め向かいの角に、水の神聖な要素と他者とあなたの関係を置きます。三番目の角に、火の神聖な要素とスピリットとあなたの関係を置きます。最後の角に、空気／エーテルの神聖な要素とあなたの意識的な思い、意図、行動を置きます。あなたの任務は、地上における意識的な存在としてのあなたのこれらの神聖な要素局面を調和とバランスのとれたものにすることです。このうちのどれも否定することはできません。否定すれば光のピラミッドはバランスを崩し、光の梯子《はしご》を昇っていくことはできなくなります。上部のピラミッドは、バランスのとれたエネルギーの磁場にしか降りてくることはできません。

58

マカバ――復活／アセンションの乗り物

エジプトの文献の中にマスターであるソスがコースの中で生徒に教えた一つの寓話が載っています。

一は二になり、二は四になり、四は八になる。そして、八は一と等しい。

これは、最初の八つの細胞分裂が星の四面体として描写されている輝く情報のエネルギー磁場をつくるプロセスに、ソスがコード的に言及しているものです。私たちのプロセスにおいて、この形はなぜそれほどまでに重要なのでしょうか。「星の四面体」に関する「なぜ?」の質問に答えるためには、再び古代の文献に言及しなければなりません。この文献は、ある特定のポイントから人間の身体を通して外部へと放射されるエネルギー／情報／光について語っています。興味深いことに、この磁場の名前はエジプト語とヘブライ語の両方に見出されます。その言葉とは「マ・カ・バ」(MER-KA-BA)です。エジプト語では「MER」は光であり、「KA」はスピリットであり、「BA」は身体を意味します。別な言い方をすれば、光とスピリットと肉体のエネルギーの複合体であり、それが人間の身体の細胞の一つひとつを囲み、また、肉体全体をも囲んでいます。一つの合成的な磁場として、懐妊した直後に星の四面体を形成する最初の八つの細胞から電気衝撃を放射します。マカバの種が形成され、脊柱の基底部に位置するルートチャクラの一点にとどまります。この点に最初の八つの細胞は固定され、人間の身体の地理的な中心点にしっかりと固定されます。これらの細胞のパターンが、輝くエネルギーの磁場の青写真を提供し、そのエネルギー磁場は身体の肉体的な境界線を通過し、その向こうまで延長されます。

マカバへの言及は、ほとんどの近代の文献からは削除されています。ミステリースクールの秘教的な教え、シャーマンのイニシエーション（通過儀礼）、宗教的な教義などを通じて保たれてきたマカバの磁場についての自覚は、神の力、あるいは、創造主のエネルギーに直接的かつ首尾一貫してアクセスするための道具を提供してくれます。マカバは、時空間および次元に関する制限的な知覚を超越することができる乗り物（光体あるいは時空間の乗り物）と見なすことができるかもしれません。これを理解するための鍵は、この乗り物は肉体と別のものではなく、肉体の一側面であり、具体的な指示を与えることによって身体の細胞一つひとつを特定の共鳴音に修正できるのです。「ダビデの星」は私たちのこうした側面を思い出させてくれるものであり、創造と神の力の高次の側面とのつながりを再び確認して、確固たるものとするための道具なのです。――『Awakening to Zero Point : The Collective Initiation』（ゼロポイントへの覚醒・集合的イニシエーション）by Gregg Bradenより抜粋

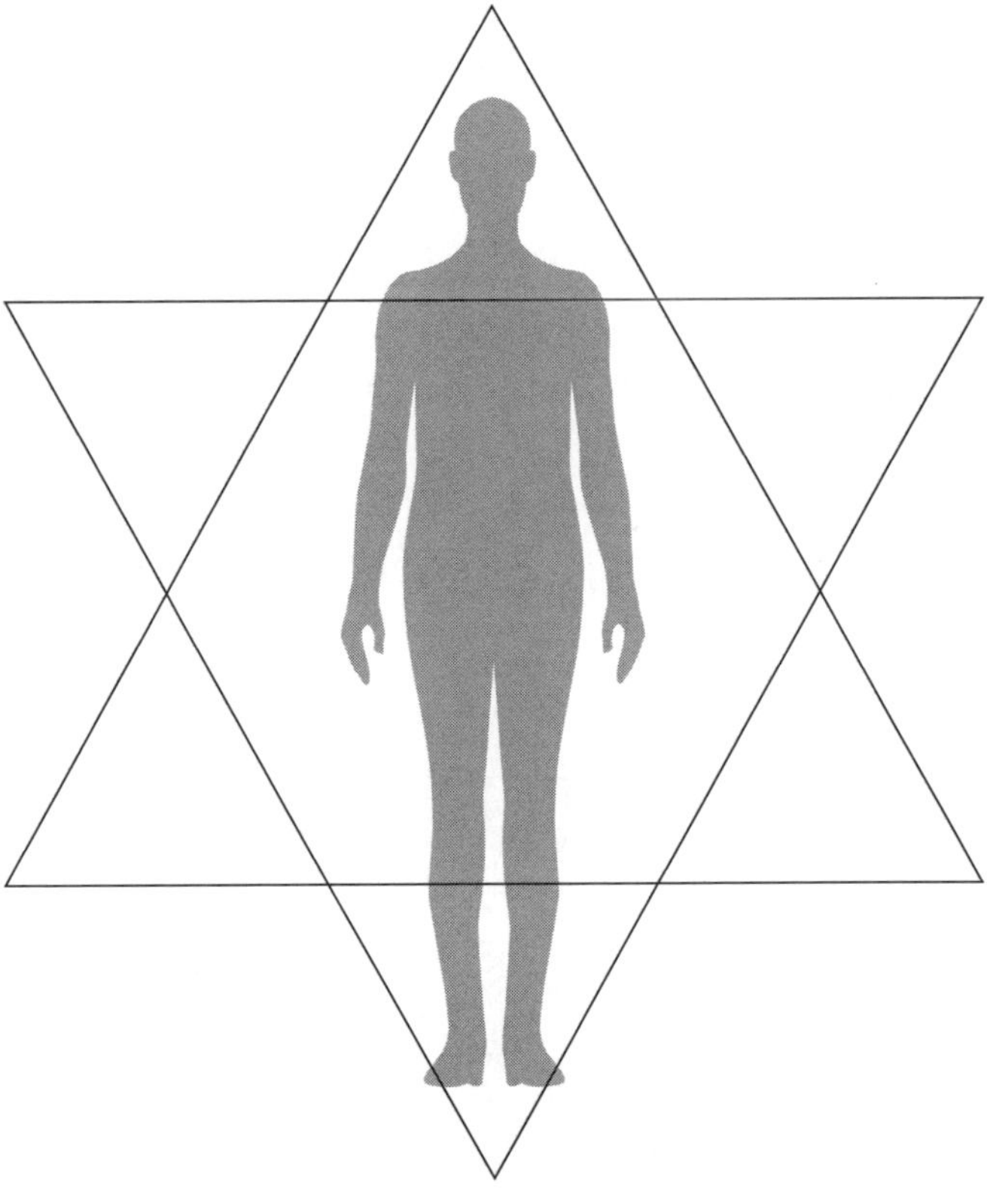

図6　私たちの光のマカバ（星の四面体）

59 恩寵のときがあなたを待っている

あなた自身に心の内なる休暇、心の内面へと向かう旅という贈り物をあげてみたらどうでしょうか。

母なる大地の中心にあなたが錨を下ろし、しっかりと固定されていると想像してみてください。それから、あなたの「神聖なありてある我れ」から送られてくる素晴らしい光の柱であなた自身を囲んでください。最初にあなたのルートチャクラないしはエネルギーセンターから始めてみましょう。あなたがまるで美しい光の粒子であるかのように、そのセンターの記憶の中に完璧に潜行するのをゆるしてください。生存、自己保存、欠乏についてあなたはどのように感じていますか？　母なる大地が提供してくれる豊かな恵みの享受に値しますか？　感情を自由に出してください。悲しみでも焦燥の思いでも怖れでも、承認してあげてください。心の準備ができたならば、次のように宣言してください。

「私はあなたを純粋な〈キリストの光の物質〉の中へと解放します。あなたはもう私の役に立つことはありません」

あなたの意識を保持している美しい光の細胞が分裂して、これらのエネルギーを包み込むのを見てください。彼らはあなたの愛によって変容を遂げ、きらきらと輝く完璧なエネルギーに変貌します。あるいは、彼らにもあなたと同じように記憶もあり、選択権もあることを理解する必要があります。もしも彼らが光を抱擁する選択をしない場合には、あなたのすべての身体から彼らが離れていくのを見てください。あなたの肉体・エーテル体・感情体・精神体から離れて、自分自身の道に従ってエーテル界に入っていくのを見てください。彼らもいつか光を選ぶときが来るでしょう。まだ先に進む準備ができていない人びとと一緒に光を選択するときが来るでしょう。

第二のチャクラに移動しましょう。エゴ／欲望体のエネルギーがすべて前面に出ることをゆるしてあげてください。性的な愛のエネルギー、情熱、与えることと受け取ることについてのあなたの考えなどです。これらのエネルギーは、常にあなた自身の外側にある欠乏感からやって来て、多くの場合バランスを欠いており、精神的・感情的・霊的な適合性を考慮せずに、肉体的な魅力や肉体的な満足に焦点が絞られています。外側に投影された感情であり、あなた自身には達成できないと考えていることを達成してくれるかもしれないとの願望をもって、他の誰かに投影されるのです。あなたができないと思っていることとは、愛されること、自分は愛されるに値すると感じることです。欲望のゲーム、すなわち、与えそして受け取る能力、あらゆる関係はすべてこの根深い必要性から来ています。愛したいという必要性、愛されたいという必要性です。

あなた自身と恋愛を始めてみたらどうでしょうか。あなたの魂の欲望と契約を交わして、本能の代わりに直感によって仕事をしますと確言してみるのです。本当の自分、「神聖な我れ」とあなたを調和のとれた状態にしてくれるものを探しはじめてください。それから、あなたと同じように充溢感を投影している人との関係や交わりを求めるのです。すると、あらゆる表現においてお互いにぴったりと適合した体験をすることになります。肉体的にも、精神的にも、感情的にも、霊的にも適合した関係です。これは魂が注入された関係であり、エゴに基づいた関係ではありません。エゴに基づいた関係は必ず失敗する運命にあります。

一つひとつの関係において、このヴォルテックス（チャクラ）のエネルギーおよび感覚体験と融合するイメージ瞑想をしてください。美しい光の球体が真っ暗でネガティブな場所に愛を注ぎ込むのを見てください。愛が注がれるのを見ながら次の言葉を繰り返してください。

「私はあなたを純粋な〈キリストの光の物質〉の中へと解放します。あなたはもう私の役に立つことはありません」

次に意識を上昇させて太陽神経叢に持っていき、そこに詰まっているエネルギーを解放してください。ここに詰まっているエネルギーのために、あなたは力を他人に明け渡し、拒絶されることを怖れ、自分は不十分であるという考えを持つようになってしまったのです。エゴによってつくり出されるマイナスの劣等感情はすべてここに埋められています。愛する人たちよ、それらの感情を解放してあげてください。あなたの力を自分のものであると、もう一度宣言してください。あなたの創造性を、独自性を、神聖性を、自分のものであるとして宣言してください。太陽神経叢は未来において活躍することになる重要なエネルギーセンターの一つです。あなた方はここから聖なる光の素晴らしい流れを放射することになるでしょう。あなた方がこれからアクセスできる神聖なエネルギーの量はますます増えていきます。そのエネルギーを他のライトワーカーたちとともに放射して、この素晴らしい「光を満たす」贈り物を地球に注ぎ込むことでしょう。太陽神経叢に埋もれているエネルギーを祝福し、癒し、解放してください。そうすることによって、このエネルギーセンターを本来の目的のために再び使うことができるようになるでしょう。

意識をハートチャクラに移動させて、あなたのエーテル体のハートチャクラにあなたが置いたシールド（盾）の存在を感じ取ってください。それは、長年あなたが体験してきた痛みや苦しみから自分自身を守るためにそこに置かれたものです。しかし、このシールドのために、「愛／光」があなたのところに流れてくることも、あなたを通じて「愛／光」が流れていくことも不可能になってしまいました。

これはあなたの生命力を育み維持する場所です。創造主の愛にアクセスしてそれを放射することを可能にしてくれる場所です。愛する人たちよ、どうぞこのバリアーを取り払ってください。もう必要ではありません。不可思議な三重の炎があなたのスピリチュアルな鎧《よろい》・紋章として輝き出るのをゆるしてあげてください。この炎はあなたがライトワーカーである身分を示すものです。創造主からのこの贈り物があなたのシールドになることをゆるしてあげてください。そうすれば、あなたは創造主の愛、同情の思い、叡知、力、意思に共鳴するようになり、スピリットの本質と切り離される痛みや苦しみを二度と味わう必要はなくなります。

ハートセンターからこれらの制限を解放すると、甲状腺が刺激を受けて行動を開始し、身体全体に生命の源となるホルモンを再び送りはじめるようになります。その結果、あなたは若返ることが可能になります。あるいは、若さや活力を維持することができるようになります。老齢化、機能衰退、衰弱、死などはすべてあなたの「神聖な我れ」の生命力から切り離された結果なのです。

神聖な光の球体を喉の辺りに移動させ、そこに生じている制限や密集状態を感知してください。あなたの声帯を詰まらせている真実でないもののすべて、真実を話すことができなかったもろもろのときのすべてが、あなたの喉に詰まっていて、緊張感、いらいら、咳などの甲状腺の問題を起こしているのを感知してください。愛する人たちよ、これもまた重要なエネルギーセンターです。その力の行使を開始するべきときです。あなたの真実を話しなさい。識別と分別をもって、裁きの思いを持たずに同情の思いをもって、あなたにとってのスピリチュアルな真実を誠実に話してください。この「神聖な権利」を行使すると、頭脳の最も深いところから様々な思考が流れ出すようになり、あなたは再び直感と叡知を使いはじめるようになるでしょう。完璧なときに正しいことを語るようになり、沈黙すべきときは沈黙するようになります。どちらも同様に大切なことです。

あなた方の多くは、意識の奥深くに埋もれている事柄について一度も話したことはありません。あなたにとって極めて重要で意味のある事柄についてです。人に拒絶されることを怖れているためです。今こそあなたの真実を語り、自分のものとして宣言すべきときです。スロート（喉）チャクラから古い詰まったエネルギーをすべて取り除けば、それは可能です。そのようなエネルギーを解放してあげてください。物質の重い波動と分離のレッスンを旅するなかで、これらのエネルギーは十分に役立ってくれました。彼らを解放し、再びスピリットと調和のとれた関係を持ってください。

次に最も重要な第三の目に移動して、あなたの透視力を曇らせている薄い膜を取り払ってください。あなたの脳下垂体が脈を打ちはじめ、開きはじめ、活力をもたらすエネルギーを脳の下部に送りはじめるのを見てください。それによって脳の左半球と右半球が接続され、乱用されてきたために衰退してしまった脳の領域が活性化されます。これによってあなたの直感が増し、叡知と心のやすらぎがもたらされます。それは、あなたのハイアーセルフとアクセスを開始し、交流し、やがて「神聖なありてある我れ」にもアクセスできるようになるからです。二元性の概念を解放し、男性のエネルギーと女性のエネルギーの統合を開始してください。父なる神の力、意思、力学を、母なる神の愛情、同情の思い、創造的で育む側面と統合させるのです。もはやあなたのために役に立たないものを光の中へと解放し、再び上昇してください。

クラウンチャクラに心の焦点を合わせてください。クラウンチャクラは高次元の世界、あなたの「神聖な我れ」、「無限なる存在」に至る門です。このエネルギーセンターが門を大きく開き、松果体が脈打ちはじめ、脳の上部を再び活性化するのを見てください。これによってあなたの透聴能力が活性化されます。あなたにはこの橋を建設する力があること、この聖なる光の道を建設する能力があることを知ってください。この橋ないしは光の道によって、創造主のインスピレーション、神聖な叡知、スピリチュアルな意思にアクセスしやすくなるのです。そのアクセスはあなたの「ありてある我れ」を通してなされます。制限的なエネルギーを解放してください。怖れに基づいた感情を解放してください。こんなにも長い間、あなたを虜《とりこ》にしてきた幻想を解放してください。

七つの下方のチャクラを浄化しバランスをはかると、さらに五つのエネルギーセンターがあなたを待ち受けています。この五つのエネルギーセンターはあなたをさらに前進させ、上昇させ、より高い魂の意識へとあなたを導いていきます。愛する人たちよ、これがアセンションの道です。今あなた方に提示されている贈り物を受け取るべく手を差し出してください。これはあらゆる贈り物の中でも最高の贈り物です。十全性と神聖性という贈り物です。

この極めて深遠な瞑想のプロセスを完了する前に、あなた方をもう一歩先まで導かせてください。

あなたの内なる本質の存在を感知して、それが今、高次元の世界を通り抜け、銀河の核心と一体になるのを感じ取ってください。あなたの本質であるクリスタルを、赤々と燃えている銀河系の核の中にしっかりと固定してください。すると、それは精妙な「愛／創造の光」を引き寄せはじめます。あなたはいまや、あなた自身の「神聖な存在」を通して銀河系の鼓動に錨を下ろし、同時にまた、あなた方の惑星である地球の核にもしっかりと錨を下ろしたのです。

このようにして再びつながった力を感じることができないでしょうか。あなたがはるか昔に物質の世界に下降してきたときに使ったのがこの力の柱だったのです。そして今、この光の柱を再び固定することによって、それが光に満ちた高次元の世界に再びアセンションするための手段となります。だからといって、地球への旅を終わりにしなければならないという意味ではありません。あなたの「神聖な生得の権利」、すなわち、創造主との愛のコネクションにアクセスできるということなのです。

――『黄金の約束』（上巻）第10章より抜粋

60 スピリチュアルな力の原則

今あなた方の前に差し出されている力の贈り物を真に活用するためには、最初に怖れのスペースから抜け出し、他の人をコントロールしなければならない、というあり方から脱却しなければなりません。もしも、あなたにその気持ちがあるならば、次に述べる言葉と関係付けながら、「力」の意味について考えてみてください。

表現の力——あなたは自分の考えや願望をまわりの人に、自由に、何を怖れることもなく表現する準備ができていますか？

体現の力——あなたは、あなたの美しいライトボディーを想像し、共に協力し合ってライトボディーを顕現して、その結果、完璧な健康と活力と若さと幸福を獲得する準備ができていますか？

コミュニケーションの力——あなたが使っている言葉は、あなたの願望を築き創造するエネルギーを送り出していますか？　それとも、あなたの努力を妨害し、あなたを弱めるようなエネルギーを送り出していますか？

インスピレーションの力――インスピレーションは顕現の力を使う公式における第一歩です。

顕現の力――インスピレーションを受けた思いのエネルギーは、あなたの高次元の心と一直線になるための道を開きます。その結果、すべてのことが分かる宇宙の知識の泉にアクセスすることができるようになります。

識別の力――あなたが発見した新しい知識と力に関する責任を引き受ける準備ができていますか？　すなわち、いつ語るべきかをわきまえ、いつ沈黙を守るべきかを知り、他の人がそれぞれにとって適切なときに、彼らの真実を発見することをゆるす準備ができていますか？　真のマスターは、自分の唯一の責任が自分自身のスピリチュアルな成長と幸福であることを知っています。そして、他の人に教える最善の方法は、身をもって示すことであると知っています。

バランスの力――中道を生きること、それは狭い道であると詠んだ人もいる生き方ですが、あらゆることにおいて節度を守りながら、神が創造されたものの美しさ、豊かさをすべて楽しむということです。あなたの「神聖な存在」のあらゆる局面のバランスをとり統合する生き方です。その結果、調和とやすらぎの波動を放射することになります。

超越の力――愛する人たちよ、力のすべての局面を我がものであるとして宣言し、全体の調和をとったときに最終的に得られるのがこの力です。今というときは、三次元の限界を乗り越えて、制限的で支配的な古い思考体系を解放して超越し、マスターのレベルに到達し、「神の定め」によって本来あなたのものである贈り物を我がものであるとして宣言するときです。あなたは、それを忘れただけなのです。

力を得たマスター、パイオニア、道案内人であることは、何を意味するのでしょうか。それは従順で心弱き者が怖れる道に踏み入ることです。山の高みに登り、光を得たスピリチュアルな「神聖な存在」としての報酬を我がものとして宣言し、どのような道を歩もうとも成功する能力と手段が自分にあることを自覚しながら、未知の領域へと飛び出すことを意味します。それはあなたのエゴをマスターして、願望を自分の「神聖な使命」と調和のとれたものにすることです。それはあなた方が皆、求めているやすらぎ、幸せ、美しさにつながります。

こうしたことのすべてによって、「変容の力」にアクセスすることが可能になります。この力は現在進行中のプロセスを優雅にやすやすと通過するように導き、光と統合の意識の高次元に至るドアを開いてくれることでしょう。

このようなわけですから、わが勇敢なる戦士たちよ、いま説明した「力の原則」について熟考し、瞑想し、統合するために時間を割いてください。「神聖な力の第一光線」を我がものとして宣言するにあたって、それに伴う責任がどのようなものであるかを、明確に理解していることが極めて重要です。このエネルギーを適切に使うこと、すなわち、あなたにとって最も純粋で最善の目的のために、同時に、すべての存在に恩恵をもたらすために使うことが不可欠です。

その次のステップは、あなた方の母なる地球とすべての人類に援助の手を差しのべて、この贈り物を彼らも我がものとして宣言できるようにすることです。道の先頭に立つに十分な大胆さと勇気と献身の心を持った、少数のあなた方の献身的なエネルギーの集中と力によって、この素晴らしい贈り物が地球とすべての生きとし生けるものに貫通し、浸透し、変容をもたらすことでしょう。

最後に一つお願いがあります。「喜びに溢れた表現」という言葉に心の焦点を合わせ、それがあなたにとって何を意味するか考えてください。今というときに、この重要なプロセスを通過するにあたって、優雅にやすやすとマスターになる秘訣の一つは、このプロセスを喜びに溢れた体験と見なして取り組むことです。辛い仕事であるとか、ひたすらに耐えてやり遂げなければならないまじめな仕事である、などとは考えないことです。**神は喜びであり、エクスタシーであり、歓喜です。**喜びを我がものとして宣言し、表現するとき、あなたは最も強烈な創造の道具を使っているのです。

あなた方は絶望の谷間を通り抜けてきました。悲しみの道を歩んできました。魂の暗い夜を体験してきました。今こそあなた方の試練と試験の恩恵を我がものとして宣言し、刈り取るときです。

勇敢な戦士たちよ、あなた方の力を我がものとして宣言してください。喜びと決意とまもなく顕現する天国のヴィジョンを持って、輝かしい明日に向かって、共に行進していきましょう。私は自らの神聖なる存在として全力をあげて、あなた方を愛し、あなた方の努力をサポートします。**私はアーキエンジェル・マイケルです。**

——『黄金の約束』（上巻）第31章より抜粋

61 天国へのハイウェイ

思いの波動が、投影するエネルギーの色を決めることになります。自己中心的な欲望や羨望の波動を送れば、茶色っぽい緑色が放射されます（英語の表現に〈羨望のために緑色になる〉というのがありますがその通りです）。怒りや激怒は赤黒いエネルギーの雲を投影しますが、それはまるで鋭い短剣のように、あるいはロケットのような形をしたエネルギーのシャフトに見えるかもしれません。しかし、ある人に対して純粋で無私の愛を送れば、それは瞬く間に届いて、その人は保護のオーラに包まれることになります。崇拝・献身・讃美の感情は光と色の不可思議なパターンを織り成しながら外側に向かって上昇します。これらのエネルギーには敬虔な資質をすべて備えた光線の色が含まれています。愛する人たちよ、高次元の世界にいる私たちは、あなた方が送ってくれるこのような祝福された贈り物を見て、感じることができ、吸収することができるのです。どうぞこの事実を知ってください。そして忘れないでください。愛情に満ちた思いや祈りが注目されないということは絶対にありません。無駄になることは絶対にありません。

あなた方が投影しているエネルギーに関して、より自覚を高めるためのプロセスを行ってみましょう。思いをモニターすることも重要ですが、脳以外の身体のどの部分から思いのエネルギーが放射されているかを観察することも大切です。観察と意図を手段とすることによって、思考のパターンをモニターする機会を持つことができます。あなた方はまもなく、自分自身の決意とハイアーセルフの援助によって、やすらぎ・

愛・同情の思い・豊かさ・喜びの活力に溢れた清浄な色だけを投影するようになるでしょう。あなた方の多くがすでに知っているように、チャクラはコーンの形をしたエネルギーの渦で、人体の戦略的な場所に位置しています。これらのエネルギーセンターの一つひとつが特定の色に共鳴しています（これらの色はあなたが周波数を上げていくにつれて徐々に変化します）。しかし、今回の練習では、人類の多くが共鳴している色を使うことにします。太陽系の七つの光線に波長が合っている基本色を使うことにします。

意識をルートチャクラに集中してください。ここには生存と欠乏のエネルギーが貯蔵されています。あるいは、バランスがとれている状態のときには豊かさ・安全・地球との一体感というエネルギーを提供してくれる場所です。このチャクラは身体の性器に位置し、ルートチャクラと呼ばれています。色は赤です。**「私は生きる」**という言葉をトーニングしながら、力と強さを象徴する鮮やかで純粋な赤い色を見てください。この音を感じよくできるだけ長いあいだ出して、一回、深呼吸をします。

それから、あなたの手と意識を第二チャクラ、臍の部分、下腹部へと移動します。これは快楽、性的／情熱的愛情の寛容の場所です。あなたの目標は欲望をスピリットと調和させ、あなたにとって最善であり、すべての存在にとっても最善であるようにすることです。他の人に対するあなたの情熱と愛情を同情の思いと融合させ、肉体的な結合であるだけでなく魂の結合とするように努力してください。すべての存在に対する寛容と同情の思いを持つことによって、このチャクラのバランスがとれて、純粋で調和のとれた波動を発するようになります。このチャクラの色はオレンジ色であると想像してください。深呼吸をして、**「私は感じる」**という言葉をトーニングしてください。

太陽神経叢に移動しましょう。これは個人の力・コントロール・感情の場所です。過去においては、他の人が黒いコードのようなものを使ってあなたのエネルギーにアクセスすることをゆるしてきた場所です。同時に、あなたが他の人のエネルギーの磁場にアクセスするときに使った場所です。より大きな力を与えられている今は、これはもはや可能ではありません。ハートの領域とともに太陽神経叢はパワーセンターとなり、あなたが高次元にアクセスして引き出した「キリストの光」という贈り物をここから投影することができます。この贈り物を地球および人類と分かち合うことが、この人生におけるあなたの主要な使命の一つです。深呼吸をしながら、このエネルギーの磁場が黄色に共鳴するのを見てください。そして、「**私は意図する**」という言葉をトーニングしてください。

手と意識をハートチャクラに移動させてください。ここにあなたの生命力があり、ソーラー・エネルギー・センターがあります。ここにハイアーセルフがいて、あなたの「聖なる本質」と「神聖な愛」があります。愛する人たちよ、三つの下層のチャクラの感情とエネルギーのすべてを、このチャクラのパワーソースというフィルターにかければ、奇跡が起こりはじめるでしょう。「**私は愛する**」という言葉をトーニングしながら、ハートセンターからきらきらと輝く緑の色が流れ出すのを見てください。

次のチャクラセンターは喉です。今というときに最も重要な領域です。あなた方の多くが、喉のあたりにストレスや不快感を感じています。それは、スロートチャクラが話し言葉・コミュニケーション・識別・分別・自己表現を司るパワーセンターだからです。長い間、あなた方は自分の真実が何かの決定を他人に任せ、真実を語ることを怖れてきました。愛する人たちよ、今こそあなたの力を取り戻すときです。尊敬の念と誠実さをもって、同情の思いを込めて叡知に満ちた言葉を語るときです。深呼吸をしながら、きらきらと輝く青い色を想像し、「**私は話す**」という言葉をトーニングしてください。

第三の目、眉間が次のチャクラです。忘却のヴェールが上げられ、スピリットの贈り物を我がものであると宣言するようになると、二元性の限界を超越して内なるヴィジョンが明らかになり、スピリットに導かれた直感が研ぎ澄まされ、透視が可能となり、知覚も飛躍することになります。「**私には見える**」という言葉をトーニングしながら、このチャクラが美しい紫色に共鳴するのを見てください。

最後に、意識を頭の天辺にあるクラウンチャクラに移動させてください。ここにスピリットの美しい蓮が花ひらき、創造主のエネルギーの輝きが再びあなたの元へと流れてきて、あなたの中を流れることを可能にしてくれます。ここには「神聖な叡知」が住み、スピリチュアルな意思が居住しています。ここにおいて、ハイアーセルフの叡知にアクセスすることが可能であり、「ありてある我れ」と接触することができます。このチャクラにおいて、あなたは再びすべての創造物や無限なるものと一体になることができます。「**私はある**」という言葉を三回トーニングしながら、この場所が虹のように変化する白い色を放射するのを見てください。

愛する人たちよ、あなた方がマスターとしてのあり方を身につけていくにつれて、愛情のフィルターがかかった目で物事が見えるようになり、同情の思いによって和らげられた耳で物事を聞くようになるでしょう。あなたが投影するエネルギーの磁場はあなたを包み込み、さらに遠くへと放射され、やすらぎ、愛、喜び、

豊かさを生み出していくでしょう。あなたを手本に他の人たちも学びはじめ、このエネルギーの磁場で地球という試練と試験の局面を超越し、離れるときに通るヴォルテックスを建設することになるでしょう。

死は存在せず、あるのは超越するスピリットだけであることを思い出すときです。物質というものは、つまりあなたの肉体を構成しているものは変化して衰退するかもしれませんが、あなたの「神聖な本質」であるスピリットはますます輝きを増し、力を増していくことでしょう。そして、自らの多くの分身と統合しながら「父にして母なる神」と一体になるべく、螺旋《らせん》状に上昇する旅を続けることでしょう。

我が愛する勇敢なる戦士たちよ、私たちは以前にも招集のラッパを鳴らしましたが、今こそ耳を傾けて聞いてください。というのは、地球と太陽系と銀河の進化のダンスにおいて極めて重要な段階に差しかかっているからです。時間が差し迫っています。

愛する人たちよ、どうぞ団結してください。いま再び力を合わせ、天空を駆ける力強い行進を開始する準備を整えるときがやって来ました。神の軍隊である光の軍団を集結して、再び支配を確立するときです。

私たちには美しく完璧なあなた方が見えます。この完璧な自分をヴィジョンとして持ち、生得の権利を再び我がものとして宣言してください。あなた方の生得の権利とは、「神のヴィジョンに似せてつくられた」ことであり、それはスピリットの純粋な輝きが顕現したということです。私はあなたを愛と保護のオーリックフィールドで包んでいます。私は常にあなたと一緒にいます。**私はアーキエンジェル・マイケルです。**

――『黄金の約束』（下巻）第45章より抜粋

62 あなたのエネルギー・サイン は？

ここで一つ新しいヴィジュアリゼーション（視覚化）を行ってみましょう。

この人生で残りの時間がわずか六カ月だと考えてください。しかし、あなたは健康そのものでエネルギーと活力に溢れています。したがって、何の制限もありません。このプロセスを始める前に忘れないでほしいことは、あなたが肉体と別れるときに持っていくエネルギー・サインに焦点を絞るということです。ネガティブなエネルギーをどれだけバランスのとれたものにし、ポジティブなエネルギーの輝きをどれだけ黄金のエーテルの網に貢献したか、つまり本当の自分にどれだけ貢献したかということです。

癒しを必要としている人間関係があるでしょうか。言うべきことでまだ言っていないことがあるでしょうか。実行していない正すべき間違いがあるでしょうか。表面に何度も顔をのぞかせてはあなたの意識の隅をつついている創造的なプロジェクトを延ばしのばしにして、「正しい時」を待っているでしょうか。愛する人との時間をもっと持ちたいと切望しながら、一度も実現できずにいるでしょうか。自然の美しさを楽しみたいと思いながら、できないままになっていないでしょうか。次のような約束を自分にしませんでしたか？瞑想を始めることにしよう、セミナーに参加して人生の叡知を高める努力をしよう、自己啓発のために何かのグループに参加してみよう、どんどん強くなっているように思われるスピリットの促しにもっと耳を傾けることにしよう、などなど。しかし、その時間がどうしてもとれないという体験をしていませんか？

愛する人たちよ、あなたの日々は、夜は何によって満たされているのでしょうか。あなたが家族の面倒を見なければならないこと、家族を経済的にサポートしなければならないことは、私たちにも分かります。しかし、あなたの残りの人生に「割り当てられている」時間を費やしてそれらの仕事をするときのあなたのエネルギー・サインは、どのようなものだったでしょうか。毎日が美しい贈り物で、あなたの夢を実現するのに必要なエネルギーがすべてその贈り物に愛情を込めて包み込まれているという観点から、あなたの人生を評価し、展望してみてください。この贈り物に対する感謝の気持ちに加えて、あなたのインスピレーションと献身と結果に対する信頼をもって、具体的な行動をあなた自身の特別な創造へと向かわせたならば、なんと素晴らしい奇跡を創造することになるでしょうか。

毎日、あなたをいらいらさせることがたくさんあります。重要な事柄が滞ることなくスムーズに流れていくように心の焦点を絞ろうとしても、些細な出来事に妨げられてしまいます。どうぞ、こうした些細な出来事をそのまま認めてあげてください。他人のネガティブな見解やエネルギーをあなたの現実として受け入れないことです。あなたは急流の川底に横たわって光を放つクリスタルの岩であると考えてみてください。水があなたの上を優しく流れて慰めと活力をもたらそうと、物凄い勢いで轟音を立てて流れ去っていこうと、それは問題ではありません。あなたはソーラー・パワー・センターの中にしっかりと立って光を放ち、自分は自分の世界をコントロールしている、自分の世界は愛情に満ちていて完璧であるという確信を、いかなるものも揺るがすことはできません。

——『黄金の約束』（下巻）第47章より抜粋

63

あなた方は神の特使です

あなた方は**「神の特使」**であり、「神の火花」を形ある世界へ運んできたのです。あなた方は勇敢にも、形もなく顕現もされていない宇宙の世界へと旅した結果、神の拡大された意識を最も喜ばしい不可思議な形で創造し体験しているのです。

さて、もしよろしければ、私たちと一緒に旅に出ることにしましょう。高次元の精妙な世界にいるとどんな感じがするか、あなた方に思い出してもらい、再びそれを自分のものにするお手伝いをしたいのです。最大限の恩恵を得るために、この瞑想をテープに録音するか、ソウルメイトに読んでもらうとよいでしょう。

目を閉じてください。そして、あなたのハートの黄金の寺院の中に入ってください。そこに美しい光に輝く存在が立っています。あなたのハイアーセルフです。あなたは、この愛情に満ちた輝ける存在に近づいて抱きしめます。彼／彼女から流れ出る愛のあまりの美しさにあなたは涙します。あなた方は一緒に螺旋《らせん》状のクリスタルの階段の方へと歩いていき、地球の内部へと向かう階段を降りはじめます。やがてクリスタルから成る地球の核心にたどり着きます。そこに、非常に薄い緑色のガウンを纏《まと》った美しい女性が立っています。彼女の髪には花々が絡み合い、まわりには鳥や小さな動物たちがたくさんいます。デーヴァと精霊の王国の代表たちもいます。

これが「母なる地球」の本質です。彼女はずいぶんと長きにわたって、あなたの愛情に満ちたホスト役を務めてきました。そして、人類による様々な試練や苦難や虐待に耐えてきました。彼女はあなたに近づき、あなた方は抱擁を交わします。あなた方が交わす愛は豊かで、力に溢れ、深遠です。変容と変質のプロセスを手伝ってくれるでしょうか、と彼女はあなたに聞きます。自然の大変動を最小限に抑えるために、できる限りのことをすると彼女はあなたに約束します。燃え盛る火、荒れ狂う嵐、滝のように降り注ぐ雨、身体の震えを最小限に抑える努力をしますと彼女は約束します。しかし、そのためには、あなたの助けが必要です。あなたの愛、輝かしい光、ポジティブな思考が必要です。

あなた方は一緒にクリスタルの螺旋状の階段を昇りはじめます。あっという間に地球の大気圏を抜け出して銀河系に入り、そこも通り過ぎて高次元の世界へとたどり着きます。そこで別な螺旋状の階段を昇りはじめます。この階段はあなた方を神の意識の「七つのスフィア（領域）」へと導いてくれます。これはあなたが創造主の属性と美徳を統合した場所です。そして、統合された創造主の属性と美徳があなたの肉体の器の七つのチャクラに注ぎ込まれ、それがあなた方の太陽系の支配的なエネルギーとなったのです。

突然、あなたは**赤色のエネルギー**で満たされた場所にいます。ルートチャクラのエネルギーです。あたりを見回してください。強さ、力、豊かさ、意思、勇気に焦点を絞ったこの世界と調和のとれた状態に戻るために、あなたは何を解放しなければならないでしょうか。怒りと欠乏のエネルギーがまだ残っていますか？　あなたはいまだに生存競争のモードで機能していますか？　あなたの力を我がものとするために意思を使うことをまだ怖れていますか？　この世界の光があなたのルートチャクラをきらきらと輝く深紅に変えるのを見てください。それには青と薄紫の色も少し混じっています。豊かさ・愛・喜びというあなたの生得の権利を自分のものとして宣言することを妨げているネガティブなエネルギーをすべて手放してください。

次に、**オレンジ色のエネルギー**の世界に行きましょう。第二チャクラの焦点です。これはあなたのスピリチュアルな欲望体が、あなたの「聖なる存在」の精神的・感情的・肉体的な側面と一線に並んでいた場所です。欲望、性的な愛、情熱的な愛、感情、本能的な性質のエネルギーが肉体の中に貯蔵されている場所です。エゴの欲望体が長いあいだ支配してきた場所です。エゴの欲望体が貯蔵している嫉妬、羨望、耽溺、中毒のエネルギー（満足を知ることのないエネルギー）がすべて変容を遂げる姿を見てください。この変容は、あなたの第二チャクラの中にピンクがかったオレンジ色のエネルギーがどっと入ってきて、再びスピリットが支配するようになるなかで起こります。

次の世界は**黄色のエネルギー**から成っています。このエネルギーは第三チャクラ、太陽神経叢の中にあります。これはあなたの感情的／個人的なパワーセンターで自己抑制、権威などが焦点となる場所で、ハートと一緒に愛と光を投影します。この黄色の世界がきらめく黄金の色をあなたの太陽神経叢に放射するのを見てください。同時に、あなたはネガティブな愛着をすべて手放し、感情的なトラウマを取り除きます。これまでずいぶん長い間にわたって他の人たちから吸収してきた霊的なエネルギーやあなたが体験してきた傷、怒り、怖れのすべてです。あなたの権威と自己抑制を取り戻し、愛と光だけを世界に投影する気持ちを味わってください。

螺旋状の階段を昇って今度は**緑色のエネルギー**の世界にやって来ました。この世界はハートセンター、あるいは生命力のセンターに錨を下ろしています。ハイアーセルフにあなたのハートチャクラを点検してくれるように依頼してください。嫉妬、羨望、自己中心、罪の意識、自分には価値がないという感覚がそこに潜んでいるでしょうか。ハイアーセルフと「ありてある我れ」にあなたのハート／魂のセンターに永久に住んでくれるようにと依頼してください。そして、この領域の薄いピンク色と薄紫色の輝きが身体にどっと入ってくる様子を見てください。自分自身に対する愛、人類のすべてに対する愛、すべての創造物に対する愛であなたのハートが大きく膨らむのを感じてください。

この愛の世界を去るのは容易ではありませんが、次のレベルへ移動するときです。あなたは今、**青色のエネルギー**で満たされた場所にいます。これは第五チャクラ、喉のセンターに呼応するチャクラです。あなたが真実を語ることを妨げてきた停滞したエネルギー、制限のエネルギー、無知の暗いエネルギー、価値判断や批判の言葉のエネルギー、こうしたエネルギーのすべてが喉のセンターのチャクラにあります。この素晴らしい領域の美しい深い青／薄紫色の中に、あなたの喉が浸かっているのを感じてください。そして、制限の絆があなたの喉から除去されて、あなたは話し言葉の力を取り戻します。確言してください。

「私は、この瞬間から識別と分別と同情の思いをもって私のスピリチュアルな真実を語ります」

創造の音を出す方法を学んだこの世界がどういうものだったか、思い出してください。完璧なヴィジョンをどのようにして保持し、それからどのようにして不可思議な音を出し、それによってどのようにしてヴィジョンを顕現したか、思い出してください。話し言葉の力を再び我がものとして宣言しながら、生命のプラーナ（宇宙の生命エネルギー）を深く吸い込んでください。あなたの思考を浄化し、喉を癒したとき、あなたが語る言葉の巧みさは二次的なものとなるでしょう。なぜなら、あなたの声の波動はあなたのまわりの人たちの耳や心の琴線に、まるで美しい天国の音楽のように聞こえるからです。

第六チャクラは第三の目がある場所で、**インディゴ（藍色）のエネルギー**です。ここであなたは直感、透視、テレパシー、叡知を統合しました。それは皆、スピリットからの贈り物で物質の世界で機能していくのに必要となるものでした。高次元の叡知とあなたの「神聖な青写真」の光のパケットが、あとであなたの脳細胞にコード化して入ることができるように、ここで準備されました。あなたの高次元の叡知、直感、テレパシーにアクセスしてあなたの神聖な「ありてある我れ」との橋を強化すると何が起こるか見てください。このチャクラに詰まっているエネルギーのすべて――怖れ、緊張、集中力の欠如、悪い夢――が氷解して、明るいホワイトゴールドに変わってゆきます。どうぞそれを見てください。

第七チャクラは頭の天辺に位置しています。この世界は、「父なる創造主」の意思と力の青色と、「母なる創造主」の愛と同情の思いのピンク色が融合した世界です。融合の結果、美しい薄紫色となり、これが第七光線の**紫色のエネルギー**です。ニューエイジの光線です。混乱、憂鬱《うつ》、ためらい、インスピレーションの欠如、ハイアーセルフと「ありてある我れ」とあなたをつないでいる光の柱の歪みなどの停滞したエネルギーが、すべて燃え盛る「紫色の炎」の中で変容していく様子を見てください。これは神聖な解放の炎です。それは過去の不調和なエネルギーをすべて変容してくれます。あなたは祈りによってこのエネルギーを喚び起こすだけでよいのです。そうすれば、このエネルギーが足元から立ち昇ってあなたを包み込み、いっぱいに満たしてくれるでしょう。尽きることのない変容の魔法的なエネルギーで、あなたは溢れることでしょう。

物質の世界に、七つのスフィアの輝きとバランスと調和と様々な贈り物を持ち帰ると断言してください。普遍的な「ワンネス」(すべてが一つであること)、「父にして母なる神」のキリストエネルギーにアクセスして持ち帰るのです。よろしければ、次の言葉を確言してください。

「私は、〈父にして母なる神〉の名において、私の生得の権利を我がものであるとここに宣言します。私は神の輝ける使者です。私は神のきらめく火花です。**私は光です。私は光そのものです**」

愛する人たちよ、私たちの使命は、あなた方が自分自身に課している束縛からあなた方を解放することです。私は誓います。地球上およびアストラル界のすべての人間が解放され、すべての愛らしいエレメンタル(精霊)が解放され、すべての存在が救済されて、地上に降下する前にいた完璧な場所に戻るまで、あなた方と一緒にとどまり、あなた方を導き、あなた方を守ります。私があなた方をどれほど愛しているか、あなた方には想像することもできないでしょう。**私はアーキエンジェル・マイケルです。**

私はあなた方一人ひとりに対してここで再び誓います。

――『黄金の約束』(下巻) 第63章より抜粋

64

あなたは未来のレコードキーパーです

再統合のプロセスに役立つ瞑想を行ってみましょう。

意識をハートに集中させて深呼吸を二、三回してみてください。黄金の光の泡が下は太陽神経叢から上は頭上三〇センチ、両肩の外側に三〇センチほど出ている感じであなたを包み込んでいる姿を想像してみてください。ここで延髄に心の焦点を合わせてみてください。延髄は脳の一部で、脊髄が脳の下部と接続している部分です。そこに位置している神経中枢を通じて、脳が神経衝撃を送り出し、これが体内の数多くの機能をコントロールします。

次に、あなたの意図の力によって、脳内のこの領域に一つの小さな黄金の球体が形成されるのを見てください。この黄金の球体の中にあなたの潜在意識が入っていく様子を想像してみましょう。さらに、あなたの顕在意識も入っていきます。

今度は、ルートチャクラに意識の焦点を絞り、ルートチャクラの意識が脳内のこの球体の中に入っていくように意思を使って動かしてください。それから、第二チャクラ、第三チャクラ、第四チャクラ、第五チャクラ、第六チャクラ、第七チャクラに心の焦点を合わせ、それぞれのチャクラの意識が「ハート／マインド（心）／意識の黄金の光の球体」の中に入っていくのを見つめてください（このプロセスをよりリアルなものにしたいのであれば、あなたという存在のそれぞれの部分〈チャクラ〉の意識に形や色をつけてみてもよいでしょう）。

二、三回深呼吸をして脳内のエネルギーを感じることができるだけでなく、そのエネルギーが第三の目、ハートセンター、太陽神経叢の領域から外側に拡大していくような感覚を観察してみましょう。準備ができたとき、あなたの感情的な心にこの黄金の球体に入るようにと言ってください。

それから、あなたの知的な心にも黄金の球体に入るように依頼してください。心配することはありません。彼らはあなたの指示に従います。なぜなら、彼らはこれを待っていたのですから。

さらに何回か深呼吸をして、あなたのハイアーセルフにこの光の球体に入るようにと依頼しましょう。変化が起こるのを観察します。あるいは、変化を感じてみましょう。太陽神経叢から頭の上の一帯が、まるで統合されたエネルギーの磁場になって光が輝いているような感じがするかもしれません。二、三分時間をとって、この感覚に慣れてください。

さらに、準備ができたと感じたときに、あなたの「キリスト意識」、そしてあなたの「ありてある我れ」にもこの光の球体の中に入るようにと依頼してみましょう。あなたの内なる叡知にこのプロセスをどこまで進めるべきかを教えてもらってください。高次元の意識を統合していく過程で、少し待った方がよいと内なる叡知が教えてくれることもあるでしょう。

愛する人たちよ、あなたの心があなた自身の数多くの分身と再び一緒になりたいと願望している限り、間違ったやり方というものはありません。意識を光の黄金の球体に集中させ、あなたの存在のそれぞれの局面に焦点を合わせながら、局面から局面へと優しく移動してください。

脳内のルートチャクラの領域に心の焦点を合わせると、ルートチャクラの内部である種の感覚が誘発されるのを観察してください。このように観察し、体験すると、意識が分裂していくような感じがするかもしれませんが、実際にはあなたは統合されているのです。このプロセスを行うたびごとに、光の意識の変容のエネルギーを身体のそれぞれの領域に運ぶことになります。これはあなたの美しいライトボディーをつくるプロセスを加速する一つの方法です。

身体の特定の領域に心の焦点を合わせた後に、心の中で「**中心に戻れ**」と言ってみましょう。そして、あなたの意識が黄金の球体へと戻っていくのを感知してください（この球体は、いまや脳の中だけではなくハートの中でも光を放射しているように感じられます）。心が取りとめなくさまよいはじめ、わけの分からないようなことを考え出したときには、「**中心に戻れ**」と命令する習慣をつけるとよいでしょう。

瞑想をしているとき、あるいは、ある状況について洞察が必要なとき、あなたの黄金の球体の中心部にあなた自身を置いて、「**次の思考が私に洞察をもたらしてくれる**」と言ってみましょう。期待しながら中心に居つづけて、何が起こるか観察してみましょう。

最初のトライ、あるいは二度目のトライで望んでいる洞察を得ることができるかもしれませんし、得ることができないかもしれません。しかし、いずれにしてもこのことを知ってください。このプロセスによって「神の心」のエネルギーにアクセスすることが可能であるということ、そしてまた、あなたの「ありてある我れ」の叡知を引き出す能力が急速に拡大するであろうということです。

練習をしてみてください。そして、この「神聖な空間」をどれくらいの時間保持することができるか試してみてください。というのは、あなたが真に運命づけられているマスターになる過程において、このプロセスはあなたの「聖なる存在」の数多くの局面（分身）をより早く統合するのに役立つからです。

日常の世俗的な生活の中で、低く愛情のない周波数にさらされているときは裁くことをせず、そのエネルギーに加わらないことです。そして、自分に向かってこう言ってみてください。「**中心に戻れ**」

それからあなたに向かって投影されたそのエネルギーが「愛／光」のピンクの泡ないしは「紫色の炎」に包まれるのを見てください。そして、「**送り手のところに戻れ**」と言ってください。

あなたの中に似たような周波数がなければ、それがあなたに影響を与えることはできません。そこで、あなたはそのエネルギーを最初に発した人のところへ愛情を込めて返してあげるのです。そのエネルギーは彼らのものであって、あなたのものではないからです。

すると、彼らは自分のやり方でそのエネルギーに対処しなければなりません。それを変容することもできれば、「因果の法則」のゲームをしてくれる人のところに送ることもできます。このような人びとも徐々に良い方向へと変化していくか、あなたの人生から姿を消していくことでしょう。

我が勇敢なる光の担い手たちよ、今は奇跡のときです。良いニュースをお知らせしましょう。地球上の生命の宇宙的スクリーンが急速に変化しています。新しい神聖な綴れ織りが姿を現わしつつあり、これによってあなた方はこの宇宙のマスタープランと調和を保ちながら、再び共同創造することができます。脳から障害物を取り外し、目から目隠しを外してください。そうすれば新しい夢景色が見えることでしょう。

はじめのときと同じように、希望と喜びとインスピレーションが溢れた世界となるでしょう。あなた方は今、現実／家／世界を改築しているところなのです。工事中であるために大混乱が生じています。しかし、思い出してください。混乱の中から新たなる創造が始まるのです。

愛する人たちよ、世界のどこにいても、あなた方一人ひとりのことを私たちが知っていることを信じてください。重要な出来事が起こりつつあります。あなたが自分自身をどのような状況の中に見出そうとも、「父にして母なる神」の精妙な「愛／光」があなたの身体の中を流れ、それから外へと流れ出ていくことをゆるすことによって光の狼煙《のろし》になることができます。

神聖な場所を創造することは可能であり、あなたが住んでいる場所を神聖なものにすることも可能です。兄弟姉妹と一緒に力を合わせてください。内なる導きに耳を傾け、直感に従ってください。そうすれば、数多くの素晴らしい場所へと導かれることでしょう。そして、あなたが故郷と呼んでいる地域／町／国の変容という奇跡に参加することを依頼されるでしょう。

地球は再び神聖な惑星になりつつあり、あなた方は私たちの創造主の聖なる代表者なのです。私たちがあなた方を信頼しているように、自分自身を信頼してください。そして、私たちは共に手を携えて、「父にして母なる神」の名において様々なる奇跡を達成するのです。あなたは限りなく愛されています。**私はアーキエンジェル・マイケルです。**

――『聖なる探求』（下巻）第24章より抜粋

65

神の光の光線を開発する

神の心から個別化された表現としての新しい光線

あなた方の太陽系と銀河系の光線は1から12までの番号を与えられました。しかし、いま話している新しい光線は表現の資質によって知られることになるでしょう。色については心配することはありません。あなたが「表現したい」と思う色を何でも使ってよいのです。いろいろな色の組み合わせでもよいのです。あなたがアーチストであり、これらの光線をつくる人であり、決める人です。その創造的可能性たるや限りがありません。

これらの光線（主要な銀河光線の亜光線とも呼ばれる）を使うことは可能です。しかし、顕著な違いは新しい光線にはすべて最高創造主の光の輝きと力があることです。この新しい光線は、太陽系の七つの光線や銀河意識の五つの光線の使い方とは異なったやり方で使わなければなりません。新しい光線は実に多様な組み合わせや方法で使うことができます。というのは、それは非常に特殊なエネルギーだからです。

肉体の器から始めることにしましょう。

あなたの仕事場の「光のピラミッド」に行き、クリスタルのテーブルの上に横になってください。健康と活力の光線に光をあなたの身体の上に注いでくれるように依頼してみましょう。

美しさ、若々しさ、運動神経、強さ、力、優雅さ、はっきりした視力、はっきりした聴力、柔軟性などの光線、その他、あなたの身体の調子を高めてくれるものであれば何でも思いつく限りの属性を考えてください。一度に呼んで活性化する光線のエネルギーは一つか二つに限定した方がよいでしょう。

あなたの「神聖なありてある我れ」がこのプロセスを見守ってくれて、この強力なエネルギーの適切な量だけを統合するようにしてくれることを知ってください。変容の加速だけでなく、優雅にやすやすと達成する法則が適用されるようにと願うことも大切です。

愛する人たちよ、このプロセスを楽しんでください。このプロセスがあなたのために働くことをゆるし、因果の法則（カルマ）の世界から抜け出して、「恩寵の法則」が適応される世界に入っていくならば、苦痛に満ちたレッスン、トラウマ、ストレス、失敗の時代を終わらせることが可能です。

次に感情体に焦点を当ててみましょう。

クリスタルテーブルの端に立って、テーブルの上に感情体が顕現し形をとるのを見てください。あなたの感情体は、あなたにはどのように見えるでしょうか。少し時間をかけて調べてみてください。あなたの感情体を形成している異なった色調、色、形を観察してみましょう。そこに見えるものにあなたは驚くかもしれません。あなたの内なる視力が今の時点でまだ活性化されていないときには、活性化されますようにと依頼してください。しかし、それが活性化されるまでの間は、そこにある形や色を直感で感じてみてください。あなたに知覚できるものが何であれ、それは妥当なものです。練習を続ければ、内的な感覚が鋭くなって焦点が合うようになってきます。

最初に、純粋な創造主の愛の光線が放射されてあなたの感情体がその光でいっぱいに満たされ、欠乏感、罪の意識、恥の意識、疑いなどの感覚がすべて洗い流されますようにと依頼するところから始めてみましょう。

次に、同情の思い、慈悲、ゆるし、受容、情熱、平和、調和、慈善、洗練された直感、勇気などの光線に呼びかけて来てもらい、あなたの感情体がこれら特定のエネルギーの一つひとつによって満たされていくのを見てください。今というときに、あなたに適切な最大量のエネルギーが統合されます。

今度は精神体に焦点を当ててみます。

クリスタルテーブルの端に立って、テーブルの上に精神体が顕現し形をとるのを見てください。あなたの精神体はどのように見えますか？　強くしっかりした輪郭を持っていますか？　それとも、雑然として乱れた色合いで輪郭はぼやけていますか？　真実、意思、勇気、叡知、知性、集中、創造性、神聖な思い、光の言語／パターン、聖なる幾何学模様、鍛錬、組織、科学情報、秩序、授受、授与／分かち合いの光線に来てくれるようにと依頼し、それぞれの光線が代わるがわる来ては、ピラミッドの頂点に吊るされたジェネレータークリスタルからその光があなたの精神体に注がれるのを見てください。

あなたの「ありてある我れ」がそれぞれの表現の光線の本質と力を、フィルターを通すことによって最も純粋な形で注がれるようにしてくれるでしょう。あなたのピラミッドがこれらの光線の一つひとつが持つ本質と力によって満たされ、中にあるすべての物に浸透していくのを見てください。

このピラミッドを離れるとき、これらの光線の一つひとつの贈り物を、あなたがいま住んでいる物質世界に持って帰るのです。「最高創造主」や「父にして母なる神」とともに共同創造主になるという役割を本当に演じはじめる今、これらの光線の贈り物を我がものとして活用し、分かち合ってください。

次にエーテル体に焦点を絞ってみましょう。

エーテル体にはあなたのライトボディーの青写真が入っています。エーテル体は肉体を囲んでいますが、歪みや不完全なものが肉体に顕現する前にまずエーテル体に現われるのです。今はそのプロセスが逆転されつつあります。完璧な肉体的な形の本質がエーテル体に貯蔵され、あなたの存在のその分身をもう一度、完璧な光で満たして肉体がそれにアクセスすることができるようにするのです。

あなたのエーテル体はどのように見えますか？　歪んだエネルギーの黒い網が全身に張り巡らされているのが見えますか？　他の部分よりも密集していて、より暗い部分がありますか？　それはどこでしょうか。あなたの身体でバランスが崩れていて最も苦しんでいる場所はこれで分かります。おそらくは、その場所が次にあなたが健康の危機、ないしは「やすらぎの欠如」を体験する場所となるでしょう。

あなたの「ありてある我れ」が送る一条の光が、吊るされた大きなクリスタルから流れ出て優しくあなたのエーテル体を囲み、愛の甘美な本質で満たしてくれるのを見てください。

これに加えて、一週間か二週間、軽いアルファの状態にいるときに意識を身体に集中してみるとよいでしょう。身体がこれらの強力なエネルギーを受け入れて顕現するための準備として、これをするとよいでしょう。どんな形であれ、方向感覚を失ったような感じや、地に足がついていないような感覚、あるいは何か不快な感じがしたら、このプロセスを少しのあいだ中断してください。一日か二日したら、また始めればよいでしょう。あなた方は自分自身の神聖な知性にアクセスしているのであり、自分自身の創造的な天才的才能を活性化しているのです。

毎日、できるだけ何度も、わずかの時間でよいですから、肉体という器の知性とエレメンタル・ボディーと波長を合わせる時間をとってください。これはあなたの深い潜在的な意識であり、最初は完璧であることしか知らなかったにもかかわらず、あなたが何世紀にもわたってネガティブな思考でプログラミングのやり直しをした結果、不完全な状態や不快な状態、病気／やすらぎのない状態が生まれてしまったのです。

これは少し長いプロセスですが、ネガティブな思考形態を解消して、完璧な青写真、すなわち、「アダム／イヴ・カドモンのライトボディー」を再びインストールするプロセスです。あなたが、方向感覚の喪失、無気力、集中力の欠如など数多くの症状を体験している理由の一部はここにあります。顕現するまでに何十万年も要したものが、驚くほどに短い時間の中で逆回しされつつあるのです。

少なくとも一週間に一度、あなたの感情体／感情的性質に焦点を当て、最後にチェックしたとき以来、何が変わったかを調べてみてください。以前よりもバランスがとれて、心がやすらいでいますか？　毎日の生活の中でストレスに上手に対処していますか？　周囲の人たちに対して以前よりも「許容力があり」、「寛容」ですか？　「部分的な物語」よりも「全体的な状況」に心の焦点を合わせることができていますか？　何が前よりも良くなっていて、何が前よりも悪くなっていますか？　今、いちばん変えたいと思っていることは何ですか？　優先順位をつけて、次に、表現の特定の光線に依頼してください。このようにして、徐々に特定の属性とエネルギーを統合していきます。

それから、少なくとも一週間に一度、精神体にも焦点を合わせてみましょう。以前に比べて思考がより明確になっていますか？　情報をより効率的に処理して選択し、一つひとつの経験や人との交流から叡知を学びとっていますか？　自らを律することが前よりも上手になって、義務を果たすことがより簡単に、かつ、喜びの多い体験になっていますか？　高次元の知性とより波長が合っているように感じていますか？　これまでよりも多くの新鮮で創造的な考えが浮かびますか？　意識がどのようにシフトしましたか？　その結果、何が変わりましたか？　そうしたいと思うときはいつでも自分に向かって投影されている光線の色を見分け、それに焦点を絞ることは可能です。しかし、最初に、それぞれの光線の資質を感じることに集中してください。表現の光線を一つ統合するたびに、あなたのオーリックフィールドは変化します。これからは、「創造主の愛／光」を放射するとき、あなたが吸収したそれぞれの光線の拡大された資質を帯びることになります。そうすることによって、あなたは人類への贈り物として独自の「神の光の光線」を放射することになるのです。

愛する人たちよ、私たちはあなた方の神聖な可能性に一〇〇パーセントアクセスするためのもう一つの方法を差し出しています。あなたのこの神聖な部分は、あなたと再びつながることを悠久のときにわたって待っていたのです。私たちが道案内になります。しかし、あなたが歩いてそのプロセスを通過しなければなりません。それが努力に値するものであることは約束します。私たちは仲間として手を差しのべ、私たちの本質をあなたの本質と融合させます。平和と喜びの光線をあなた方に送ります。しかし、何よりもまず、愛を送ります。**私はアーキエンジェル・マイケルです。**この真実をあなた方にもたらす者です。

――『聖なる探求』（下巻）第34章より抜粋

66 新しい宇宙のダンスで調和を探求する

私たちのメッセンジャーのカリブ海、バハマ諸島への旅行は何カ月も前に計画されましたが、とくにあのとき（二〇〇三年二月一日〜八日）にそこに滞在したことは偶然ではありません。ロナと一緒にそこにいるようにとハイアーセルフから促された人びとは、ずっと以前に高次元の世界で特別な任務を引き受け、アトランティスの最後の時代に一緒に生まれることに同意しました。彼らはその人生における使命を果たし、あの偉大な大陸の最後の部分を海中に没し去った大いなる大洪水で、共に生命を落としたのでした。

その計画のもう一つ残された部分がありました。それは、この時代に再び一緒になって、あの古いネガティブなアトランティスのエネルギーを癒して変容し、最高創造主のハートセンターから放射され五次元の最高局面の光のピラミッドの中に置かれている、**創造主の光のダイヤモンドの核の細胞**の器となるということでした。

このグループ全体があの精妙な世界へと連れて行かれ、「創造主の光」の十二の局面と「ダイヤモンドの核の細胞」を受け取りました。それからエーテル体の形で、アトランティス文明の古代の残滓物が時の砂の中に埋もれている海中へと連れて行かれたのです。それぞれが特別な寺院の一つを訪れ、彼らのためにそこに残されていた象徴的な贈り物を持ち帰ったのです。それから、皆が一緒になって無限の呼吸法を行ったとき、「創造主の光」の不可思議なるダイヤモンドの細胞が水と空気の要素を介して地球の周りを急速に回りはじめたのです。

スペースシャトルのコロンビア号が同じときに大気圏で空中分解したというのも偶然ではありませんでした。再び言いますが、私たちがこの出来事を指揮したわけではありません。しかし、彼らはこの進化のダイナミックなプロセスに助力するために依頼された形がどのようなものであれ、それを行うということに魂のレベルで合意していたのです。世界中の人びとが思いを空に向けて空中で散った美しい魂たちのために悲しみの中で心を開いたとき、あのダイヤモンドの細胞の「創造主の光」がそれを受け入れるに十分なだけ心を開いていた人たちのハートセンターを貫いたのです。

今日、世界で起こりつつあることを観察者として見るために、より高い地点に立つようにと依頼している理由がお分かりいただけるでしょうか。未来に対する全体計画がいかなるものであるか、あなた方には知る由もありません。あるいは、一見悲惨に見える出来事が宇宙の青写真のより壮大なドラマの一部で、究極的には人類と地球にとって最善の結果をもたらすことになるなどとは、あなた方は知る由もありません。過去、現在、未来において、すべての存在の善のために自らを犠牲にすることに同意する人びとは、愛情に基づいてそうしているのであり、肉体を持って生まれてくる前に高次元の世界で交わした魂の契約に基づいて自由意思のもとにそうしているということを知ってください。これもまた、あなた方の意識の中に居住することをゆるしてくれるようにと私たちが依頼する高次元の真実の一つです。未来の様々な挑戦に真っ向からぶつかっていくときに生じるストレスに満ちた状況を受け入れることが、この真実を知ることでずっと楽になるはずです。

今という非常に重要な時代において、強力な「創造主の光」の思考形態を地球にもたらすために協力を依頼したいのです。この光は地球全体を取り囲み、この祝福された贈り物をいただく気持ちのある人のすべてが手にすることができるほどの強い光です。誰でも皆、参加することができますが、アクセスして自分の中に包含することができる精妙なる「愛／光」のエネルギーの量は、どの程度まで内部のエネルギーセンターのバランスと調和を達成したかによって異なるでしょう。

私たちの「父にして母なる神」とともに、私たち天使界の存在およびこの宇宙の偉大なる存在たちのすべてが、グレート・セントラル・サンの内部に不可思議なる光のピラミッドをつくりました。私たちはこの巨大な建造物の中に集い、集合した愛の力によって、地球の人類が活用可能な「創造主の原初の生命力物質」を最大限まで注入できるようにしたのです。それから、この光の物質が数多くの次元を降下して五次元の最高局面まで降ろされ、そこであなたを待っているのです。

この精妙なる高次元の局面（五次元の最高局面）で私たちと一緒になり、この神聖な贈り物を取り入れる準備ができている量だけ取り入れてください。くつろいで瞑想状態になるとよいでしょう（アルファマスターのテクニックないしは無限呼吸の瞑想法は、適切なレベルの調和を達成するうえで、極めて効果的な方法です）。意図の力を用いて、この特別なピラミッドまで持ち上げられる自分を想像して、それから、そこであなたを待っている特別な椅子に座ってください。あなた自身の言葉で、光の神聖な使者になる気持ちがあることを述べてください。それから、あなたが入手できる「光／生命のエネルギー」の貴重な妙薬を適切な量で満たしてくださいと依頼します。

――深く呼吸をしながら、ハートセンターに心を集中してください。ハートのあたりに、きらきらと輝く小さなダイヤモンドの形をした光が形成されるのを観察してみましょう。これが、「純粋な創造主の光のダイヤモンドの核の細胞」です。深く呼吸を続けながら、さらに別なダイヤモンドの形が最初の核の細胞の周りに形成されるのを観察してください。こうして次々にダイヤモンドが形成され、あなたの身体の中に全部で十二のダイヤモンドが形成されます。ダイヤモンドのいちばん下の部分はルートチャクラに接触し、中央部分がちょうどハートセンターに位置して、幅は身体の幅とほぼ同じところまで伸びています。いちばん上の先端はちょうどクラウンチャクラまで延びています。

呼吸を続けながら、このダイヤモンドが三次元の形をとっていくのを見つめてください。ダイヤモンドの核の細胞はハートセンターの奥深いところにとどまりますが、このダイヤモンドはまるで前後から外側へと引っ張られるかのように膨らんで、ハートセンターの前と後ろから突き出てきます。

創造主の本質に満たされながら静かに座っていてください。完了したと感じたならば、地球の現実へとゆっくりと戻ってください。

あなたはいまや永遠の変貌を遂げたことを知ってください。あなたがしなければならないこと、それはハートに心の焦点を置いて、この「神聖な光」があなたという存在を通して世界へと流れていくことをゆるす、それだけです。与えれば与えるほど、多くのものがあなたに与えられるでしょう。

しかし、愛する人たちよ、一つだけ警告しておかなければなりません。純粋な意図をもって生きてください。そして、あなたの考えをモニターしてください。というのは、あなたの思考パターンはすぐに顕現されるからです。今というときは、ハートにとどまって、最も波動の高い事柄に心の焦点を合わせ、すべての存在にとって最善の事柄にエネルギーを集中するべきときです。立ち込める臭気の中にあってすくっと立ち、

「神の光」のダイヤモンドの目に心の焦点を合わせ、やすらぎと調和に満ちた安息の場所を創造してください。

愛する人たちよ、五次元の最高局面にある光のピラミッドに連れて行かせてください。そこで、あなたは「純粋な創造主の光のダイヤモンドの核の細胞」を受け取り、この貴重な贈り物の担い手／錨となって、ハートセンターから周囲の世界に向けてこの輝きを放射するのです。あなたが住んでいるその場所でこれをするのです。そうすることによって、未来の宇宙のダンスのビートがますます激しさを増していくなかで、必要なもののすべてを手にすることができるのです。私たちはあなた方の到着を心待ちにしています。この宇宙の愛の寺院で私たちと一緒になりましょう。私たちはあなた方をそこで待っています。**私はアーキエンジエル・マイケルです。**

——二〇〇三年二・三月のメッセージより抜粋

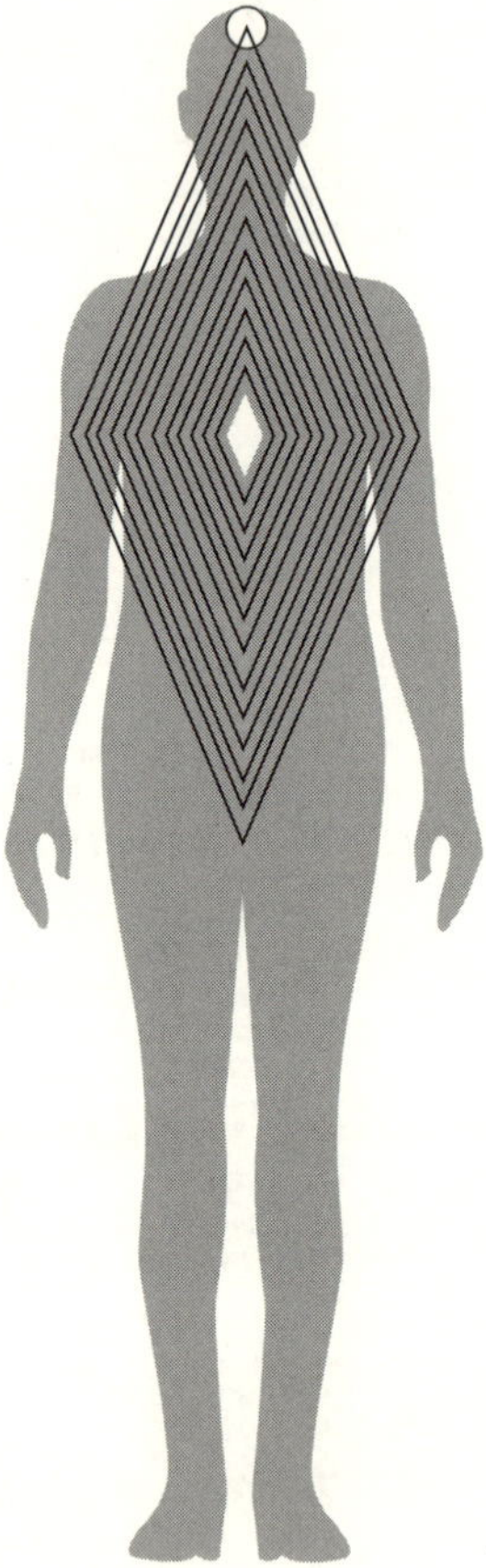

図7　ダイヤモンド・クリスタルの神の細胞のエネルギー

67 古代アトランティスの癒し

親愛なる友の皆さんへ

バハマ諸島で過ごした一週間（二〇〇三年の三月）に起こった様々な奇跡について、どこから話したらよいか分からないほどです。トムとゼラ・ボッチアは私の親しい友人で、国連のＵＮＳＲＣの啓発協会で二度、私のワークショップのスポンサーをしてくれた人たちです。二人はバハマ諸島のガバナーズ・ハーバーに歴史的遺産に指定された家屋を二軒所有していて、トムは長い間、その修復をしてきました。二人はニューヨークの厳しい寒さを逃れて冬はそこで過ごしているわけですが、そこで「スピリチュアルな合宿」をすることに決めたのでした。

最初に講師として呼ばれたのが私でしたが、私はこの招待に応じることが重要であると直ちに理解しました。招待できる人数はセミナーの講師プラス十人だけです。というわけで、非常に親密なワークショップです。アーキエンジェル・マイケルは、このワークショップの数カ月前から情報のダウンロードを開始しました。同時に、私の三部作小説『Once Upon a New World』（はるか昔、新世界で）の三番目の作品、『Mystical Atlantis』（神秘にかすむアトランティス）を読むようにと導いてくれました（私はこの三部作小説を〈メタフィクション〉と呼んでいます。インスピレーションを受けて書いたのですが、チャネルされたものではありません。そこで語られる物語は、私の過去世の中の六つの人生の物語です）。

これらの物語は、現在の人生で出会った人びととの交流を理解するうえでずいぶん参考になりました。ポジティブなものや、ネガティブなものの両方を含めてです。自分が運命の犠牲者ではなく運命をコントロールしているのは自分に他ならないことが分かり、「教訓」がずっとやさしいものとなりました。これらの物語は愛と冒険の物語ですから読んで楽しいものですが、宇宙の法則や高次元の真実についても教えてくれます。今という大いなる変化の時代においては、これらの真実を知ることはとても重要なことであると思います。

アーキエンジェル・マイケルは、この物語の主要な登場人物がこのワークショップに来るであろうことを私に教えてくれました。参加者それぞれについてのリーディングをするなかで、彼らが誰であるか、どのような役割を演じたかを教えてくれました。私はこの本を何冊か持って行き、参加者がこの物語を読み、ここで起こっていることの重要性を理解できるようにしました。参加者はみな驚き、その体験に深く心を動かされていました。バハマに出発する前に、バイオソニックなチューニング・フォークについての情報とその使用法を教えてもらい、ワークショップで使いました。チューニング・フォークを使ってグループヒーリングも試してみましたが、参加者はその素晴らしいエネルギーに心をときめかせ、それがもたらす変容に感動しました。これからのワークショップではチューニング・フォークを使うようにしたいと思っています。いずれは、ヒーラーの人たちが治療法に取り入れることができるプログラムを開発したいとも思っています。この方法は、「バイオソニック・エネルギーの再編成」という名前をつける予定でいます。

ワークショップには、一人の医師と二人の看護師、数人のセラピストを含めて素晴らしいヒーラーが参加していましたが、皆、チューニング・フォークを使うプロセスに心をときめかせていました。アーキエンジェル・マイケルは、「光と音と色が未来における癒しの手法である」と、いつも言っているのですが、私もこの前提の正しさを証言するにやぶさかではありません。

私はまた、数年前に使っていた古いファイルブックへと導かれ、その中に古代アトランティスの癒しのディスクの写真がありました。アーキエンジェル・マイケルがその写真へと導いてくれたのですが（よくそういうことがあります）、この写真のコピーを作ってグループの人たちと分かち合うようにと提案してくれました。私たちは毎日のセッションを行うなかで、床の上にディスクの写真を置き、その上にクリスタルを乗せました。それによって起こったエネルギーの拡大は信じられないものがありました。私たちは本当に五次元の環境を創出したと思います。そして、参加者の一人ひとりが星へと向かう旅をさらに加速するために必要なものを手にして変えることができたと思います。

驚くべきことに、アメリカ西海岸から二人、東海岸から二人が参加していました。M博士はカリフォルニア在住の親しい友達ですが、もともとは南アメリカの出身です。もう一人の参加者はカナダに住んでいます。私を除くと、アメリカ中央部からは誰もいません。そういうわけで、東西南北のエネルギーがしっかりと代表されていたのです。オーストリアからは天使のような素敵な女性が参加していて、彼女はこのエネルギーをヨーロッパに持って帰ったのでした。この奇跡はさらなる展開を見せ、参加者のジェフとリンダ・ホップが一週間後にワークショップを行ったのですが、アメリカ合衆国からの参加は一人もなく、メキシコや外国からの参加者だけだったのです。彼らはこの不可思議なるエネルギーをそれぞれの国に持ち帰るためにやって来たとしか思えないのです。

アーキエンジェル・マイケルは数年前、ゼラ・ボッチアに、アトランティスが崩壊した大災害が起こる前の時代に彼女が高僧のエクソナ（〈神秘にかすむアトランティス〉の重要な登場人物の一人）であったことを教えていました。したがって、かつてはあの古代の地であった土地のケアテーカーとなる選択をしたのは適切なことであると言いました（トムとゼラは二十年以上にわたってその土地を所有していました）。

参加者のうち四人はアーキエンジェル・マイケルの血筋であり、私を入れると五人になるということにも驚きました。メタトロン（神の光）の血筋を引く参加者が一人、メルキゼデク（神の叡知）の血筋を引く参加者がいましたから、私がアーキエンジェル・マイケル（神の意思）のエネルギーを固定することになります。そういうわけで、四人のマイケルの血筋を引く参加者がピラミッドの四隅のエネルギーを固定し、私たち三人が「父にして母なる神」の三位一体のエネルギーを固定することができたのです。このようにして、すべてがあるべき形になったとき、私は畏敬の念に打たれ何も言うことができないほどに感動していました。

期待していたことと現実とのギャップをそれぞれ少しだけ調整したあとに、私たちはみな落ち着いて、喜びとやすらぎと調和に満ちた空間を創作し、その中で誰もが愛の滋養を与えられ、喜びに満ちた再会を果たすことができたのでした。私たちのために準備された光のピラミッドに行くという体験は何にもたとえようのない体験で、アトランティスに一人で行った旅は一生、忘れることができないでしょう。私は「記録の館」へと案内され、アセンションのドラマにおいて重要な役割を果たすべく再会をして、この使命を果たすことに合意して署名をしたそのページを見せられたのです。

これと同じようなシナリオが世界中で演じられていることを私は知っています。異なったグループが異なったシナリオを異なった任務のために演じていますが、それぞれのシナリオが全体の計画にとって不可欠のものであることを私は知っています。私はワークショップから帰ってくるときはいつもハイな状態で帰ってきますが、今回は想像を絶するものでした。いつもエネルギーは十分で気分も爽快ですが、今ではさらにそれが加速された感じで、様々な奇跡が起こっている感じがします。

このワークショップを可能にしてくれたトムとゼラに心から感謝しています。そして、ずっと昔に誓ったコミットメントを守ってくれた魂たちに心から感謝しています。私は、これからやって来る年月を喜びと溢れるような期待感を持って待ち望んでいます。周囲に渦巻いている歪曲されたネガティブなエネルギーが私に道を見失わせるようなことはゆるしません。愛する友よ、どうぞ私と一緒に宣言してください。私たちは勝利するでしょう。私たちはダンスの靴を履いてワルツを踊るように、天国に向かって一緒に前進するでしょう。

最も深遠なる愛と祝福と、大きな抱擁をあなたに。

ロナ

68

無限なる瞬間

時の流れの中の瞬間瞬間が
一本の無限に続く感情と思いと行為の線上に刻まれる
常に変わることなく一つのニーズがある
私たちの痕跡を残す必要がある
打ち消すことのできない色、音
そして、私たちの本質を表わす何かを
そうすれば、私たちが先駆者としてそこにいたことを誰も忘れない
過去はその記憶を紡ぎ
未来は輝くような約束を保持している
しかし、今という瞬間にこそ奇跡がある
なぜなら、今という瞬間にこそ
神の息吹が魂の中でうごめくのを感じるから
そして、私たちもまた無限であることを知るから

ロナ・ハーマン

PART Ⅵ アセンション・エネルギー・システム

69

人類への素晴らしい贈り物

親愛なる友の皆さんへ

私の見るところでは、私たちの愛するアーキエンジェル・マイケルからのメッセージは、この二年の間にその深遠さと情報の重要性の度合いを深めてきたように思われます。生きていくうえでのガイドラインを与えてくれていることは確実ですが、彼が提供してくれる道具をすべて使ったならば、私たちの旅のスピードは大いに加速され、ニューエイジへの旅がより快適で満足のいくものになることも確実です。

一九九八年、リン・インガムから一つの小包が届き、その中に、「アセンション・エネルギー・システム」の資料が入っていました。私の興味は突き動かされ、すぐにそのシンボルを使ってみました。そのエネルギーたるや信じられないものがありました。私はレイキ・マスターですが、アーキエンジェル・マイケルのフルチャネリングをしているとき以外に、これほどのエネルギーを感じたことはありません。

もう少し詳しく説明させてください。十数年前にアーキエンジェル・マイケルが私のエネルギーを彼の磁場の中に統合して以来、私は常に彼と一緒にいて、彼のエネルギーを自覚しています。そのとき、何をやっているかなどの状況によって、マイケルのエネルギーは私の中で増えたり減ったりしながら流れています。一人の人のために、あるいはグループの前でチャネリングをすると、私の身体は彼の素晴らしくもダイナミックな大量のエネルギーで満たされます。そういうとき、私は自分の意識を横に置いて、観察者になります。夢の中にいるような状態ですが、起こっていることは自覚しています。意識はあるのですが、普通とは異なった意識状態です。彼が私の目を通して見るとき、すべてのものが黄金の輝きを帯び、まるで霧を通して見ているような感じがします。

私はリンに電話を入れ、彼が受け取った情報は人類にとって素晴らしい贈り物であると話し、この情報を世の中に出すお手伝いをする旨を伝えました。コピー代と郵送代を補うための最低の料金をいただいてこの情報を数年間にわたって提供してきましたが、一年ほどの間に、希望に応じてこの小冊子を数百部送りました。

リンは一九九九年にナッシュビルで、私のセミナーのためにスポンサーになってくれました。彼と奥さんのリサの家に滞在したのですが、家族と一緒にいるような感じでした。二人ともとても心が優しい、きらきらと輝くようなハートを持った特別な人たちです。

『聖なる探求』のメッセージを編集していたとき、アーキエンジェル・マイケルがリンの三冊目の本のメッセージの一部も入れるようにと提案してくれました。具体的に言うと、「アセンション・エネルギー・システム」のメッセージでした。これは極めて重要な情報なので、できるだけ多くの人と分かち合うべきであるということでした。

リンも述べているように、アーキエンジェル・メタトロンは「天使の王様」と呼ばれる存在であり、ライトワーカーである私たちは今、彼の強力にして愛情に満ちたエネルギーを受け取ることができるのです。最高創造主のハートから、ますます多くの不可思議にして「神聖な光」が放射され、私たちの宇宙、銀河系、太陽系、そして地球に浸透しつつあります。私たちの愛するアーキエンジェル・マイケルをはじめとする大天使たちの光と合わせて、アーキエンジェル・メタトロンの光も入手可能となったのです。これによって、私たちが創造主のより高い周波数のエネルギーを受け取ることができるようになるでしょう。私たちがメタトロンの壮大なるエネルギーにアクセスして統合することができるようになったのは、わずか三十年前のことだそうです。

リンは、この情報を本書で使うことに快く同意してくれました。そういうわけで、読者の皆さん、ここに非常に特別な贈り物があります。説明に従ってこの情報を使えば、劇的な進歩が遂げられるであろうことを約束します。そして、美しい天使界の友達から素晴らしい導きやサポートを得ることになるでしょう。

リン・インガムおよび光の世界の美しい友達たちに心から感謝します。私たちはこれらの存在と一緒に様々な奇跡を起こし、まず自分自身の生活に調和と喜びをもたらし、それから、他の人たちが同じことができるように援助の手を差しのべることでしょう。

深遠なる愛と祝福をあなたに。

ロナ

70 アセンション・エネルギー・システムとは

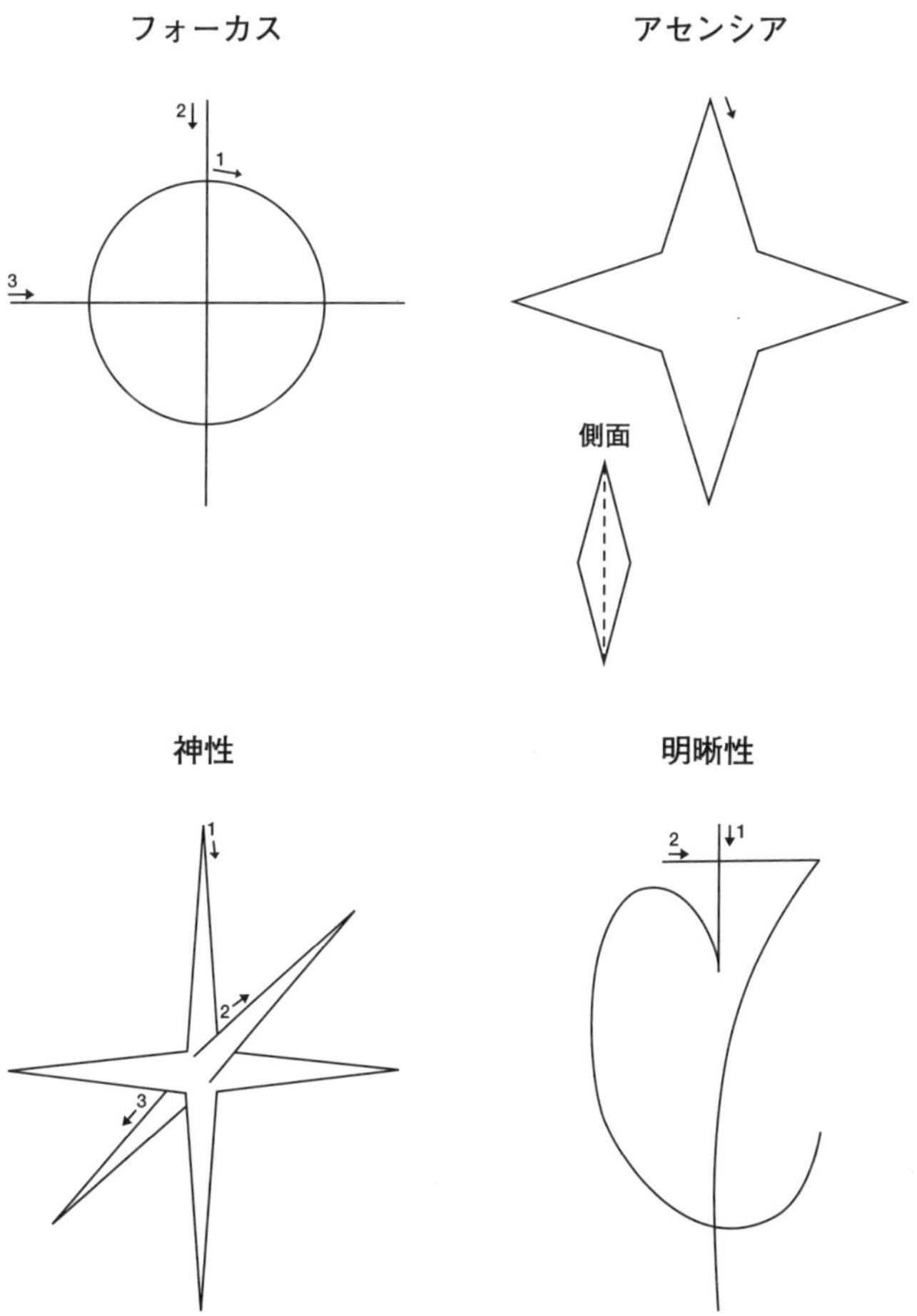

図8　アセンション・エネルギー・システムのシンボル

序論

親愛なる友の皆さんへ

次のテキストは、天使の王の導きにあるプロジェクトを説明したものです。このプロジェクトは「アセンション・エネルギー・システム」と呼ばれるエネルギー・システムに関するものです。このエネルギーを体験することに心を惹かれた方は、このテキストを使ってそれを開始することができます。このエネルギーを体験したいかどうかを決定するときに、これらのシンボルを見て直感に従うとよいでしょう。

このエネルギー・システムの責任者であるロード・メタトロンは、いくつかの重要なポイントを分かち合ってくれました。まず、これらのシンボルとエネルギーは神聖なものであるということです。これらのシンボルを使って力づけを得るプロセスは、ゆっくりと練習をしてください。時間をかけるなかで、これらのエネルギーによる治療の周波数、時間、強度を高めていくことができます。

私が意図していることは、これらのエネルギーを受け取り、研究し、記録を残し、その情報を他の人たちと分かち合うことです。自分で学ぶだけの動機を持っている人たちは、これらの力づけのテクニックを活用し、それを実行することによって、すぐにその恩恵を体験することができるでしょう。このテキスト「アセンション・エネルギー・システム」はそれ自体で完結しています。

これらのエネルギーが役に立つと思われたならば、コピーをして分かち合っていただいて結構です。ただし、コピー代金以上の費用は請求しないようにお願いします。これらのエネルギーは私に大いなる祝福をもたらしてくれましたが、あなたにとってもそうであることを願っています。「アセンション・エネルギー・システム」はロード・メタトロンの指示の下に、人類と地球のアセンションのためにもたらされたものです。

神の愛と光の中で。

リン・インガム

背景

光に至るエネルギー・システムである「アセンション・エネルギー・システム」は、天使の王、ロード・メタトロンから来ているものです。スピリチュアルな世界の数多くのメンバーが、このエネルギーをサポートしています。これは「意思と力の第一光線」です。現在のところ、「アセンション・エネルギー・システム」と関連付けられているエネルギーは四つあります。「アセンシア」「フォーカス」（焦点）「明晰性」「神性」（ゴッドヘッド）の四つです。これらのエネルギーは図解され、どのような順序で描かれたかを示すために矢印が描かれています（三六九ページ図8参照）。

これらのエネルギーは適切なシンボルを描くことによって、また、視覚化することによって呼び起こされます。これらのシンボルが力を呼び起こします。別な言い方をすると、エネルギーを「オン」にします。レイキの場合とは異なり、これらのエネルギーをチャネルするために波動を合わせるというプロセスはありません。この情報を受け取ったときにシンボルが示され、私はすぐにエネルギーを体験しはじめたのです。そのとき、これは特別なものだと悟ったのです。私の人生は劇的な変化を遂げることとなりました。アセンション・エネルギーは、この惑星にとって新しいものであるかもしれません。個々人のアセンションだけでなく、私たちの惑星が五次元、そしてさらに高い次元へと上昇する助けとなるようにデザインされているのです。これらのエネルギーは、個々人・地球・太陽系・銀河系・宇宙・大宇宙のレベルで働くのです。

最初に受け取ったアセンション・エネルギーは「アセンシア」でした。私の職業は薬品の販売です。一九九七年の十月、私はミシシッピー州のジャクソンの郊外で仕事をしていました。そのとき、天使の王であるロード・メタトロンが私とコンタクトしてきたのです。神の右手とも呼ばれるメタトロンが薬品販売のために電話をかけながら、車を運転していた私の横に座ったのです。シンボルを見せられて、このエネルギーを使うようにと依頼されました。その夜、初めてこのシンボルを心臓の部分に使いました。それから、心臓の少し上にあるアセンションのハートチャクラの領域に使いました。私は愛の感情によって圧倒され、高い波動のエネルギーを体験しました。私のライトボディーがエネルギーを与えられたのでした。このエネルギーは「統合の化身」であるマハトマによって力づけられています。マハトマは、私たちが「神の意識」への道、またはアセンションへの道に戻ることができるように援助する仕事に直接、関わっているのです。「アセンシア」は、私がこれまでに体験したどのようなエネルギーよりも強烈な内なる旅の触媒です。

二番目に受け取ったシンボルは「明晰性」でした。最初のときと同じような体験が、メンフィスとテネシーとチューペロに挟まれたミシシッピー州の田舎で起こりました。再び、ロード・メタトロンがこのエネルギーとシンボルをくださいました。これらのシンボルのほとんどが南部の田舎で導入されたのは偶然ではない、と私は考えています。

三番目に受け取ったエネルギーは「神性」（ゴッドヘッド）でした。妻のリサのためにナッシュビルで「アセンシア」のエネルギー治療をしているときに、このシンボルが現われました。「神性」と呼ばれるこのシンボルには、多次元的な感覚があります。「神性」は最も強いエネルギーです。このエネルギーを使うときは、焦らずにゆっくりと使うことが大切です。このエネルギーに徐々に慣れるように時間をかけてください。「神性」のエネルギーを体験する前に、他の三つのエネルギーを使用することが重要です。急ぐ必要はありません。身体が徐々に慣れるようにしてください。さもないと、逆の結果を出しかねません。

四番目に受け取ったエネルギーは「フォーカス」（焦点）でした。このシンボルとエネルギーは、テネシー州の北の中心部に当たるジェームスタウンの公園で受け取りました。妻のリサと瞑想をしているときに、このシンボルが現われたのでした。

メタトロンの心は、「明晰性」と「神性」のエネルギーだけでなく、「フォーカス」のエネルギーをも力づけます。「フォーカス」は透視力を促進します。

これらのエネルギーは、私がこれまで体験したものの中で、最も強力で生命力を高めてくれるエネルギーの部類に入ると思われます。「アセンション・エネルギー・システム」は、レイキで体験することのなかったドアを開いてくれました。しかし、レイキはいま私がいるところへと導いてくれました。アセンション・

エネルギーは非常に波動の高いエネルギーです。これを使う選択をされたならば、どうぞゆっくりと時間をかけて使ってください。今、私は他の何ものにも増してこのエネルギーを頻繁に活用しています。

これらのエネルギーをチャネルするためには、レイキの場合のように波長を合わせるという体験をする必要はないということを覚えておいてください。神聖なシンボルではありますが、秘密ではありません。これらのエネルギーは、導かれてきた人であれば誰にでも使ってもらうように意図されているのです。あとで詳しいことは説明しますが、エネルギーを調整する前にシンボルを思いながら瞑想してください。

四つのエネルギーについての洞察

「アセンシア」のエネルギーは、マハトマの男性的な側面と女性的な側面によって体現されています。このエネルギーは三次元においてスピリットの開発と解放を促進します。

「アセンシア」は創造の最も高いエネルギーを付与されています。「アセンシア」は黄金時代を通して居住できるように、母なる大地のハートセンターの奥深くまで下げられました。私の体験では、「アセンシア」は四つのエネルギーの中で最も優しいエネルギーです。優しくも、愛情に満ちたエネルギーです。

「フォーカス」は、ロード・メタトロンによって力づけられている大宇宙のエネルギーです。このエネルギーによる力づけは、チャクラの波長をアセンションの大宇宙の光のエネルギーと一致させてくれます。

このエネルギーは、私たちの個々の「ありてある我れ」が惑星のレベルで、太陽系のレベルで、銀河系のレベルで焦点を合わせ、調整できるようにするために使われます。同時に、私たちの惑星・太陽系・銀河系の焦点と調整のためにも使われます。「フォーカス」のエネルギーは私たち個々人に対して働くだけでなく、母なる地球に対しても働くのです。

「フォーカス」のエネルギーは、意識が一時的な三次元的観点から高次元の観点へと変化を遂げていく手伝いをします。高次元の観点からすると、私たちの人生は過渡期のプロセスであることが見え、私たちは五感をはるかに超越した非常に広大にして壮大な計画の一部であることが見えます。「フォーカス」のエネルギーが透視力を発達させるうえで役に立つ理由はここにあります。

メタトロンの心から「明晰性」がやって来ます。このエネルギーは「神の源」ないしは「宇宙の心」から生まれ、ロード・メタトロンがフィルターとなって受容可能な周波数へと流されていきます。それは「フォーカス」と「神性」の場合も同じです。

「明晰性」のシンボルは二つの部分から成り、それぞれが女性のエネルギーと男性のエネルギーを表わしています。このエネルギーは、アセンションのプロセスの感情的・精神的な側面の発達を促進します。

「明晰性」のシンボルでは、「C」が明晰性を表わし、「7」が七番目の黄金時代を表わし、「5」の裏返しのシンボルは心の数を表わしています。このシンボルは第七の黄金時代における心の明晰性を表わしています。このシンボル内の「C」は心の幻影を除去し、その結果として心の明晰性が得られます。「明晰性」のエネルギーは、惑星と太陽系の計画における私たちの役割を理解するうえで役立ちます。私たちがどのような存在へと進化を遂げるのかその実現に助力してくれるのです。

「明晰性」と関連するエネルギーは人の呼吸と密接な関係があります。呼吸するときに肺臓をいっぱいに満たすと、「明晰性」のエネルギーの流れが促進されます。これらのエネルギーに関して肺を一〇〇パーセント使って呼吸しないと、チャネルされてくるエネルギーは減少します。息を吸うときに「明晰性」のエネルギーが前後に拡大していくところを想像してください。息を吐くときに「明晰性」のエネルギーが左右に拡大していくのを想像してください。どのように感じるか体験してみましょう。

「明晰性」のいちばん高いところで「C」と「7」が交錯して十字架が出来ているのに気づいてください。十字架によってできる四つの部分は、四つの入り口を表わしています。「明晰性」のエネルギーが固定されて人生において個人的にも明晰性が得られると、このシンボルは四つの戸口を開きます。それは、神の心が私たちの内部で拡大することを意味します。

四つの戸口とは次の通りです。

1　ガブリエルがすべての存在のワンネスを教える。
2　マイケルが神の心の使い方を教える。
3　ユリエルが純粋な女神のエネルギーに対する入り口を開く。
4　サンダルフォンがアセンションのエネルギーをもたらすために母なる大地のハートに至る入り口を開く。

「明晰性」が得られると、私たちが持つ自分を限定する信念体系や思考や言葉が明確になってきます。神は私たちの外にあるものとして考える代わりに、自分自身を創造主である神の延長と見なすようになります。それと同じように、自分自身を他のすべての存在と一つであると見なすようになります。「ワンネス」という概念についての知的な理解から、自分自身、肉体を持った他の存在、宇宙の聖職者、神との一体感を心から感じるようになります。これらのシンボルやエネルギーと仕事をするときには、愛と叡知についての最高の思いを保持してください。

このシステムの四番目のエネルギーは、「神性」のシンボルによって呼び起こされます。これはハイアーセルフのエネルギーです。メタトロンは、私たちが五次元に確実に上昇できるようにとこのエネルギーを開発しました。「神性」は「アセンション・エネルギー・システム」の宝石です。このエネルギーを賢明に使ってください。

「神性」のエネルギーは、頭と首の領域で働きますが、心臓の領域でも働きます。頭の領域では松果体と下垂体（キリスト意識が生まれる場所）、それから、視床下部（高次の感情と関係する）に影響を与えます。首の領域では、「神性」はスロート（喉）チャクラに影響を及ぼします。

精神体はハイアーセルフがどの程度まで意識と融合するかを選択します。それは私たちの選択であり、責任です。エメラルドグリーンの「神性」のエネルギーがこのプロセスを早めます。このヒーリングのプロセスは頭で始まります。眠っていた脳細胞が活性化されて、高次のエネルギーを受け入れるようになります。制限的な精神的概念が溶解し、脳の二つの半球が一緒に活動するようになります。「神性」のエネルギーは、頭、首、視床下部にすぐに働きかけます。「神性」のエネルギーはある程度の時間の流れの中で肉体をも癒してくれます。

「神性」のエネルギーの私の体験は、まだ初期の段階にあります。気がついたことは、私が最大の注意を払うべき個人的な問題が非常に明らかになるということです。いま現在、私はもっとポジティブになる、もっと愛情が豊かになる、もっと受容的になることを含めて、個性の変化を体験しているところです。この変化はだいたいにおいて、これらのエネルギーを活用した結果、起こっています。「神性」はこうした発達をさらにもう一歩遠いところまで持っていってくれます。これらのエネルギーを活用することによって、どうすれば自分をさらに進歩させることができるかを自覚できるようになり、その変化を達成するために弾みをつけてくれます。

ロード・メタトロンはいくつかの要請をしています。まず、これらのエネルギーを大切にし、尊重してください。それから、ゆっくりと時間をかけてください。これらのエネルギーを活用する選択をしたならば、毎日、優しくその力づけを得るようにしてください。これらのエネルギーに関して、あなたの叡知を活用してください。神聖なものとして扱ってください。

システムの使い方

このセクションは次の四つの部分に分かれています。「自己治療」「他人の治療」「グループの力づけ」「その他の活用法」です。一般的に言えば、自分自身のために、あるいは誰かのために力をチャネルする方法が、個人のアセンションには最も効果的です。私たちの惑星のアセンションのためには、グループによる力づけが最も効果的であるかもしれません。こうした力づけについての体験は様々に異なります。そのエネルギーは非常にダイナミックです。治療期間中にエネルギーの強さは変わるでしょう。私の場合、数分でエネルギーが入ってきます。「自己治療」の回数が多ければ多いほど、力づけの強度は増大します。

提案ですが、治療をする前に最初に祈りを唱えることによって、天界の適切な存在から祝福を呼び起こすとよいでしょう。口から発する言葉の力を活用するのです。メタトロン、あるいは誰であれ、あなたが親しみを感じている天使界のメンバーに呼びかけるとよいでしょう。天上のヒエラルキーはこれらのエネルギーをよく知っています。ヘリオス、ヴェスタ、私たちのソーラー・ロゴス、ロード・サナンダ、マザー・メアリー、エル・モリヤ、第一光線のチョーハン、太陽系の偉大な責任者（アーキエンジェル・マイケル）に祝福を求めるとよいでしょう。マスター・ウスイもこのエネルギー・システムの活用をサポートしています。

自己治療

「アセンション・エネルギー・システム」による力づけを開始するのは簡単です。このエネルギーをチャネルするために誰か別の人によってエネルギーの波長を合わせてもらう必要はありません。レイキを学んだことのある人であれば、私の言っていることがお分かりいただけると思います。最初の治療の前にシンボルについて瞑想することをお勧めします。

ここで述べられているエネルギーに徐々に慣れてください。「アセンシア」と一週間ないしは一カ月、時間を過ごしてください。それから、「フォーカス」に移行します。二週間ほど「フォーカス」とともに過ごしたあとで「明晰性」に移ります。そして、「神性」に行きます。のんびりと、自分にとって快適なペースで進むことです。「自己治療」を毎日、的確に行うようになると、瞑想が力を増していきます。献身的に取り組むあり方を醸成するとよいでしょう。私の場合、他の祈りと合わせて「自己治療」はスピリチュアルな実施の重要な部分を成しています。

力づけを開始するとき、私はシンボルを片手に描き、三度手を軽く叩き、シンボルの名前を三度唱えます。次に、もう一方の手を同じようにします。次に、空中にシンボルを三度描き、シンボルの名前を三度唱えます。これで両手からエネルギーが流れはじめ、力づけが開始されます。このテクニックはレイキの「オン」になるのと似ています。しかし、このエネルギーは力づけという名前で呼ばれます。

「自己治療」の方法はいくつかあります。一つの方法は治療のとき、一つのエネルギーだけ使うやり方です。もう一つの方法は、同じ治療で一つ以上のエネルギーを次々に使う方法です。しかし、お勧めは一度に一つのエネルギーだけ「オン」にする方法です。

「自己治療」の準備の仕方にもいろいろあります。私の場合は次のようにしています。まず、ロウソクを灯し、お香を焚くことから始めます。それから使っているシンボルを六つの方向に描き、祈りを唱えます。それから横になり、先ほど説明した方法でエネルギーの鍵を開け、自己治療をします。私の場合は、音楽がない方がエネルギーの流れがよいようです。いろいろ試して、あなたの好きな方法を開発するとよいでしょう。

「アセンシア」のエネルギーから始めましょう。エネルギーが「オン」になったら、両手を身体のハートチャクラの上部に置きます。心臓とノドの中間あたりになります。数分間、これをしたあとで手を徐々に身体から離し、身体と手の間の距離を増大させます。身体から約十五センチのところで数分、二十五センチのところで数分というように拡大していきます。このようにして始めたら、あとはあなた自身の直感に従ってください。思い出してください。あなたはあなたの最高の先生なのです。

「フォーカス」のエネルギーについては太陽神経叢から始めます。太陽神経叢から心臓に移行し、そこから直感に従ってください。また、このエネルギーを第三の目と頭にもチャネルして送ってください。この力づけをしている間に、青と緑の色をイメージしてください。再び、両手を徐々に身体から離し、肉体以外の身体へとこのエネルギーをチャネルします。

私の場合は、「明晰性」のエネルギーは主に頭と心臓の部分に使っています。このエネルギーをチャネルするときは、両手で頭の後ろに触るか、両手を頭から十五センチから二十五センチ離れたところに置きます。両手を心臓の部分に置き、それから徐々に離します。ここでも直感に従ってください。

「神性」のエネルギーを使う体験は、信じられないものがあります。「神性」を使う前に、しばらく他のエネルギーを使ってください。そうしないと、「神性」のエネルギーから得るものが限られるかもしれません。頭の部分に集中してください。両手を頭に置いて「自己治療」をする場合と、両手を頭から十五センチから二十五センチ離して行う場合とでは大きな違いがあります。やってみると違いが分かるはずです。「神性」のエネルギーを使いはじめる頃には、あなたは自分自身の先生になっているでしょう。

エネルギーの流れを高めるためのヒントがいくつかあります。エネルギーの鍵を開けるために使ったシンボルのイメージを、心の中に思い描いてください。身体の中に、そのシンボルを見てください。両手の手のひらにそのシンボルを見ます。あなたが今いる部屋の壁に、そのシンボルを見ます。そのシンボルの名前を三度唱えてください。このプロセスをもう一度繰り返してください。

これらのエネルギーによる力づけは、私にとって素晴らしい贈り物でした。これらのエネルギーを使っている間に、スピリチュアルな目覚めを体験するかもしれません。私の場合はそうでした。他の人たちも「アセンシア」「フォーカス」「明晰性」「神性」のエネルギーによって私が恩恵を得たのと同じように、恩恵を受けることを願っています。毎日これらのエネルギーを使えるようになるまでは、圧倒されないように、徐々に増やしていく必要がありました。この贈り物から最大の恩恵を引き出すためには毎日、実行することがとても重要です。

他人の治療

基本的な言い方をすれば、上記の「自己治療」の方法はこの治療にも当てはまります。しかし、「他人の治療」には特別な利点があります。これらのエネルギーは、両手を身体から離して行うとより効果的なのです。私が思うに、これらのエネルギーは個人の波動の高い身体に対してより効果的なのでしょう。人の身体から始めて徐々に手を離し、エネルギーの引きを感じてみてください。私の場合、他人の治療によって得られるもう一つの恩恵は、他人を治療しているときは「自己治療」の場合よりも高次元の世界の関わりをより自覚できることです。これらのエネルギーを使って他人を治療すると、私自身も治療されるのです。

「アセンシア」についてはハートチャクラの上部、心臓と喉の中間の部分から始めるとよいでしょう。身体から始めて、徐々に手を身体から離していきます。最初は身体から十センチぐらい離れたところから始めて、一メートルくらい離します。両手を身体から離していくにつれてエネルギーの変化を感じてみましょう。直感に従ってください。

他の三つのエネルギーについても、同様の戦略を使ってください。身体から始めて徐々に手を離していきます。エネルギーを強く引っ張る場所があった場合には、そこに数分間エネルギーを送ってから、次の場所に移動します。直感に従うことが大切です。

パートナーと一緒に第三者に対して治療を施す場合には、いくつかの提案があります。まず、治療を受ける人の両側に位置を取って治療してください。マッサージテーブルなどに座っている人にエネルギーを送るときには、お互いの手の仕草を真似てください。二番目に、私が「ディポウル」と呼んでいるもう一つの治療法があります。これは、二人の人が治療を受ける第三者の頭と足の位置に立ってエネルギーを送る方法です。第三者の両側に立つ代わりに、頭と足の部分に立つわけです。体から少し離れてテーブルに横になっている人にエネルギーを送ります。こうして三人の人が治療を受けることになりますが、どうぞ、このプロセスを楽しんでください。

グループの力づけ

私にとってはこれは最も素晴らしい体験です。この力づけは二人ないしはそれ以上の人数で行うことができます。次に説明する力づけでは、私は一度に一つのエネルギーを使いました。「アセンシア」から始めて、導かれるままに別なエネルギーへと移行していくとよいでしょう。「グループの力づけ」は非常に強力なものとなる可能性があります。お互いに向かい合って、椅子にくつろいで座ってください。他の治療の場合と同じように、次元上昇した存在や天使界の存在たちの祝福を依頼するとよいでしょう。特定のエネルギーの鍵を開けずに、エネルギーをお互いに放射します。適切なエネルギーが流れるに任せて、それが完璧な波動であることを知ってください。数分してから、パートナーと一緒にシンボルを使ってエネルギーの鍵を開けます。そのエネルギーをお互いに向かって放射します。五分ほど、これを続けてください。次に、あなたとパートナーの間に母なる地球をイメージしてください。エネルギーを放射しながらこのイメージを持ち続けます。私たちの惑星が祝福を受けるのを見てください。これも五分ほど続けます。

ここからは直感に従ってください。この祝福を私たちの太陽系まで延長したいと思うかもしれません。十分以上は続けないことをお勧めします。この力づけは、二週間に一度以上の頻度では行わないようにしてください。

その他の活用法

これは目標を設定するための練習であると思ってください。一枚の紙に十個の目標を書きます。目標を書いた同じ紙の上に、四つの「アセンション・エネルギー・システム」のシンボルを描いてください。この紙を引き出しの中に入れて、それから起こることを観察してみましょう。目標が達成されたならば、さらに新しい目標を書きます。

目標設定をさらにもう一歩進めてみましょう。あなたの人生で最も重要な目標を一つ選んでください。この目標達成に近づくための十のステップを書いてください。その紙に四つのシンボルを描きます。文字に書かれない目標は単なる願望に過ぎないことを心に銘記してください。ペンと紙が潜在意識を活性化し、目標実現に向けてのプログラムを活性化します。

上記のプロセスを続けます。「明晰性」のエネルギー、そして他のエネルギーを使って「自己治療」を行います。エネルギーが流れてくるとき、瞑想状態に入り心を静めます。目標の一つを達成した自分を視覚化します。一週間、毎日、これを続けます。これが終わる頃には、強力なイメージを体験することになるでしょう。視覚化に感情を込めれば込めるほど、受け取る恩恵は増大します。視覚化は現実を創造する強烈な道具です。努力の成果が見えるまでに少しの時間はかかりますが、努力を続けることが大切です。この視覚化を始めて以来、私はスピリチュアルな分野においても、人間関係においても、職業においても、大いなる飛躍を遂げました。しかし、視覚化がスムーズにできるようになるまでには数カ月かかりました。

コドイシ、コドイシ、コドイシ、アドナイ、ツエバヨス。

神々の神は神聖である、神聖である、神聖である。

――一九九九年六月に受け取った情報

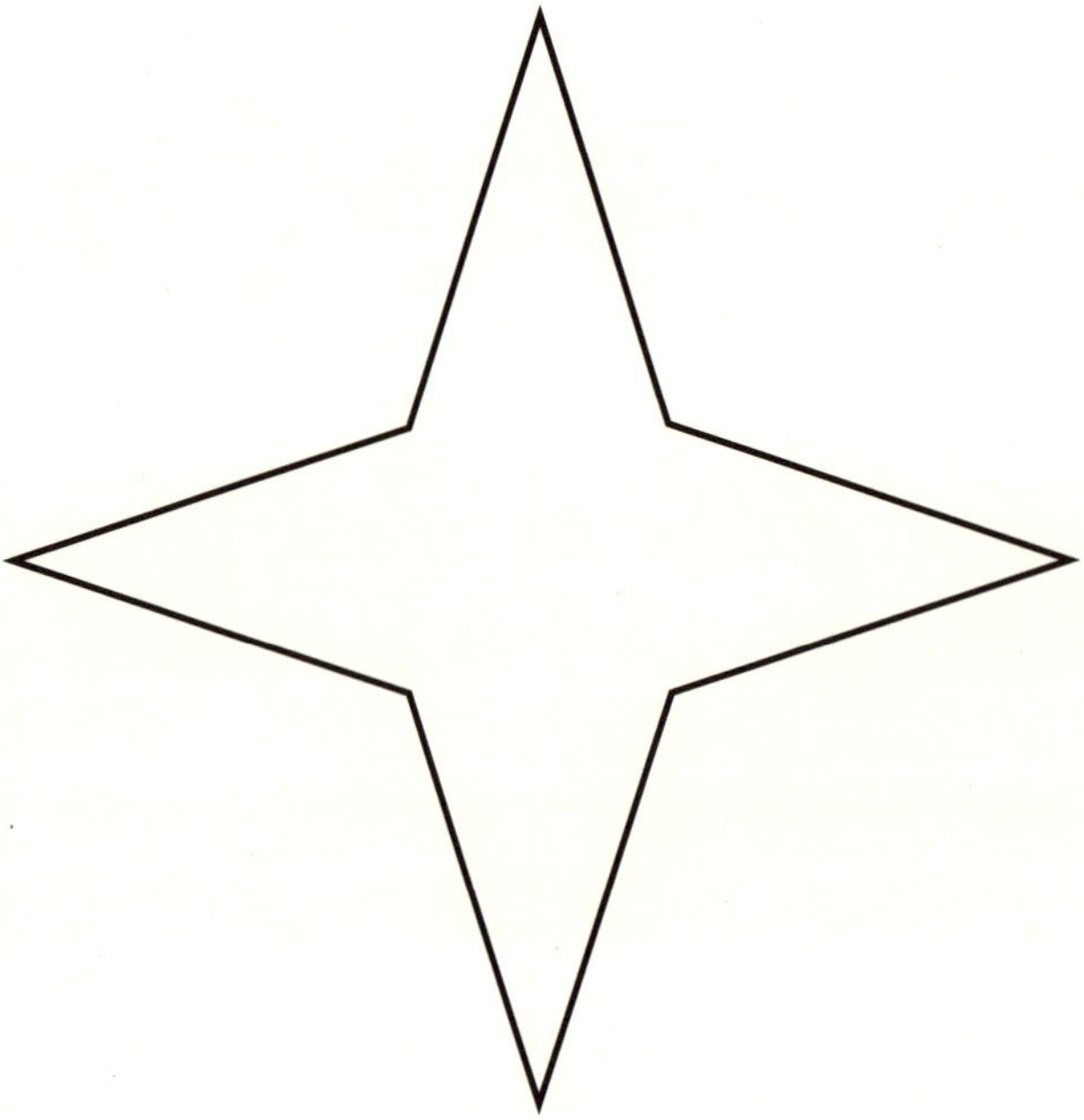

図9　アセンシア

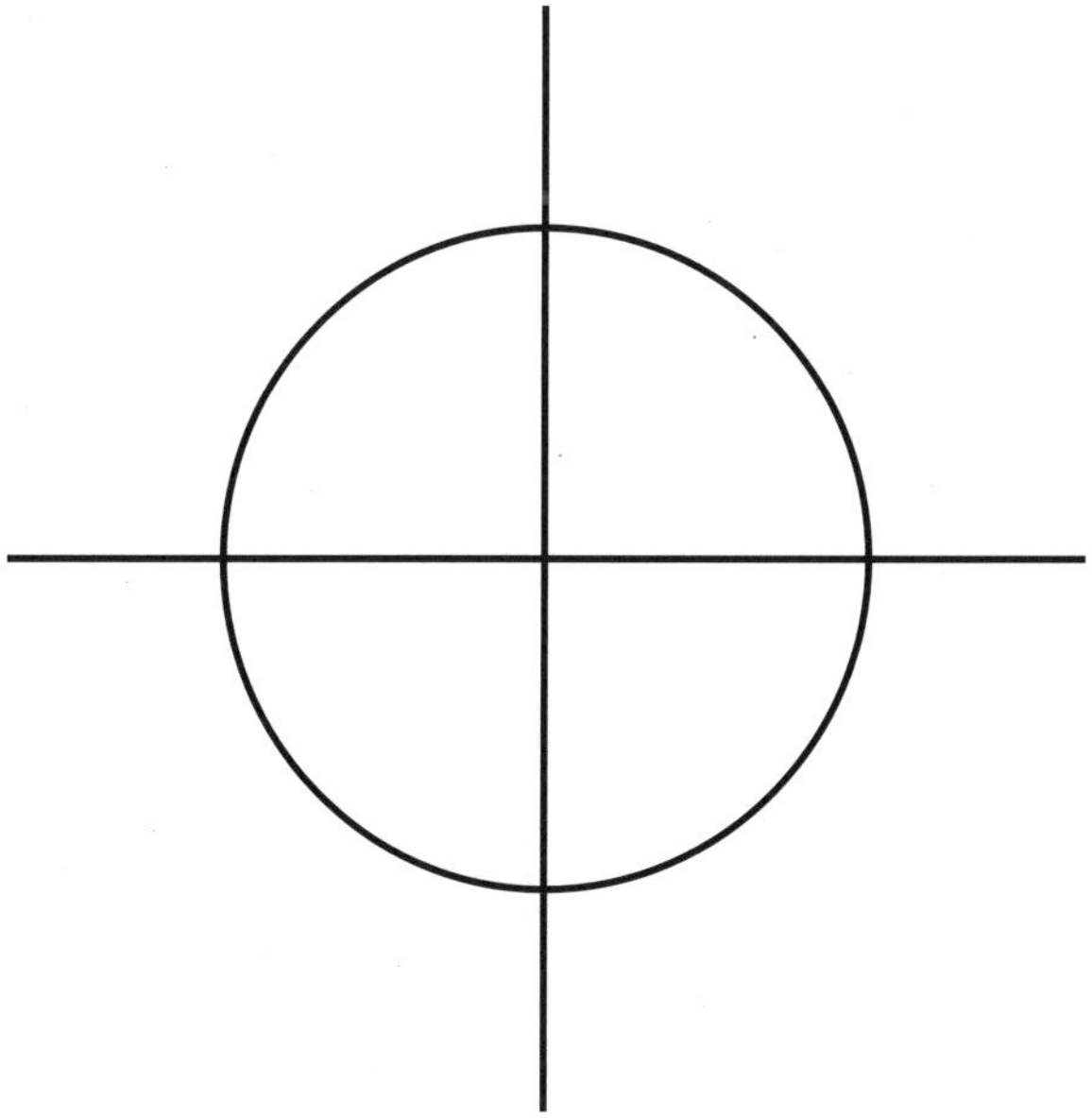

図10　フォーカス

図11　明晰性

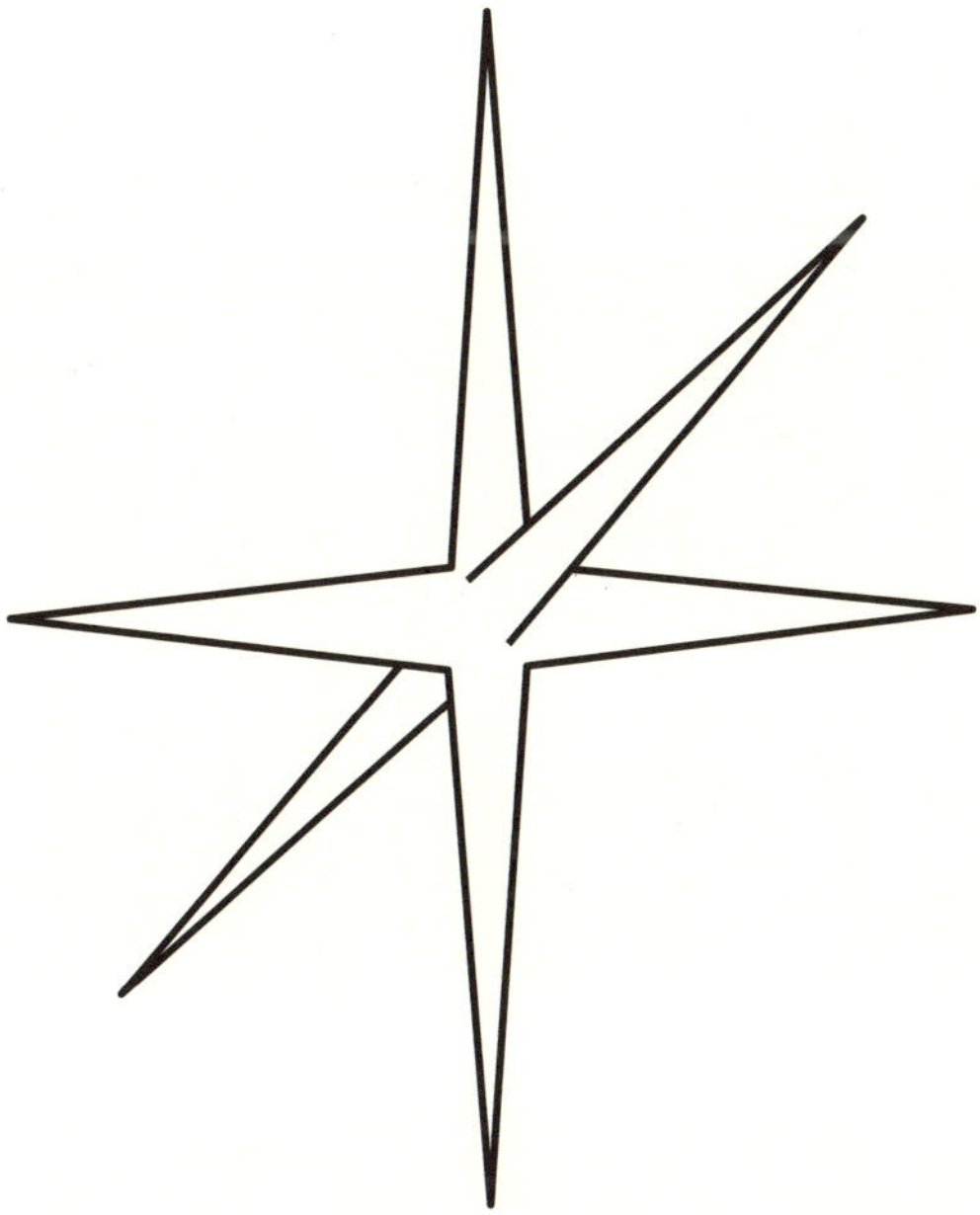

図12　神性

アーキエンジェル・マイケルからのラブレター

愛するマスターたちよ、どうぞここで一休みして心を静め、誰にも邪魔されることなく私たちと心を通わせることができるように、静かな場所に座ってみてください。あなたにとっての神聖な場所に座ってみてください。私たちは、あなた方と一緒に過ごすこの時間をとても大切に思っています。そして、あなた方もそのように思ってくれているように感じます。この体験が非常にリアルなものとなり、私たちがまるで一緒に座って共に交流し、お互いへの大いなる愛の思いを語り合っているように感じてもらえたらと思います。私たちは、意識のあらゆるレベルで起こりつつあるスピリットの喜びに満ちた再会を心から喜んでいます。

新しい時代が夜明けを迎えようとしています。そして、数多くの時間のサイクルや予言されてきた出来事が頂点に達しようとしています。宇宙の螺旋《らせん》状の上昇がどれほどに巨大で壮大でかつすべてを包括したものであるか、そしてまた、それが何をもたらすのか、あなた方も今やっと理解しはじめているところです。私たちは、地球上におけるこの実験がそれ独自の道を進んでいくことを悠久のときにわたってゆるしてきました。自由意思という贈り物を通して、人類が暴力を欲しいままにして地球とそこに住む生物を破壊することをゆるしてきました。しかし、調停のときがやって来ました。これは神聖な天啓であり、すべての被造物が再び完全な姿に戻るアセンションの道にあなた方も加わることが極めて重要です。

多くの人びとがキリストの再来について語ってきました。そして、私たちはこの言葉の真の意味について語ってきました。それは最高創造主のハートセンターから放たれる純粋な「愛／光」であると話してきました。これまでも、様々な時代を通して数多くの不可思議なる存在たちが、人類のために道案内となり、狼煙《のろし》となり、模範を示すために、この神聖な光を大量に持って地球にやって来ました。今というときは、あなた方がキリストのエネルギーに目覚めた存在になるときです。キリストの再来とはあなた方の壮大なイベントであり、神性を我がものであると宣言するときなのです。

今というときにおいて、大いなる怖れと怒りが人類のあらゆるレベルにおいてかき立てられています。人類の内部にある暗闇が死の床にあるのですが、簡単にはあきらめません。少なくとも、四次元の上部の波動と調和のとれないものはすべて浄化、変容、解放しなければなりません。アセンションの螺旋が一回りするたびに地球の周波数は加速され、自らの内部にある詰まったエネルギーを認めそれに対処しようとしない人びとには、ますます多くの圧力がかけられています。自分の内部にあって、変容と統合を求めて泣き叫んでいるエネルギーを認めて対処しようとしない人びとには、ますます多くの圧力がかけられているのです。

愛する人たちよ、あなた方は地上の肉体という衣を纏《まと》うことによって、たくさんのことを私たちに教えてくれました。スピリットの状態で創造するのは実に容易なことです。しかし、調和と完璧さを創造するために純粋に焦点を保ちながら顕現の宇宙エネルギーを引き出し、様々な雑音や臭気を通過して三、四次元まで降ろしていくことがどんなに困難なことであるか、私たちにも分かりました。

感情についても多くのことを教えてくれました。私たちは純粋な愛の波動を体験し、それに対してだけ共鳴します。しかし、低次元の世界でバランスを崩してしまったときに感情体に点火して駆り立てる怒りがどれほどのものであるかを、私たちは知りませんでした。あなた方が神であると考えた存在によって、少なくとも慈悲深いと考えた存在によって影響され、コントロールするためのチップを埋め込まれ、騙され、誤った方向へと導かれてきたことを知っています。そして、あなた方の多くが再びそういうことが起こるのではないかと怖れているのが私たちには分かります。私の忠実なる戦士たちよ、そういうことが再び起こることはないと私が保証します。そのような時代は過去のものです。だからこそ、あなた方の愛する惑星の運命に介入して、あなた方が統合と光の道に戻る手伝いをするときが来たと言っているのです。

一つのヴィジョンを提示させてください。あなた方の「神聖な我れ」へのアクセスの拡大、そして、大胆で新しい天国を創造するあなた方に対して、より効率的な援助が行われるでしょう。愛する人たちよ、今回はこれまでとは異なった天国が生まれるでしょう。この「イードンの園」は、最初は実に不可思議なる美しい世界で、無邪気でナイーブなあなた方には、物質的に目新しい体験でしょう。今度創造される天国もまた純粋で美しいでしょう。しかし、あなた方は叡知を持ち経験も豊かなベテランであり、平等なパートナーとして人類全体に関わる決定に参画し、惑星地球の進化に積極的に関わっていくことでしょう。

あなた方の「ありてある我れ」から偉大なる白光の柱、光のレーザー光線を降ろすというヴィジョンを差し上げました。また、あなた方の変容のプロセスをサポートするために、五つの高次元の光線のエネルギーで満たされた「ダイヤモンド・クリスタルのピラミッド」のヴィジョンも提供しました。これによって、あなた方とハイアーセルフ、「神聖な我れ」の道がクリアになり、あなた方はこれまでよりも自由に交流し、より簡単にコミュニケーションができるようになりました。そして、より広大な存在の叡知や力を引き出し、かつ統合することができるようになっています。

あなた方は加速された活性化のプロセスの真只中にいます。感覚は高められ、拡大され、自らの尊厳を再び自分のものであると宣言し、自らの運命の操縦桿を握って支配するというプロセスの真只中にいます。創造するための第一原因の力を再統合する準備ができているかどうかを見るために、あなた方を注意深く観察してきました。すなわち、明確な目的意識を持っているかどうか、明確なヴィジョンを持っているかどうか、このダイナミックなエネルギーをすべての存在のために使いたいという願望があるかどうかを見守ってきました。この光線を「王侯の光線」「君主の光線」と呼ぶ存在もいます。確かに、これは支配者、リーダー、スピリチュアルな戦士、あえて第一線に立つ覚悟のある人たちの光線です。それは活力と率先して導く力と行動の光線です。そして、今というときにあって、旧態依然としたやり方を打ち破り、新しい道を切り拓くために必要とされている光線です。

いま着手されつつあるのは、青の鋼鉄の強さと衝撃によって宥《なだ》められた純粋な創造の神聖な意思と力の燃え盛る赤いエネルギーと、純粋性と真実と名誉を表わす純粋な核心的な白とを統合するプロセスです。それはマゼンタで、このダイナミックなエネルギーを受け取る準備ができている人びとの身体の内部へと炎のように放射され、勇気あるハートと大胆な戦士を創造することでしょう。これらの戦士はこの地球を再び、主権を持った惑星へと再統合し変容させることでしょう。それはスピリット・カインド（マン・カインド＝人類）が人間の形をとって存在する平和に満ちた地球となり、誰もが平等で神聖な地球になるでしょう。

あなたのハートと意図を点検してください。あなたは、再びこの畏敬の念を覚えるような贈り物の責任と力を自分のものとする心の準備ができていますか？　あなた方は最初の数回の黄金時代において、これらの贈り物を極めて劇的かつ有効に使いました。人類が意識をシフトさせてエゴを喜ばせ、征服し支配したいという願望を持つまで、それは続いたのです。この贈り物は両刃の剣です。この贈り物を受け取ったならば、賢明に使わなければなりません。さもないと、あなた自身がこの剣に襲われて、破壊されることになるでしょう。人類がこの光線を私利私欲のために使用することは二度とゆるされることはありません。この大きなステップを踏み出す覚悟があるならば、私たちはあなた方の傍らにいて道を均《なら》してあげます。

私たちは、あなた方が五次元の世界に「光／力のピラミッド」をつくる方法を教えました。二元性の世界にあって、調和とバランスを取り戻そうと努力するなかでつくり出してしまった不協和なエネルギーを、変容／変質させるためのテクニックも提供してきました。創造主の意識の十二光線の美徳・資質・属性を統合するプロセスを加速するために、波動の磁場を高めるのに役立つ道具も与えてきました。大宇宙の拡大されたヴィジョンも提供し、あなた方の神聖な血筋についての歴史を手短に説明もしました。つい最近では、「ダイヤモンド・クリスタルの神の細胞」もあなた方に差し出しました。この神の細胞は、実は再び活性化されるのを悠久のときにわたって待っていた、活動休止中の神の細胞の発火装置だったのです。あなた方が物質世界に降下して肉体の器に入ることに同意したとき、この細胞はあなたの存在の核心の部分に配置されたのでした。愛する人たちよ、あなた方は再び不可思議なる光の存在になりつつあります。私たちのところに戻ってくるあなた方を心から歓迎します。

私たちは、あなた方の忠誠心のゆえにあなた方を祝福します。あなた方の勇気のゆえにあなた方を尊敬します。あなた方は限りなく愛されています。**私はアーキエンジェル・マイケルです。**

訳者あとがき

本書はロナ・ハーマン著『Scripting Your Destiny』の邦訳です。シリーズ第一集『光の翼』が出版されたのが二〇〇二年の七月でした。私がロナさんを通してマイケルさんのメッセージに遭遇してから、ちょうど五年の歳月が流れたことになります。

この五年間は、私の人生にとって最も興奮に満ちた年月でした。宇宙の成り立ち、人間とはどんな存在なのか、といった永遠の問いがアーキエンジェル・マイケルのメッセージによって解明されていく知的興奮のプロセスでした。

しかしながら、知的興奮を上回る興奮というのでしょうか、ついに自分の運命と出合うことができたという心のときめきに満ち充ちた五年でもありました。

アーキエンジェル・マイケルのシリーズ『光の翼』、『黄金の約束』、『聖なる探求』の中で明らかにされてきた事実、その多くは常識に挑戦するものでした。そんなとき、マイケルさんは言います。「これを鵜呑みにしてはいけません。信じ難いことは脇に置いておき、宇宙に向かって証拠を見せてと要求してください」と。さらに、「これこそ真実だと思うものに遭遇したら、その叡知そのものになりきりなさい。それから、行動に移しなさい。人に聞かれて初めて言葉にして語りなさい」とマイケルさんは言います。それと同時に、マイケルさんは様々な道具を私たちにくださいました。

人はどうすれば自分の運命と出合うことができるのでしょうか？　「いや、運命は自分で切り開くものだよ」とマイケルさんは言います。「運命の脚本は自分で書けるんだよ」と。

運命の書き方が具体的に説明されているのが本書です。本書には、五次元のピラミッドの瞑想法、8の字の無限瞑想、顕現の法則など、様々な素晴らしい道具が詰まっています。言うなれば本当の自分を思い出して、三次元の世界に天国を顕現し、高次元の世界にアセンションするためのテクニックが満載されているということになります。

そのテクニックの中でも最も基本的な方法を一つだけご紹介しましょう。

いわゆるニューエイジの意識に目覚めた方の多くに共通する悩みがあるようです。「私の使命とは何だろう？」という問いです。それは二千数百年前に彼《か》のソクラテスが発した言葉「汝自身を知れ」であり、つまり、「あなたって誰なの？」という問いに共通した疑問なのかもしれません。

私自身は、「心をときめかせるものを誠実に追いかけなさい」という言葉を指針にして生きてきました。自分にとって心をときめかせるもの、わくわくさせるものというのは、つまり、ハートセンターの核心にある神聖な我れが「イエス！」と反応することなのでしょう。しかし、最近の傾向として、多くの人が「何にも心がときめかない」と感じているようなのです。そういう人に対して、マイケルさんはこう言います。

「あなたに喜びを与えてくれないものは手放しなさい」

私もこの十年間にいろいろと手放してきました。心をときめかせるものを誠実に追いかけ、真の喜びを与えてくれないものを手放したとき、単純で豊かで喜びに溢れた人生が始まるのですね。

ここまで読んでくださった読者のあなたに一つお願いがあります。本書に掲載されている道具を、ぜひぜひ、使ってみてください。訳者の私がこんなことを言うと、単なる我田引水に聞こえるだけかもしれません。しかし、私はどうしても言いたいのです。マイケルさんの教えは単純でありながら凄まじいばかりの効果があるのです。ロナさんも私も実際に使ってその効果は実証済みのものだけがここに提示されています。急速に変化する時代にあって価値体系が混乱し、混沌とした社会情勢の中にあって、心のやすらぎを達成させてくれる教えがここにあります。豊かな人生を実現するための道具がここにあります。どうぞ、心のときめきとともに試してみてください。

最後に、本書の出版に際して創意工夫してくださった太陽出版編集部の片田雅子さん、いつもサポートしてくれるパートナーのジャネット、高次元の世界から導いてくださるガイドの方々、アーキエンジェル・マイケルのメッセージを誠実に伝えてくれるロナさん、マイケルさん、そして、本書を手にとってくださったあなた、本当にありがとう。

二〇〇七年七月　　大内　博

訳者紹介

大内　博（おおうち・ひろし）
1943年、福島県生まれ。上智大学外国語学部英語学科卒業後、英語教師となるが、後に東西文化交流センター留学生として、ハワイ州立大学大学院で第二言語としての英語教育を専攻。現在、玉川大学文学部教授。著書に『感情表現の英語』（研究社）、ジャネット夫人との共著に『名言の英語』（講談社インターナショナル）、『言葉の波動で生き方が変わる』（大和出版）、訳書に『ゆるすということ』（サンマーク出版）、『聖なる愛を求めて』『生命の贈り物』『愛の使者トーマスからのメッセージ』『故郷に帰る道』（いずれもナチュラルスピリット）、『プレアデス＋かく語りき』『プレアデス＋地球をひらく鍵』『ファースト・サンダー』『スーパー・アセンション』『愛への帰還』『ウエティコ　神の目を見よ』『光の翼』『黄金の約束』『聖なる探求』『ヴァーチューズ・プロジェクト 52の美徳 教育プログラム』（いずれも太陽出版）ほかがある。

＜訳者主催のワークショップ＞
『奇跡についてのコース』『ゆるすということ』『生命の贈り物』『光の翼』『黄金の約束』『聖なる探求』を基本にしながら、「安らぎのワークショップ」を開催しています。ゆるしによって心を解放し、自分を豊かにし、他人をも豊かにしながら、人生の無限の創作を楽しみませんか。

＜問い合わせ・申し込み先＞
大内　博———〒401-0502　山梨県南都留郡山中湖村平野3623-1
FAX————0555-62-3184
E-mail————hiroshi@mfi.or.jp
ホームページ—http://www.mfi.or.jp/hiroshi/

運命の脚本を書く

アーキエンジェル・マイケルからの贈り物

2007年8月3日　第1刷
2008年10月1日　第2刷

[著者]
ロナ・ハーマン

[訳者]
大内　博

[発行者]
籠宮良治

[発行所]
太陽出版

東京都文京区本郷4-1-14　〒113-0033
TEL 03(3814)0471　FAX 03(3814)2366
http://www.taiyoshuppan.net/
E-mail　info@taiyoshuppan.net

装幀＝田中敏雄(3B)
[印刷]壮光舎印刷 [製本]井上製本
ISBN978-4-88469-529-3